闘うフェミニスト政治家 市川房枝

闘うフェミニスト政治家

市川房枝

進藤久美子

岩波書店

はじめに――いまなぜ、市川房枝なのか

戦後政治の異端の光

市川房枝(一八九三～一九八一)は、近代日本の政治史で異端の光を放つ政治家である。戦前の保守的社会において、男女平等の政治的権利を要求する婦選運動(日本の女性参政権運動の呼称。)を立ち上げ、軍ファシズムの跋扈《ばっこ》する戦時期に「婦選の灯」をともし続けた人物である。戦後は、独立後初となる一九五三年参院選で初当選して以来、八一年二月に亡くなるまで無所属の参院議員を五期、約二五年間つとめた日本を代表する女性政治家だ。

その政治業績は、女性の権利の擁護者、理想選挙・政治浄化の旗手、平和憲法の護持者として高く評価され、亡くなる前年の八〇年参院選全国区では、得票数二七八万をゆうに超すトップ当選を果たした。当時にあって最も国民の支持を得た政治家だった。無所属の市川は、首相はもとより閣僚の経験はない。また同時代の女性政治家の田中寿美子や土井たか子のように、政党の副党首や党首をつとめた経験もない。しかし、在任中に市川ほど国民の信任と信望を得た政治家はいない。

八一年二月、八七歳九カ月で死去した市川を報じた新聞は、共同通信によると「朝日八六八行、毎日九六五行、読売七八〇行。共同通信が配信したのは計一、二四〇行と、ほぼ普通の新聞五ページ分」にあたり「一国会議員としては例がない大きな扱いでその死を悼んだ」[1]。

通夜の後、『朝日新聞』歌壇に一主婦の歌が掲載された[2]。それは、市川を失った国民の喪失感の大きさを表象したものだった。

出棺をテレビに見つゝ手を合せ声あげて泣く誰も居らねば

しかし、没後三七年をへた今日、市川房枝の名は、戦前の婦選運動家として歴史の記憶に残るにすぎない。四半世紀にわたり市川の希求した政治は歴史の襞に埋没し、戦後政治史に残した遺産を語るものはいない。いったい、一九五〇年代後半から八〇年にかけての政治状況で婦選運動家市川は、どのような政治理念と政治実践を追求し、国民の全幅の信頼を手にしていったのだろうか。そしていま、忘却の闇のなかにいる政治家市川房枝とその目指した政治を再び語るのはなぜか。

支持の背景――「政治は生活」の政治理念と実践

市川が参院議員をつとめたのは、通称五五年体制といわれる時代だった。民主国家として他に例をみない、政権交代のまったくない政治閉塞の時代だ。一九五五年、左右両翼の社会党が統一され、それを受け経済界の強い要請で日本民主党と自由党が保守合体し、憲法改正を党是とする自由民主党が誕生した。以来、九三年の非自民非共産八党派連立の細川護熙内閣の成立まで、じつに四〇年近く「自民党与党・社会党(現社民党)万年野党」の時代が続いた。

それは、敗戦国日本が奇跡ともいわれる経済復興を遂げ、ＧＤＰ(国民総生産)でアメリカに次ぐ世界第二の経済大国にのぼりつめた時代と重なる。未曽有の経済膨張を背景に、経済界から自民党に流れる政治献金が増大し、その膨大な「カネ」が自民党長期政権を維持し続けた。政治と「カネ」が癒着した金権政治のもとで、戦後最大級の汚職が連鎖した時代でもある。自民党の「カネ」まみれの利権追求型の金権政治が常態化するなかで、市川は金権反対を掲げ、「政治は生活を守るためにある」と主張して、国民(生活者)の意思と利益を反映させた公明正大な議会制民主主義を希求した。

まず市川は、「選挙は政治のはじまり」と主張し、票を「カネ」で買う金権選挙を厳しく批判した。そして選挙を選挙民主体の本来の姿にもどすため、「出たい人より出したい人」を標榜する「理想選挙」の手法を編み出し自らも生涯六度の選挙で実践した。さらに「選挙でカネがかかるから政治と経済が癒着する」と指摘し、金権政治の「カネ」の流れを憲政史上はじめて実証的に明らかにして世論の金権政治に対する危機感を喚起した。また、戦前からの金権的政治文化を受け継ぐ戦後社会で国民主体の議会制民主主義を機能させるためには、政治家に好都合な公職選挙法と政治資金規正法の抜本的改正が必須と主張し活動する一方で、汚職議員を再選させないための「ストップ・ザ・汚職議員」の国民的運動を展開した。

こうした「政治は生活」を標榜する市川の政治理念と実践は、政治を候補者や政治家の意のままにするのではなく、国民(生活者)の手に取りもどすことを意図していた。それは、経済界のカネと意向で動かされる自民党の利権追求型の金権政治に対峙し、国民主体の本来の姿で議会制民主主義を機能させることを目指したものにほかならない。クリーン・ポリティックスの旗手として市川が、国民の支持を不動なものにしていった政治理念と実践だ。

戦後憲法を護持し、平和と人権を守り抜く

振り返って戦前に市川は、紛争解決の手段としての戦争を、一切否定する非戦の立場にあった。一九三一年の満州事変を真っ向から批判し、事変収束のために関東軍が「満鉄付属地まで撤兵」して速やかに事変前の現状に復帰することを強く要求した。そして戦争を避けるための軍縮予算を主張し、戦争を賛美する教科書をやめ国民の平和教育を行うことを提案した。何よりも市川は、子どもを産み、育て、家庭を守る役割を担った女性たちが、子どもを殺し、生活環境を破壊する戦争を忌避する「性」(ジェンダー)であることを強調した。そして平和志向のバランスの取れた政治のためには、女性の政治参画が必須であると婦選の意義を主張した。

満州事変勃発から三七年の盧溝橋事件までの、いわゆる準戦時期に市川は、議会の会期ごとに全日本婦選大会を開催し、反戦、反軍拡、反ファシズムが女性たちの強い要望であることを表明した。盧溝橋事件をきっかけに日本が中国との全面戦争に突入し、国民精神総動員体制の下で反戦の意思表示ができなくなった戦時期にあっても、戦争で最も被害をうける「女、子どもの生活を守る」ことを活動の主軸に置き「婦選」運動を牽引し続けた。

戦後市川は先の大戦を経験したものとして、戦争はいったん始まったらいかに終わらせることが困難かを強調した。そして、戦争は始まる前に止めるものと指摘し、「前来た道」を進ませないと固い決意を反復した。(3)

そのためには、多くの犠牲をへて戦後手にした憲法を護持し、憲法が担保する平和と人権を守り抜くことに尽きた。市川は、そうした文脈から改憲を党是とする自民党の戦前型社会への回帰政策にことごとく対峙した。その活動は、戦前の全体主義体制への道を用意する破壊活動防止法や戦争に巻き込まれる可能性のある日米安全保障条約、日韓基本条約に対する反対活動、さらには女性の人権を守るための売春防止法の制定など多岐にわたる。

こうした自民党の戦前型社会への回帰政策に対抗した市川の政治姿勢と活動は、理想選挙と政治浄化の実践とあいまって、平和と議会制民主主義の擁護者としての高い支持につながり、高潔な政治家としての市川イメージが定着した。

没後の負の評価、そして忘却

一方で、市川没後の一九八〇年代以降、七〇年代に世界を席巻した第二波フェミニズムの影響を受けた女性史研究家の間で、従来、戦争の被害者としてとらえられてきた女たちの、先の大戦への主体的関与が問われはじめた。その結果、戦時状況にあって女性の社会参画を模索した「婦選」活動は、女たちの「銃後の守り」を奨励する戦争協力と同一線上に位置づけられるようになり、戦中期の婦選運動家を、即、戦争協力者と告発する趨勢が生まれた。

なかでも市川に対する告発は、自民党政権に対峙し平和と議会制民主主義を擁護した高潔な政治家としての評価が先行したため、意外性をもって受けとめられ、戦中期市川の活動の一切が、戦争協力の文脈で過度に浮き彫りにされた。次第に市川の生涯の業績は、戦前の婦選運動家、戦中期は戦争協力者、そして戦後には平和と議会制民主主義のチャンピオンとして、断続的にとらえられるようになり、時代と社会に迎合する日和見主義者《オポチュニスト》としての負の市川イメージが定着していった。その負の評価は、五五年体制に対峙した市川の政治理念と実践が、戦後民主主義のなかで果たした役割を十分検証されないまま、歴史の忘却に埋没させていく契機となった。

市川は、満州事変三年後の三四年に当時の想いを一文に残している。その三年後に盧溝橋事件が起こり、日中全面戦争へと時代は展開していった。軍ファシズムが跋扈するなかで、もはや男女平等を意味する「婦選」を使うことすら困難となっていた(4)。

> 題して婦選魂《ふせんだましい》という。……
>
> 私共は事大主義を蛇蝎《だかつ》の如く排する。
>
> 政府の政策であるが故に、市当局の主張であるが故に、無批判にこれを支持するが如き不見識な事はしない。……
>
> 私共はまた俗間にこび、大衆におもねる必要をみとめない。……
>
> 社会運動はその大衆をリードし、これを引上げる使命を持つ……大衆の自覚しない問題をとらえ「あやまりたる認識を是正する事」を目標としなければならない。

続けて市川は、「この婦選魂がある限り、私達の運動は継続されて行《ゆ》く」と主張した。一方で時代の趨勢に絶対になびかず、権力に迎合せず、他方で「国民」の言うなりになる「必要」も「みとめない」――この「婦選魂」は、戦時期に向かって困難な時代に婦選を牽引する市川の信念であった。

市川は、一九二〇(大正九)年に日本ではじめての女性の「政治」組織、新婦人協会を平塚らいてうと立ち上げて以来、戦前の保守的社会で男女同等の政治的権利を要求する婦選運動を牽引し続けていた。はたして、戦中期に婦選運動家として歴任した国策委員(戦時期の政府委員と政府の外郭団体の委員を総称した呼称)とその活動は、戦争を遂行する政府に対する婦選の戦争協力と額面通りにとらえるべきなのか。日中全面戦争が泥沼化し国民精神総動員体制が敷かれるなかで、市川もまた「婦選魂」を捨て転向の道を歩んだのだろうか。戦前、戦中、戦後と激動の昭和を生きたその生涯は、それぞれの時代に迎合するものなのか。あるいは、昭和という時代に通底して市川が目指し続けたものは何か。

再び政治閉塞の「安倍一強支配」を読み解く

市川没後三七年、戦後七〇年をへた今日、日本は再び「安倍一強支配」と言われる政権交代の可能性のみえない自民・公明与党の政治閉塞の真っただなかにある。それは、戦後四〇年近く自民党が与党第一党を占め政権を維持し続けた五五年体制の再来にほかならない。対抗勢力の脆弱な議会制民主主義の下で、二〇一二年来の安倍晋三内閣もまた、五五年体制下の自民党政権と同様に、世論無視、議会審議軽視、議会の適正手続《デュー・プロセス》違反の非民主的手法で一連の政策を強行採決し、戦後憲法が保障した議会制民主主義を機能不全に陥らせ、「この国のかたち」を再び戦争のできる「戦前型」社会へ「大転換」させつつある。

まず一三年一〇月末に、「特定秘密の保護に関する法律」(通称、秘密保護法)を閣議決定し、議会で審議らしい審議もせず、二カ月足らずの短期間で同年末に自・公の「数の論理」で強行採決・成立させた。同法は、国家の安全保障で機密を必要とする情報を、関係行政機関が「特定秘密」と指定し、それを漏洩した者を処罰することのできる法律だ。

本来、民主国家は「情報公開」「国民の知る権利」に基づく。特別に非公開と指定されるものは、公開されると国民の命と利益に対する著しい脅威となるものに限定される。そのため秘密保護法は、その乱用を監視する第三者機関の設置が最重要課題となる。しかし、制定された秘密保護法は、その第三者機関を「特定秘密」を指定する行政機関の長(首相)の管轄下にある内閣官房に設置し、内閣府の権限を強化した。その結果、民主政治の基礎となる国民の知る権利が著しく侵犯される危機に曝されることになった。

そして翌一四年には、「国家公務員法等の一部を改正する法律」を制定させた。通称、内閣人事局設置法といわれる同法は、行政府事務部の無党派性と独立を維持するため、事務次官を頂点とする各省の官僚人事に原則関与しない歴代内閣の慣例を壊し、「内閣官房に内閣人事局」を設置し、首相の「意向」で事務方の人事を決定することを制度化した。

それは、議会制民主主義の下で首相に、大統領制の下でのアメリカ大統領と同様の権限をもたせ、政策決定における首相の権限を戦後最強にした。アメリカの場合、大統領の任命する官僚は議会上院の精査と承認を必要とする。しかし、立法府与党の長が自動的に行政府の長となる議会制民主主義で、議会に首相の任命する官僚人事をチェックする機能をもたせることはなかった。その結果、首相の意向を「忖度」した政策立案が横行し、「森友問題」「加計学園問題」など「首相の政治私物化」が、つまるところ究極の「反民主政治」がまかり通るようになった。

さらに一七年六月に安倍首相は、オリンピック・パラリンピック開催に必須なテロ対策の法整備を理由に、大方の法学者が現行の法体系に適応しないと指摘した共謀罪の趣旨を盛りこんだ、通称、組織犯罪処罰法改正案を国会閉会の三日前に強行採決で成立させた。何としても国会会期内で成立させるために、自民・公明与党が「中間報告」の手続きをとり、参院法務委員会の採決を飛ばし本会議に上程し成立させた。それは議会制民主主義の適正な手続を無視した異例の政治手法にほかならない。共同通信社が二〇、二一日に行った世論調査で、共謀罪の説明が十分でないと感じた国民は七七%にのぼった。(5)

武器輸出解禁と安保法制

一方で二〇一四年に安倍政権は、三木武夫内閣以来、政権党が遵守してきた武器輸出を原則禁止する「武器輸出三原則」を、議会の審議を問うことなく撤廃し、閣議決定で武器輸出を解禁した。共同通信の世論調査によると、「三原則」緩和に「賛成」するは二五・七%であったのに対し、「反対」するが六六・八%にのぼった。(6)

そして翌一五年には、大半の憲法学者が違憲と判断し、世論が強く反対したにもかかわらず、再び強行採決で一連の安全保障関連法を成立させた。喧騒のなか誰もが、いつ採決されたか確認できず、議事録にも記されないままの参院特別委員会の「採決」による超法規的な採択だった。その結果、日本の安全保障を脅かす危険性をはらむと判断される、「他国〔アメリカ〕」(以下、〔 〕内は筆者による補足)が行う戦いに、自衛隊が加担することが可能となった。しかもその、日本の安全保障を脅かす危険性を孕むか否かという判断は、首相に一任されることとなった。

かくして「武器商人」の道を選択した日本は、戦後七〇年間、平和憲法のもとで曲がりなりにも守ってきた平和国家から、再び戦争のできる国家へと変貌した。その結果、一六年には、秘密保護法をバックに十分な情報開示のないまま、内戦の戦闘状況にある南スーダンの国連職員とNGOを守る「駆けつけ警護」の名目で自衛隊が派遣された。

一二年以降に安倍政権が成立させた、こうした一連の政策が目指す方向は、二本の矢に集約される。放たれた一本の矢は、「秘密保護法」「内閣人事室設置法」「共謀罪法」によって、首相を中心とする強大な内閣府をつくり上げ、官僚、マスメディア、世論を「首相」の意図に沿う方向で管理できる「全体主義」社会の仕組みをつくり上げることに向けられている。そしていま一つが、武器輸出解禁、安保法制に象徴される「戦争のできる国家」への国家再編成へ向けて放たれた矢だ。二本の矢が目指す先は、戦後この国の平和と民主主義を担保してきた憲法の「改悪」であり、再び戦争のできる国家と戦前型「全体主義国家」の再構築にある。

今日われわれは、憲法改正を党是とする自民党政権が、五五年体制で志向した政策の最終的な仕上げ段階に置かれている。「戦争は始まる前に止めるもの」と指摘し「前来た道」を進ませないと固い決意で自民党政権に対峙し続けた市川の、五五年体制下で抱き続けた危機感が、いまこの国の未来に暗い影を投げかけている。

政治閉塞の今、戦後市川レガシーを問う

本書でわたしは、市川が戦後政治に残した遺産――レガシーを検証しようと思う。なぜ戦後四〇年続いた五五年体制が終息して二〇年も経たないうちに、再び「安倍一強支配」の政治閉塞の時代が到来したのか。その「安倍一強支配」の下で、いま日本社会では、戦後憲法の保障した議会制民主主義が究極の機能不全に陥り、平和と人権が崖っ縁に立たされている。

今日と同様に、政権交代の見えない自民党与党が続いた五五年体制の政治閉塞の時代に、市川は、一介の無所属参院議員として自民党型政治にことごとく立ち向かい、国民主体の議会制民主主義を機能させることに政治生命をかけた、戦後政治史で稀有な政治家である。五五年体制下での市川の闘いと、その目指した政治がいま、われわれに語りかけているメッセージは何か。はたして市川が戦後政治史に残した遺産は、戦後七〇年のこの国の平和と民主主義を次の世代へとつなげるための歴史の教訓となるのだろうか。

本書を五つの章で構成する。まず序章で、戦後市川が展開した「政治は生活」を標榜する政治理念と実践が生まれた歴史的背景を検証する。男尊女卑の家《いえ》制度の戦前社会で、市川はどのように男女平等の政治的権利を要求する婦選運動を牽引したのか、そして軍ファシズムの跋扈する戦中期に「婦選の灯」をともし続けた市川の意図は何かを確認する。

次に第一章では、戦前からの金権的政治文化をそのまま引きずる戦後社会で、戦後の経済成長で

増幅された自民党金権政治に真っ向から対峙した市川の政治実践を、選挙と政治浄化を軸に検証する。そして第二章で、戦前の家制度の保守的女性観をそのままもつ自民党政権の女性政策に直面し、市川がどのように戦後憲法で保障された女性たちの基本的人権を守り、実質的な男女平等を達成するための政策を推進したかを跡づける。

実際、自主憲法を党是とし、戦前からの金権的政治体質と保守的女性観を併せもつ自民党は、戦前型「覇権国家」の再構築に向けて一連の政策を「数の論理」で強行成立させ、憲法改正の機会を模索し続けていた。第三章では、生活者としての女性を平和性と位置づける市川が、そうした自民党政権の戦前型社会への回帰政策に抗い、平和憲法護持に賭けた軌跡を検証する。

最後に終章で、戦後市川が希求した「政治は生活」を標榜する政治理念と実践が、戦後政治史のなかでどのような意義をもつか、その政治的遺産を敷衍する。

周知のように、日本は女性の政治的代表が極端に少ない国家だ。世界経済フォーラムの「ジェンダーギャップ指数報告書　二〇一七」によると政治分野のジェンダーギャップ指数は世界一四四カ国中一二三位にある。二〇一八年一月現在、女性議員比率は衆院が一〇・一%、参院は二〇・七%で、衆参ともに女性議員の世界平均である下院二二・九%、上院二二・三%を下回る。もとより市川が参院議員をつとめた一九五〇年代後半から七〇年代を通して、女性の過少代表は常態だった。女性議員の割合は衆院で全体の一~二%台、参院で四~七%台だ(7)。

女性議員が極端に少ないなかで市川は、女性が政治的「力」を手にしたとき、政治にどう向き合うかを示したフェミニスト政治家である。戦後四半世紀におよぶ「政治は生活」の政治理念と実践は、自民党支配の五五年体制のなかで男性を中心に展開した利権をめぐる権力闘争とは異なり、生活者としての女性の立場から「もう一つの政治」のあり方を提示した。はたしてフェミニスト市川のその政治遺産は、没後どのように受け継がれたのか。女性の政治参画は、市川と同様の軌跡を描くものなのか。そしてまたそれは、「安倍一強支配」の政治閉塞に風穴を開ける契機となり得るのか。

政治不信と政治的混迷が充満し、そのどさくさのなかで戦前型社会への「大転換」がなされつつある今日、本書を通してわたしは、その活路を典型的なマッチョ政治家の「田中角栄待望論」にではなく、田中型自民党の政治に立ち向かい続けた市川房枝の政治理念と実践に見出したい。戦後日本の政治世界に「もう一つの政治」の展望を切り拓いたその政治的試みは、近代日本の議会制民主主義の政治的常識を反転させ政治をその原初のありようにもどし、平和と人権が守られる民主的社会を未来の世代へ繋げるための「導きのトーチ」となるはずである。

目　次

第三章　自主独立の道を模索する——恒久平和の希求

カバー・中扉写真提供　市川房枝記念会女性と政治センター

序章

婦選運動と戦争
——政治家への道程

1929 年 3 月 5 日．婦人公民権案否決に際し星島二郎議員から説明を受ける市川ら．星島の右上が市川．

1　戦前——保守的社会で婦選運動をはじめる

分析の視座

市川房枝は、戦前、戦中、戦後と体制が「大転換」した昭和三世代を生きた、婦選の社会運動家であり政治家である。戦後、市川が希求した「政治は生活を守るためにある」と主張する政治理念と実践は、戦前、戦中期の婦選活動の経験から編み出されたものにほかならない。

そこで本章ではまず、戦後市川が展開した政治が、戦前の保守的社会で婦選を牽引するなかから編み出された経緯を検証しようと思う。そして次に軍ファシズムの跋扈する満州事変（一九三一年）後の準戦時期に、戦前の婦選活動がどのように継承され、さらに盧溝橋事件（三七年）後に日中全面戦争が展開するなかで、戦前、準戦時期の婦選活動がどのような転成を余儀なくされていったのか、戦前、準戦時期、戦時期の婦選活動の連続と不連続を確認したい。

なぜ戦後市川は、五五年体制下の自民党政権にことごとく対峙し、憲法を護持して平和と人権を守り、議会制民主主義を国民主体の本来の姿で機能させる政治実践に政治生命をかけたのか。婦選運動家から政治家への市川の転成の軌跡を検証することを通して、その意味を模索する。

ここで日本の婦選運動を検証する場合、運動が置かれた特殊日本的な戦前、戦中期の社会状況に留意しておく必要がある。欧米社会で女性参政権運動は、一九世紀後半から二〇世紀最初の二〇年間の工業化の進展に伴い、通常、市民社会が円熟するなかで民主化の波に棹さす形で展開した。一方日本で男女平等の政治参画を要求する婦選運動は、明治以来の工業化を支えた家制度を社会の基底に置く天皇制国家の徹底した男女不平等社会で展開せざるを得なかった。

この婦選運動が置かれた特殊日本的な社会状況は、欧米社会の女性参政権運動とは異なり、運動から日本型ジェンダーの政治様式が編み出される契機となり、それが戦後、日本固有の女性と政治参画のありようを形づくっていった。それは、戦前、戦中期に婦選運動を牽引し続けた市川が、「政治は生活」の政治理念と実践が生みだしていった軌跡でもある。

婦選運動の揺籃

日本で本格的な婦選運動は、一九二四(大正一三)年一二月の婦人参政権獲得期成同盟会(以下、獲得期成同盟会)の発会にはじまる。

戦前の日本社会で女性たちは、家制度のもとで家事・育児に専従する性として家庭にがんじがらめに縛られていた。しかし、獲得期成同盟会発会の前年九月に起こった未曽有の災害、関東大震災を契機に、震災後の極端な物資不足への対策や救援活動のため近代日本史上はじめて女性たちの社会的活動が要請された。それは明治以降の近代化の過程で抑圧されていた女性たちのエネルギーを一気に湧出させ、震災一カ月後には救援を円滑に行うため東京府下の女性組織が大同団結し、東京連合婦人会が組織された。

同会の若手メンバーの山高(金子)しげりは、女性たちの救援活動のエネルギーが参政権の要求へと昇華していった当時の様子を次のように語る[1]。

……婦人の活動が救護から復興に移ると「焼失遊廓の再興を許さず」とか「小学校の再興には云々」とか自然女の立場から具体的な意見を持つ様になり、之を実現しようとすれば一票のなさがこれを妨げる、参政権の必要がしみ〴〵痛感されたのです。そこへ一方第五十議会では永年待望の男子普選が通るという見込がついた、で「今新しい運動を起さなくて如何《どう》する！」という非常に切迫した勢いが各自の胸を湧き立たせた。これが獲得同盟を生んだのです。

実際、震災で新たに組閣された第二次山本権兵衛内閣は、犬養毅逓相らの強い要請で二三年に男子普通選挙実施の声明を出した。これによって、来る第五〇帝国議会（以下、議会）で同法案の可決が確実となった。その声明は、震災後の女性たちの社会活動とあいまって政治参画を求める女性たちを刺激し、女性参政権要求の声が一気に高まりをみせた。

震災翌年の二四年一一月、日本婦人参政権協会（以下、参政権協会）は婦人参政権並に対議会運動懇談会（以下、対議会運動懇談会）の開催を企画し、東京府下の婦選団体に招待状を送付した。同協会は、婦人参政権運動を独自に行うため日本キリスト教婦人矯風会（以下、婦人矯風会）のなかに、二一（大正一〇）年に設置された組織である。一八八六（明治一九）年に矢嶋楫子《かじこ》や佐々城豊寿《ささきとよじゅ》らによって設立された矯風会は、廃娼、禁酒そして平和を掲げて運動する過程で、目的達成のために女性参政権の必要性を痛感していた。

この対議会運動懇談会の機会を、当時乱立していた婦選団体や個人の婦選運動家を大同団結させる好機ととらえたのが、東京連合婦人会政治部の若手メンバーだった。その一人の宮川静枝が、一一月一三日に開催された同懇談会で、「共同の目的の為に一致してやろう」という決議文を出すと、同案は満場一致で通り、獲得期成同盟会設立のための準備委員会がその場で設けられた。この間の事情を、東京連合婦人会の山高は次のように語っている[1]。

> 当時私は東京聯合婦人会の政治部に属していました。宮川静枝さん、坂本真琴さん、新妻伊都子さん、河崎なつ子《ママ》さん、皆このお仲間です。この連中の中でどうも協力じゃ駄目だ、十三日に出席して一つ新団体の組織を提唱しようという事にし私はアメリカから帰った儘世間の期待を他に国際労働局に納っていた市川さんに出馬を説きに行ったものです。

当時の市川は二年半のアメリカ滞在を終え、国際連盟初の国際機関、ＩＬＯ（国際労働機関）の東京支部に職を得、炭鉱や紡績業、製糸業で働く女性たちの労働状況を調査し、「婦人の坑内労働禁止に関する決議」や「紡績業における徹夜作業禁止に関する決議」に取り組んでいた。

しかし、一九年に日本ではじめての女性の「政治」組織、新婦人協会を平塚らいてうと立ち上げて以来、機会が来れば、女性の社会的、政治的進出を振興する社会改革運動に携わりたいと考えていた。「幸い関心のあるＩＬＯに職を得たので、当分の間はまずそれに専心したかった」と市川は言う。「しかし、時期を逸してはならないし、熱心な同志がいるとみたので、仕事と両立させることを条件に参加したのであった」[2]。

獲得期成同盟会、婦選三案を第五〇議会に上程

一九二四(大正一三)年一二月一三日、獲得期成同盟会の発会式が開催され、参政権協会の久布白《くぶしろ》落実《おちみ》の起草した宣言・決議が、さらに市川の説明した規約案がそれぞれ協議、採択された。六カ条からなる設立宣言は冒頭に「男女共に天賦の義務権利に即して新日本建設の責務を負うべき事を信ず」(2)と述べ、人間として男女は同一であり、故に、同等の権利と義務をもつとする自然権の思想のうえに運動が依拠することを明記した。

そのうえで、女性たちが男性と同等の政治的権利を要求するための、三つの具体的目標が設定された。第一に「市町村における公民権」――「婦人公民権」、第二に「日本国民として……義務を全うせんがため」衆議院選挙に女性を含めるための――「婦人参政権」、そして第三が女性の「政治的結社の自由」を認める――「婦人結社権」の要求である。発会式では最終的に、総務理事に久布白、会務理事に市川が選出され、山高しげりが宣伝部長となった。

翌二五年三月に獲得期成同盟会は、婦選支持の超党派男性議員の協力を得て、通称、婦選三案といわれる「婦人公民権」「婦人参政権」「婦人結社権」案を、婦人公民権と参政権は建議案、結社権は法律案として第五〇議会に上程した。

明治憲法に設置されていた建議案は、その趣旨を政府に具申することにとどまるものだった。婦人結社権に関しては、二〇年に市川らが立ち上げた新婦人協会が、当時女性の政治的活動を一切禁止していた治安警察法第五条の廃止に取り組み、運動の蓄積があった。実際、新婦人協会の運動の

結果、二二年の第四五議会で第五条第一項――婦人結社権の禁止――は廃止に至らなかったものの、第二項――婦人の政治集会に参加する権利の禁止――が廃止された。その廃止で女性たちの政治的活動が可能となり、大正末の社会で女性たちの婦選活動が活発化した。

一方で、女性が地方政治に参加する権利――婦人公民権と、女性が国政に参加する権利――婦人参政権に関しては、運動をはじめたばかりで議会での周知が十分でなかった。そのため第五〇議会では、まず建議案として上程された。以後同会は、婦選三案を議会開院ごとに婦選支持の超党派男性議員を通して上程し続けた。

治安維持法の下で婦選運動がはじまる

男女平等の政治的権利を要求する婦選三案がはじめて上程されたこの第五〇議会は、戦前日本の「議会制民主主義」が、一方で民主化の道をたどりながら他方でその流れと真逆の反動的装置を組み入れ、全体主義的体制への趨勢ができ上がる重要な分岐点となった。

まずこの議会は、当初の予定通り一九二五（大正一四）年二月に「成年男子による普通選挙を規定する法律案」を上程し、三月末に成立させた。普通選挙（以下、普選）法と通称される同法は、従来の選挙権の納税要件を撤廃し、男子の普選を達成した。しかしこの議会制民主主義の発展を象徴する同法の制定は、その流れに逆行する反民主的な治安維持法との抱き合わせで成立するところとなった。

五月五日に普選法が公布される直前の四月二二日政府は、治安維持法を勅令で成立させ、同日公布した。その制定は、男子の普選で無産政党の誕生が確実視されるなか、労働運動や社会主義運動の盛り上がりを危惧した枢密院の意向を取り入れ、普選と引き換えに制定させたものだった。同法は「国体の変革と私有財産の否認を目的とする結社及び運動」を禁止し、三年後の法改正で罰則の最高刑に死刑を科した。具体的にそれは、社会主義運動の取締りを意図していたが、同時に「国体の変革」につながる思想も取締りの対象としていた。

天皇制国家の国体は、女性を家の付随物とみなす、徹底した男尊女卑の家制度を社会の基底に置くものにほかならない。男女同一・同等の権利を求める婦選運動は、そうした男尊女卑の家制度を破壊し、「国体の変革」をもたらす思想を内包していることを意味した。そのため、治安維持法下の天皇制国家で、「国体の変革」に抵触しない形で、どのように男女同一・同等の政治的権利を要求するか——その逆説的状況をどう乗り越えるかが、日本の女性参政権運動の当初からの課題となった。後述するが、婦選運動が置かれたこの特殊日本的状況は、保守的社会の女性観との対応の中で市川たちが日本の女性に固有な政治参画の意義と様式を見出していく契機となった。

一方、現実の社会では婦選運動を社会主義運動と同様に「国体の変革」につながるものとみなし糾弾する動きがあり、その動きに対抗することが、重要な課題となっていた。三一（昭和六）年七月、市川は獲得同盟京都支部で次のように警告した。(3)

広島の支部でもそうだが赤くないものが「赤い」〔社会主義の別称〕といわれる程迷惑な事はない。それだけに攻撃の材料としてはき、めがあるから「婦選は赤い」との悪宣伝がこの婦選同盟を陥れんとする人達及団体によって盛に発せられている。会員諸氏はその悪宣伝にのらないようにしてほしい。

婦選運動の二つの目的と運動の戦略

第五〇議会閉会後の一九二五年四月、獲得期成同盟会は第一回総会を開催し、運動の目的と戦略を明確にした。新たに宣言が出され、運動の「目的を参政権獲得の唯一に限り」とし、次に、「政府政党と緊密なる関係を有つべきも、飽くまで絶対中立の立場を保持す」とし、運動が自主性を維持し、超党派で行われることを強調した(4)。市川はこの総会で規約の改正案を説明した。まず組織の名称を短く「婦選獲得同盟」(以下、獲得同盟)に改称し、婦人参政権を婦選とよぶこと、第二に、運動の「目的の中に獲得だけでなく一般婦人に対する政治教育の一項」を加え、「目的を婦人参政権獲得とその行使のための政治教育に限る」に改正すること、さらに全国組織にするため地方支部の設置などが提案された(5)。

二一年に渡米した市川は、前年に参政権を得たアメリカの女性たちが、全米女性参政権協会を全国女性有権者同盟に組織替えし、「特に公民としての教育に、選挙権行使の前提として大部分の力が注がれて来た」ことを見聞した(6)。保守的な日本ではじまったばかりの「代議制」を機能させるためには、なによりも女性たちの政治意識を高揚し、世論を喚起する政治教育が必要だった。

アメリカ滞在で抱いたその強い想いを市川は、帰国直後の横浜港で読売新聞記者のインタビューで語った(7)。

日本の婦人運動に就ては其後の経過は能く分りませぬが先ず第一に婦人の教育を向上させることが必要でありシチーズン・シップを行うことが最も捷径《しょうけい》であると思います。

女性参政権運動の究極の目的は、単に男性と同等の政治的権利を女性が手にするのではなく、その権利を市民として全うすることにこそあるのだ。そしてそのために婦選運動は「婦人参政権獲得」と「その行使のための政治教育」の二つの目的を設定すべきである。市川の提示した改正案は、獲得同盟初の総会で満場一致で受け入れられた。以後、婦選運動は、婦選を一方の軸に、女性の政治教育をいま一つの軸に据え、両輪で日本固有の女性参政権運動を走らせることになった。

男子普選に取り組む

一九二八年二月二〇日、はじめての男子普選が実施された。市川はこの選挙を女性たちの政治教育の格好の機会ととらえた。男性の行う選挙を監視することを通して、一方で女性たちの無権利状況を自覚させ政治意識を高揚し、他方で正しい政治感覚を植え付けることができると考えたからである。

獲得同盟は婦選の立場から男子普選に取り組むことを決議し、特別委員会を設置して委員長に市川を選出した。同委員会は、選挙協力と政治教育を基本方針として声明書と決議文を作成した。決議文には選挙に臨む具体的方針が四つ列記された。第一に、政党および候補者に対し、婦選を綱領に入れることを要請した。第二は、婦選支持の候補者に対し、推薦状の発送と応援弁士の派遣を提案した。そして第三に、男性有権者に対し、選挙の棄権、票の買収などの不正行為をしないよう呼びかけた。最後に、女性たちに選挙を監視することが呼びかけられた。

ビラとポスターが作成され、それらは女性たちへの政治教育を依頼した書簡と共に全国の女性団体に送付された。ビラには次のように書かれていた。(8)

貴き一票!!　正しく用いて棄てないように
女の人も、手伝いましょう正しい選挙の行われるよう

政治的権利を一切もたない女性たちが、男性の行う選挙の公明正大を期して監視する。欧米の参政権運動に例をみない婦選固有の活動が、かくしてはじまった。

この第一回男子普選で獲得同盟の女性たちは超党派の議員候補の選挙応援に八面六臂の活躍をした。『朝日新聞』によると、一月二一日の議会解散時から二月二〇日の総選挙までの一カ月間に、同盟の女性たちは総計二七六回におよぶ応援演説を行った。(9)この戦略は着実に効果を現した。同選挙で婦選支持の候補が多数当選し、選挙後のはじめての普選議会となった第五五議会(一八年四月開院)で、婦選を支持する議員が与野党合わせて一二〇人を超えた。法案可決に必要な衆院議員総数四六六人の過半数に達していなかったが、婦選支持の議員票はあと一歩までの広がりを見せた。

治安維持法の下で左右両翼の婦選組織の大同団結を模索

婦選支持の議員の数が議会で急増し、「普選の次は婦選」といった社会的風潮が高揚するなかで市川は、婦選の要求が全女性の総意であることを示し、議会に対する女性の示威活動を強力に展開する必要を感じた[10]。一九二八年三月初旬、市川は、獲得同盟中央委員会で、婦人参政権を要求するすべての女性組織が新たに大同団結する共同委員会の立ち上げを提案した。

当初、左翼系女性組織を含めたすべての女性組織の大同団結は、新聞などで一般に実現不可能と、懐疑的に受け止められた[11]。しかし、獲得同盟の呼びかけに真っ先に無産女性組織の関東婦人同盟が共同委員会参加の意思を書簡で通達してきた[12]。最終的に、三月中旬に開催された第一回会合に獲得同盟、参政権協会、婦人参政同盟(以下、参政同盟)のいわゆる有産《ブルジョア》婦人参政権三組織に加えて、労働婦人連盟、関東婦人同盟、社会婦人同盟(七月、社会民衆婦人同盟に改称)、全国婦人同盟の無産《プロレタリア》婦人組織が参加し、七団体で婦選獲得共同委員会が組織された[13]。

左翼組織を弾圧した治安維持法の下で、左右両翼女性組織の大同団結が達成されたことは画期的だった。同委員会は第五五議会に対する女性たちの示威活動として議会会期中に二度婦選大講演会を開催した。一方で、東京市部における共同委員会の活動に刺激され、関西一円に支部をもち一五〇万人の会員を擁する全関西婦人連合会が同年四月に委員会に加盟した[14]。その参加は女性参政権運動の全国化を示唆し、階層、地域を超えた婦選支持のすそ野の広がりを確かなものとした。

最終的に婦選獲得共同委員会は、第五六議会閉会後の二九年一二月に解散を決定し、一年九カ月の短命だった。その解散は、左翼系団体に対する厳しい弾圧のなかで解散せざるを得なかった無産女性組織の多くが脱会し、委員会に最後まで残っていた社会民衆婦人同盟が、全国協議会で「今後の運動は党と共にする」ことを決め、脱退したためだった。しかし解散に際して「脱会の諸団体に置いても、婦選運動上、今後と雖も適当な協力」をしていくことが確認された[15]。

治安維持法によって左翼系組織に対する厳しい弾圧が行われていた社会状況にあって、あえて婦選の女性たちが、女性参政権を軸にイデオロギーを超えたすべての女性たちの共闘を試みた、その歴史的意義は大きい。とくに解散時に「今後と雖も適当な協力」をすることが確認されたことによって、満州事変後の準戦時期に再び左右両翼の女性組織を巻き込んで、反戦、反軍拡、反ファシズムがすべての女性たちの意思であることを強力に訴えていくことが可能となった。

婦選の目的と意義を保守的社会の女性観にすりあわせる

第五五議会会期中の一九二八年四月、獲得同盟第四回総会が開催された。市川をはじめ獲得同盟の女性たちは、同年二月二〇日の第一回男子普選ではじめての応援演説を経験し、実社会に堅固な根をおろす男尊女卑の女性観の高い壁に直面した。徹底した男女不平等の家制度の社会で、婦選の依拠する男女同一・同等の政治的権利の要求はタブーだった。保守的社会の女性観に抵触しない形で説得力をもつ、婦選要求の意義と根拠を明示する必要が、喫緊の課題であった。

新婦人協会の時代から市川は、理想に走った運動は「机上の空論」で「徒労に終る」と主張していた[16]。そして社会改革運動という以上は「現在の社会を認めて、其の上に立った運動」であるべきと強調した。家制度の壁に直面した市川は、その現実主義的運動観に支えられ、獲得同盟第四回総会で婦選の目的と意義を、現実の社会にすりあわせた形で提示した。

同所でジャーナリスト出身の山高しげりが起草し、市川が加筆した大会宣言が発表された[17]。宣言は、まず、獲得同盟創立以来、男女同等の政治参画は「あまりにも当然なるを信じ」、活動して来たと述べ、女性参政権の要求が、男女同一・同等の「自然の摂理」――自然権の上に立つものであることを確認した。そのうえで「我国刻下の現状に鑑み、特に次の如き理由」に基づいて婦選を要求すると宣言し、三点を挙げた。第一は、政治を「清浄公正なる国民の政治」とするため、第二が、「政治と台所の関係を密接ならしめ」るため、そして第三が、「婦人及子供に不利なる法律制度を改廃」するためである。

家制度の社会で女性たちが唯一認められた活動の場は、生活の場としての家庭(台所)にあった。それは私的領域として公的領域の政治的活動から完全に切り離された場であり、裏をかえせばその事実が、女性たちを政治世界から排除する根拠となっていた。後に市川はその状況を逆手にとり、「最もよき政治とは、国民の各家庭の台所にある米櫃《こめびつ》の中に食べるだけの米がいつでも満たされているようにすること」であり、「夫婦子供等が和楽《わらく》して各々の職務にいそしむことが出来るようにすること」であると政治を定義した[18]。こう主張することで市川は、政治から切り離されていた生活の場を政治に結びつけ、家制度のもとで唯一認められていた、家庭での女性の生活者役割を政治に組み入れることに成功した。

「政治と台所の関係を密接ならしめ」るためとする婦選要求の理由は、政治から排除されている家庭の住人として女性たちこそが、生活の場の経験と知識を政治に反映させるのに最もふさわしい人たちだという主張にほかならない。そして家庭で育児と家事に専従している当事者としての女性でなければ、「婦人及子供に不利なる法律制度」はわからないのであり、男性だけに任せた政治は、生活から乖離した偏向したものとなる、と主張した。

かくして市川は、保守的社会で婦選運動を牽引する過程で、「政治は生活を守るためにある」と主張する新しい政治展望を切り拓き、女性の政治参画の意義を主張した。その一方で婦選のいま一つの意義を、政治を「清浄公正なる国民の政治」にするためと主張した。市民社会の未熟な状況で施行されたはじめての男子普選は、票の売買の跋扈したすさまじい金権選挙だった。この現実を経験した市川は、子を産み育てる役割を担う女性たちを、生来的に道徳心に富む、清廉潔白な性とみなす保守的社会の女性観に婦選の意義を結びつけた。そして婦選は、男性の行う選挙と政治の腐敗を家庭の住人として社会や政治の汚濁にまみれていない清廉潔白な女性の手で浄化するためであると主張した。

以後、婦選運動は、新しく提示した婦選の意義に沿って、婦選三案の議会上程と併行して政治を生活と結びつける日常的政策課題を取り上げた市民運動を展開した。そして、選挙のたびに選挙革正活動を行い、さらに選挙後の政治腐敗を監視するようになった。実際、この時点で婦選が男女同一・同等の政治的権利の自然権の主張を表看板から降ろし、保守的社会の女性観にすりあわせた形で婦選の目的と意義を設定したことは、軍ファシズムの跋扈する満州事変後の反動的社会で、婦選が生き残るための新たな活動領域が切り拓かれたことを意味した。

東京市会選挙に取り組み、選挙革正の方法を編み出す

一九二八年末、田中義一内閣の望月圭介内相は、東京市会の解散を命じた。この年の八月、旧日本橋魚市場の魚販売に使われた板舟権《いたぶね》(魚の販売権)の補償をめぐり東京市会で買収疑獄が発生し、さらに京成電車の市内乗入れや、市長選挙、市議会議長選挙、江東市場問題にからみ一連の疑獄事件が発生した。その結果、多数の東京市会議員や衆院議員が逮捕され、東京市会は定員八八人のうち二五人が拘留された。市会解散命令は、事態を重くみた望月内相が、市制第一六二条に基づいて解散を命じたものだった。市政一新のための選挙が、翌二九(昭和四)年三月一六日に予定された。

市会解散命令の当日、獲得同盟は中央委員会を開催し、市会を浄化するため、①前市会議員を原則選出しないこと、②被疑者も含めて贈収賄、瀆職罪《とくしょくざい》で刑に触れたものを選出しないこと、そして③「貸座敷業者及び芸者屋、待合料理屋を営む者」を選出しないことを決め、声明書を発表した。[19]

さらに翌二九年一月中旬、東京市在住の獲得同盟会員の会が開催され、市会選挙に臨むため対市議選挙婦人委員会の設置を決め、市川を委員長に据えた。同委員会で市川たちは、婦選の立場から選挙革正に取り組む方法論をつくり上げていった。五つの戦略が立てられ、第一は、「選挙法の励行、ポスターの制限、投票場の増加」の陳情を東京市長と警視庁に行うこと、第二は、女性団体に棄権防止運動への取組みを要請し、男性有権者団体には立会演説会の開催を勧めること、第三、第四は、立候補者の経歴と政策を調査し、有権者に知らせる方法と、候補者推薦の基準と方法を検討することである。

最後に、選挙にかかる費用として「十銭袋」をつくって募金することを決めた。[20] 選挙にかかる費

用を支持者の少額の募金で賄うという、このときに編み出された選挙手法は、戦後、市川が亡くなるまで展開した理想選挙の基となった。

「政治は生活」の実践――はじまりは、ガス料金値下げ運動

獲得同盟第四回総会で、婦選の意義の一つに「政治と台所の関係を密接ならしめ」ることを掲げた市川は、生活領域に最も近い自治体が取り扱う生活関連の問題を取り上げたいと考えた。女性たちの関心の高い日常生活の問題を取り上げることは、一方で女性たちの政治教育となり、他方で女性たちの政治的能力を示す格好の機会だった。

一九二九年四月、前月の選挙で一新した東京市会は、ガス料金の値下げ建議案を全会一致で可決した。しかし東京ガスは、市議会の値下げ要求を無視し、逆に市に対して増資要求を行った。好機到来と見た市川は、即座にこの問題をガス料金値下げ運動へ発展させていった[20]。

まず婦選運動の戦略にならい、問題意識を共有する左右両翼の女性組織の団結をはかるため、婦人市政研究会、社会民衆婦人同盟、参政同盟と獲得同盟で婦人団体ガス問題協議会を開催した。さらに運動を拡大するため、男性市民組織との連携がはじめて試みられた。

市議会では、堺利彦(東京無産党)、島中雄三(社会民衆党)らが無産市議団を組織し、徹底値下げ案の上程を試みていた。獲得同盟は無産市議団、ガス料金値下期成同盟などの男性組織とガス料金供託同盟を結成し、ガス料金不払い運動を展開した。同同盟の代表者に政治学者の吉野作造、会計監督に市川と無産市議団がなった。

二九年、半年間にわたって展開されたこの運動は、新市長の堀切善次郎が東京ガスの増資を却下し、ガス値下げを取り上げないまま終止符を打った。しかし、この運動を通して獲得同盟は、婦選組織以外の男女の市民組織との共闘をはじめて経験し、市民運動の人的ネットワークを拡大し、それらは、戦中期、婦選活動の社会的資源となった。

政府の女性たちへの協力要請

こうした女性たちの政治と台所を結びつける主体的な政治実践とは別に、政府の側もまた、昭和初頭の深刻な経済不況と膨大な軍事予算を乗り切るため、日本史上はじめて生活者としての女性たちの協力を必要としていた。

一九二九年九月一二日、三〇〇人を超す東京在住の女性指導者が首相官邸に集められ、浜口雄幸首相、井上毅蔵相、安達謙蔵内相から、政府の緊縮財政、金解禁政策に対する協力を依頼された。同会談は、東京連合婦人会が加盟団体を招き、「この際婦人は何をすべきか」を直接政府から聴取するために企画したものだった。[21] さらに九月二一日、大阪に本部を置く全関西婦人連合会が、日本婦人経済大会を開催し、同大会で安達内相が政府の緊縮経済政策への女性たちの協力を依頼した。

この時期、政府はまた、北海道鉄道、東大阪電気の疑獄事件や売勲事件、山梨半造事件などが相次いで暴露され、政府の要人を複数含む政界の疑獄事件に悩まされていた。それは、金のかかる選挙の必然的な結果でもあり、選挙と政界の改革を望む世論が沸騰した。そのため同年末、安達内相は選挙革正調査会を設置した。内相の依頼した調査項目のなかには、党費公開、選挙公営のほかに安達自らが書き入れた婦人参政権が加えられ、「先ず公民権より」と書かれていた[22]。

獲得同盟は、第一回男子普通選挙のときから、男性の行う選挙の棄権防止や、票の売買禁止に取り組んでいた。調査項目に女性参政権が加えられたのは、安達が選挙革正に対する女性たちの役割を予測し、女性の政治参画の可能性とその効果の調査を、選挙革正調査会に依頼したものだった。

市川は、浜口内閣が抱えていたこうした二つの政治課題を巧みにとらえ、それらを婦選の目的・意義に連結させ、生活者としての政治の担い手、さらに政治革正の担い手としての女性たちの社会的役割を、満州事変後の急激に反動化する社会で婦選活動の前面に打ち出していった。

第二回男子普選と地方女性への婦選教育そして女性の望む「男性政治家」の提示

市川たちが東京市会選挙に取り組んだ翌年の一九三〇(昭和五)年一月二一日、浜口雄幸首相は「少数内閣の信を問う」ため、第五七議会を解散した。二回目の男子普選が同年二月二〇日に予定された。

第五七議会では、かねてから婦選論者だった犬養毅総裁の「口添え」で、第一党の政友会は党議で全員が女性公民権の賛成者となっていた。そのため選挙後の第五八議会では、婦人結社権案と婦人公民権案の衆院可決はほぼ確実だった。もはやこの時点で、最初の選挙時のように婦選支持の候補者への推薦状や応援演説を通しての選挙協力は必要なかった。

一方で第二回男子普選は、選挙の監視活動を通して女性の政治教育をすると同時に、第一回普選後に市川たちが保守的社会の女性観に合わせて設定した選挙浄化の婦選の意義を衆目に示す絶好の機会だった。獲得同盟は、議会解散当日、市川と山高の起草した「総選挙に対する声明書」を発表した。同声明書には、二度目の男子普選に臨む獲得同盟の選挙協力が、「全国の婦人を動員して以て選挙革正の根幹たる買収棄権の防止」に努めることにあると明記された[23]。

この目的に沿って獲得同盟は各地域の女性組織と連携し、選挙当日までの一カ月未満の間に選挙革正地方講演会を二一回開催し、その聴衆総数は一万四〇〇〇人を超えた[24]。それらは情報に乏しい地方の女性たちへの格好の政治教育の機会を提供し、講演会を開催した地域で、獲得同盟の地方支部が次々に立ち上げられていった。総選挙後市川は、総選挙の「収穫の随一」として「地方婦人の政治的自覚」をあげ、「婦選要求の火の手は今や全国的に焔々《えんえん》と燃え上らん勢を示しつゝある」「婦人公民権は最早この人々にとっては、単なる理論の上のものではない」と高唱した[25]。

この選挙で、「総選挙に女性は何をすべきか」と題されたリーフレット五万枚が印刷され、各方面に配布された。リーフレットには、「有権者である男の方々へ、女はこういう人を選んでほしいのです」として一〇カ条が列記された。その筆頭に贈賄罪、瀆職罪を犯したことのない人が挙げられ、それに妾をもたない人、議会で暴力行為を行わない人、遊郭や政治を職業としない人、党派の利益を国民全体の利益に優先しない人、選挙に金を使わない人、婦人や子どもの利益のために働く人などが続いた[26]。このとき列記された女性の望む男性政治家の条件は、女性たちが望むあるべき政治の原点となり、以後、戦中期に施行されたすべての選挙でくり返し主張された。

婦人公民権案、衆院を二度通過する

第二回男子普選後の第五八特別議会（一九三〇年四月二三日開院）ではじめて婦人公民権案が衆院本会議を賛成多数で通過した。同議会で政友会は、第五七議会同様に党議で全員が婦人公民権案を支持し、議会で与党となった民政党も多数派が女性の地方政治への参加を認めた。その結果、婦人公民権案を支持する議員は三三六人に達していた。しかし、最終的に同案は貴族院委員会で審議未了となり廃案となった。

議会閉会後の三〇年七月一四日、婦選支持の盛上りを背景に内務省は、政府が来る第五九議会で婦人公民権案を上程する予定と発表した。そしてその具体的内容として、女性公民権のうち府県をはずし市町村だけとし、対象年齢を男性二五歳以上に対し女性は三〇歳以上とした。

完全公民権を主張していた婦選の女性たちは、獲得同盟、参政権協会、参政同盟で懇談会を開催し、五九議会では完全公民権案の衆貴可決を目指すことを決め、政府の制限公民権案反対声明を発表し、安達内相をはじめ地方局長、政民両党を訪問し声明書を手交した(27)。しかし八月八日、安達内相が発表した内務省案は、先の同省案に加えて、妻が名誉職に就く際は夫の同意を必要とするという条項をさらに加えていた。

他方で世論の動向は、婦選の女性たちの主張する完全婦人公民権支持にあった。内務省が、次の国会に制限付きの婦人公民権案を上程する予定と発表すると、各新聞は、こぞって同問題を社説で取り上げ、公民権を府県と市町村とに分けることを不可解とした(28)。

三一年二月一〇日、政府案は変更されないまま第五九議会衆院本会議に上程された。政府案の説明には安達内相が立ち、婦人公民権を市町村に限るのは、「行政の内容」からみて、市町村の公民権が、「女子ト最モ交渉深ク、女子ノ最モ能ク理解シ、且ツ緊切ナル利害関係ヲ有スルモノノ極メテ多イ」ためであると指摘した、さらに「政治ノ運用」に関して、その政治に対する理解がまず必要となるが、第一段階として「女子」に市町村自治に参与させ、政治に「慣熟」させることを期待すると述べた(29)。

同法案は通常通り本会議採択前に、まず委員会付託になった。獲得同盟は同委員会で、政友会委員の星島二郎らに、年齢は政府案通りで府県公民権を加えた修正案を提出してもらったが、少数で負け、政府案が委員会案として採択された。政府案は、二月二八日議会に上程され、衆議院を可決した。さらに婦人結社権を認める政府案が、二月二〇日衆議院に上程された。委員会に付託された同案は、僧侶、神官、教師にも政党加入の自由を与えることが加えられ、三月七日衆議院本会議で可決された。

最終的に委員会を通過した婦人公民権と結社権の政府案は、三月二四日に貴族院本会議で否決され、再び廃案となった。同日、市川たちは、「我等は此婦人を屈辱的地位につかしむる制限案の否決を心より歓ぶと共に勇躍もって完全公民権の獲得、婦人参政権の実現に飽まで奮闘せん事を期す」と宣言した声明書を発表した(30)。

2 準戦時期——「日本型ジェンダーの政治」を編み出す

満州事変の勃発と暗転した婦選

一九三一年四月、昭和六年度獲得同盟の活動目標を立てつつあった市川は、その年の暮に開院される第六〇通常議会で婦人公民権と結社権が貴衆両院を通過することは、「必ずしも不可能ではない」と考えていた。先の五八、五九議会で二度にわたり婦人公民権案と婦人結社権案が衆議院を通過した。確かにいずれの場合も貴族院の委員会と本会議でそれぞれ審議未了、否決され、二度とも廃案となった。しかし二回の審議をへて有馬《ありま》頼寧《よりやす》伯爵や佐佐木《ささき》行忠《ゆきただ》侯爵のように女性の地方政治への参加を強く支持する貴族院の有力議員が誕生していた。

「十年前の大正十年、貴族院は治警〔治安警察法〕五条の改正を、「家族制度を破壊する云々」の理由で否決した」。しかし、「翌十一年には多数で可決した例がある」と、市川は指摘する(31)。だから治警法第五条改正のキーパーソンだった藤村義朗男爵のような貴族院の有力議員を婦選支持にすれば、婦人公民権案と結社権案の貴族院通過は不可能なことではないと、とらえていた。

しかし、その五カ月後に中国大陸で起こった一つの事件が、婦選の一部実現がいま一歩のところにあった婦選運動の展望を突如暗転させた。

三一年九月一八日、奉天（現瀋陽）郊外の柳条湖で南満州鉄道の線路が爆破された。同事件は、関東軍高級参謀板垣征四郎大佐と同軍作戦参謀石原莞爾《いしはらかんじ》中佐を首謀者として、関東軍の「独断」で行われたものだった。しかし関東軍は、爆破が張学良《ちょうがくりょう》（張作霖《さくりん》の息子）の率いる中華民国東北軍の破壊工作であると主張した。そして政府の不拡大方針を無視し続け、翌三二年初頭までには東北三省を制圧した。満州全土をほぼ占領した関東軍は三月一日、清朝の廃帝、愛新覚羅《あいしんかくら》溥儀《ふぎ》を皇帝に立て満州国の建国を宣言した。この満州事変（中国では九・一八事件と呼ばれる）をきっかけに日本は、以後四五年八月一五日の敗戦まで、日本史上最も長い戦い、十五年戦争を戦うこととなった。

満州事変を批判し、戦争終息のため日中女性の連携を提案

事変二カ月後、市川は獲得同盟の機関誌『婦選』に「国際平和と婦選」を掲載した(32)。同誌で市川は、「国際紛争を解決する為めに、武力を用うる事は、如何にしても賛成する事が出来ない」と述べ、非戦の立場から、関東軍が自衛を口実に中国大陸で軍事制圧を拡大し続けることを強く批判した。そして事変解決のために、日本軍が「先ず一日も早く満鉄附属地まで撤兵せんこと」が必要と、現状復帰を提案した。

市川は、戦争は、「経済上の浪費」であり「尊い人命を犠牲」にする「最も大な罪悪」であると同時に、「相戦う両国民の感情を益々疎隔せしめ、禍根を将来に遺す」と指摘し、なるべく早い時期に中国大陸に平和な状況を取りもどすべきと主張した。そして、戦争状況を回避する具体的方策を提示した。国際的には、国際連盟の機能を「強力ならしめる」ことが必要であり、そのため国内的に、ロンドン軍縮条約、不戦条約などの「精神を宣揚する事が肝要」で、「教科書から戦争を讃美せる教材を取り除き国民全部に、平和の思想を、植えつける事」が必要である。さらに「戦争を避けるためには、軍備に費やされる国の予算を減少」すること、そして女性が「反対の発言をなし得る」ための権利――婦選を達成させることである。

また市川は、「婦人の戦争を嫌い、平和を愛するのは、婦人自身の感情というよりも、むしろ本能」であり、その女性の想いに「国境の区別」はないと指摘した。それは、「戦争から、直接最も

大な被害を受けるものは婦人」であり、その悲劇は「敵味方の区別なく婦人の味わう、同じ耐えがたい苦しみである」からである。だから国際平和を手にするためには、好戦的な男性ではなく、平和志向の女性が、「国際的に提携すること」が重要であり、満州事変を終息させるために戦争当事国日本と中国の女性たちが連携することが必要と提案した。

振り出しに戻った婦選運動と政党への信頼失墜

一九三一年一二月一三日、事変終息に失敗した第二次若槻礼次郎民政党内閣の後を受けて犬養毅政友会内閣が組閣された。軍政権の成立を心配していた市川は、「憲政の常道」が通ったことにひとまず安堵した。そして犬養が婦選の支持者であったことで「事態は益《ますま》す私共に有利な展開を見せるものと予測することが出来る」と勇気づけられた(33)。しかし事変後の混乱のなか「最早日本は戦時体制だ、婦人参政権、公民権などにはかまっていられない」といった議員が多数を占め、婦選三案を議会に上程してくれる議員を見つけることができず、第六〇議会に婦選案を上程することができなかった(34)。第五〇議会にはじめて婦選三案を上程して以来、議会の会期ごとに上程し続け、この議会で婦選の一部実現を期待していた市川らにとって予想もしなかった事態の暗転だった。

一方、犬養内閣は、第六〇議会で事変収拾のための軍事予算を通過させると、休会明けの三二年一月末に衆院を解散し、二月二〇日、民意を問うための第三回男子普選を施行した。その結果、政友会は、議員総数の過半数をゆうに超える三〇一議席を獲得した。しかし、選挙後の第六一議会で政友会と犬養内閣は、満州事変後に海軍が起こした上海事変のための軍事費追加予算の承認を全会一致で議決すると、三月二四日、早々と議会を解散した。

もとよりこの第六一議会でも婦選三案の上程は、かなわなかった。市川にとって、第六一議会でほとんど審議らしい審議もせず一方的に全会一致で膨大な軍事予算が承認されたこと、また婦選を強く支持した犬養首相と政友会が圧倒的多数の与党の議会で婦選三案を提出すらできなかったことは、痛憤の一事だった。

市川は、「議会否認、暴力××是認の風潮は、日に日に瀰漫するかの如く見える」。しかし、この議席をもってしたら、「政府さえ決意すれば、実行の不可能なる事はあり得ない筈である。この地位にあって、選挙に於て或はその在野時代に与えた公約の実行を回避することは絶対に許されない」と、政友会——既成政党に対する失望を露わにした(35)。

五・一五事件と代議制の終焉、そして市川の対応

中国大陸での「軍クーデター」の動きは、一九三一年、国内の軍クーデター未遂事件(十月事件)を経て、翌三二年五月一五日、海軍の青年将校を中心とするクーデター、五・一五事件へ発展した。同日、首相官邸を襲撃した彼等は「話せばわかる」と反乱軍に立ち向かった犬養首相に「問答無用」と銃を向け射殺した。このクーデターで犬養内閣は翌日瓦解し、海軍大臣斎藤実に組閣の大命が下りた。同内閣は表向き民政党、政友会その他の無産政党を含めた挙国一致内閣だった。しかし現実には、政党の意思には関係なく政治が行われた超然内閣にほかならなかった。

この斎藤実超然内閣の出現は、明治憲法下の代議制の終焉を意味した。市川は、「三百余名の絶

対多数を擁しながら、政友会は、単独内閣の主張を弊履の如くすて、……民政党亦それに倣った」と、政党政治の危機に対応できない既成政党への不信感を深めていった。そしてその時点でもなお「私共は国民として、同時に婦人として、現在に於ては、尚代議政治を以て適当だと考えるものである」と強調した(36)。

代議制に事実上終止符をうった五・一五事件以降、婦選運動は、女性たちの男性なみの代議制への参画を、代議制の機能しなくなった議会に対して主張するという矛盾を抱えることとなった。市川は、満州事変四カ月後の三二年一月、無産婦人同盟の要請を受け、獲得同盟、参政権協会、参政同盟のブルジョア婦選三組織に関西婦人連盟を加え、五団体で婦選団体連合委員会（のちに社会民衆婦人同盟も参加。以下、婦団連）を立ち上げた。二八年の婦選獲得共同委員会に次ぐ、二度目の左右両翼女性組織の大同団結だ。それは、婦選の要求を地域、階層を超えた全女性の要求であると示すことで、婦選運動存亡の危機を乗り越えることを意図していた。婦団連設立声明は「私共は、内外の時局が困難なれば困難なる程、その憂を頒ち、これが打開に協力せんがために、婦人参政権の必要を一層痛切に感ずるものである」と訴えた(37)。

しかし五・一五事件以降、盧溝橋事件に至る準戦時期に開院された第六〇議会（三一年一二月二六日開院）から準戦時期最後の議会となった第七〇議会（三六年一二月二六日開院）に至る一一回の議会のうち、婦団連が中心となって議会に上程した婦選法案は、第六二、六三議会と第六九議会の三回に限られた。これらの議会においても、満州事変以前の議会で毎回上程されていた婦選三案は姿を消し、婦人参政権法案が第六二、六三、六九議会で、婦人公民権案は第六九議会で上程されたにすぎ

なかった。(38)

婦選の平和活動――機関誌『婦選』による軍拡・軍ファシズム批判

準戦時期に市川たちは、婦選の議会上程が著しく困難になるなかで、軍事的危機を乗り越えるため、平和志向の女性たちの政治参画が喫緊であると強く主張していった。この時期、婦選の平和活動は、大きく二つに分かれる。まず、獲得同盟の機関誌『婦選』を通して、中国大陸で拡大し続ける戦争と、それに呼応した国内のファシズムの台頭を批判し続けたこと。そしていま一つが、議会の会期ごとに全日本婦選大会(以下、婦選大会)を開催し、女性たちの平和への意思を表明し続けたことである。

厳しい言論統制の敷かれた軍ファシズムの社会で、『婦選』の政治・経済コラムを担当していた市川は、言論統制ギリギリの線で細心の注意を払って『婦選』の読者に軍支配の社会の現実とその影響を知らせようとしていた。そのため『婦選』は、しばしば発禁処分や厳重注意を受けた。市川はそのつど経緯を説明し「事実ある事で、新聞雑誌に出ていない事が沢山ある事を承知していて下さい」と読者の注意を喚起した。(39)

最終的に『婦選』は、男女平等の政治的権利を意味する婦選という表題自体を変えざるを得なくなり、一九三六年の新年号から『女性展望』と改題した。(40) 改題一カ月後に二・二六事件が起こり、市川たちの対峙した軍国主義は、もはや一切の歯止めがきかなくなった。

『婦選』の啓蒙活動――正しい中国情報を

一方で満州事変後の世論は、中国大陸での日本の権益を守ることに必死な政府と新聞に煽動され、「支那蔑視、支那膺懲《ようちょう》」の一色で彩られていた。市川は、そうした状況のなかで何とか正しい中国大陸の情報を女性たちに伝達し、日本と中国の「指導的立場」の女性たちが連携できる道を模索した。そのため準戦時期に市川は、『婦選』誌上に中国情報を掲載するページやコラムを設け、中国通の竹中繁《たけなかしげ》を毎号くり返し登場させた(41)。

東京朝日新聞初の女性記者だった竹中は、一九二六(大正一五)年に中国大陸を半年間旅行した経験のある、婦選運動家のなかで数少ない中国通だった。中国問題に深い関心と憂慮をもつ竹中は、事変後いち早く中国を語り、中国の女性を知る女たちの会、一土会(毎月第一土曜日に集まる会)を立ち上げ、市川はその会の当初からのメンバーだった(42)。

満州事変翌年の三二年三月、中華民国政府の提訴を受けた国際連盟は、イギリスのヴィクター・リットン卿を団長とする日華紛争調査委員会を立ち上げた。三月六日、市川は一土会を代表して、調査で来日中のリットンを帝国ホテルに訪ね、満州事変を「(日本の女性達は)遺憾に思っている」ことを伝え、「事実の正確なる調査、公正なる判断を期待している」と申し入れた(43)。

婦選大会と反戦・反軍拡・反ファシズム決議

市川はまた、反戦・反軍拡・反ファシズムの主張が女性たち全体の意思であることを示すため、準戦時期の議会開院ごとに開催した婦選大会の決議に、その主張を盛り込んだ。同大会は一九三〇年、婦選支持の議会趨勢が形成された第五八議会に対する圧力活動としてはじめて開催され、準戦時期最後の三七年までに通算七回開催された。同大会もまた、同時期の婦選運動を率いた婦団連と同様、獲得同盟、参政権協会、参政同盟のブルジョア女性三団体と無産婦人同盟など左右両翼の女性組織が連携して主催した。最終的には二一に上るさまざまな女性職能団体が後援に名を連ね、全国から六〇〇人を超す婦選の地方代表と男性支持者が参集する大会に成長した。

満州事変後に開催された三二年の第三回婦選大会は、ファッショ反対、憲政擁護を決議し、翌年の第四回大会では膨大な軍拡予算自体を批判し、反対決議を行った。それらの決議は、大会後に市川らが関係閣僚に面会し手交された(44)。三四年の第五回大会では、当局から事前に「反戦に関する決議は罷りならぬ」旨の指令を受けていた。しかし、採択された一三の決議文のうち五つが反戦に関するものだった(45)。

二・二六事件翌年の三七年一月に開催され、最終回となった第七回大会では、飛び入り参加した加藤勘十が祝辞を述べ、冒頭、「今日の政治の現状に不満がある者は権利の有無、男女の別を問わず、今日のこの大会に来べきである!」と叫んだ。加藤は前年の第四回男子普選で日本労働組合全国評議会から出馬し、最高得票数で当選していた。加藤は続けて、政府は軍事的危機下の挙国一致を要求するが、その下で「政治言論の自由は奪われ軍部は圧石となって我々の上にのしかゝる」「予算三十億の中、十四億九百万が軍事費」であるが、「軍部はそれにふれることを許さない。果して軍部の云うことのみ正しいのであるか」と軍政を喝破した。その指摘はまさに「集まった婦人達が、等しく言わんとして力足りず言い得なかった」ものだった(46)。

この大会の半年後に中国大陸で盧溝橋事件がおこり、日本は中華民国の蔣介石《しょうかいせき》を相手に全面戦争に突入した。以後、もはや婦選大会が開催されることは可能ではなかった。

新しい市民的活動領域の開拓

準戦時期市川たちは婦選の平和活動に並んで、一九二八年の第四回獲得同盟総会で提示した「政治と台所の関係を密接ならしめ」るための市民活動に積極的に取り組んでいった。市川たちは二九年に取り組んだガス料金値下げ運動の戦略に倣って、三二年から三四年にかけて東京のゴミ処理問題、女中税・小市民税反対運動、東京卸売市場の単複問題など日常生活の問題を取り上げ、婦選の活動領域に組み入れていった(47)。

婦選の女性たちが、生活を取り巻く身近な問題を掘り起こし、その解決に向けて市当局に提案し、市との協力で、女性たちの意見を反映させながら問題処理にあたる。その典型的な例がゴミ処理に対する取組みだった。市川たちはこの運動を通して、「台所を預かる主婦の立場で塵芥量の減量、厨芥《ちゅうかい》(台所の生ゴミ)と雑芥《ざっかい》(燃えるゴミ)の選別処理の徹底」を図ることを計画し、その普及につとめた(48)。それは、準戦時期の婦選運動を率いた婦団連が、自主性を維持しながら市当局との密接な協力関係で生活関連の問題処理にあたった好個の事例であり、この運動の流れは、盧溝橋事件以降の戦時期婦選の重要な活動領域として引き継がれていった。

選挙粛正婦人連合会を立ち上げる

市川はまた、第四回獲得同盟総会で提示した「清浄公正なる国民の政治」とするための婦選活動を、準戦時期に施行されたすべての東京市会選挙、衆院選挙で展開した。それは準戦時期に発展させたゴミ処理問題などの市民的活動の場合と同様に、一方で女性たちの政治教育を意図していたが、他方で女性たちの政治的能力を実証する格好の機会となった。

一九三五(昭和一〇)年五月、政府は、前年に制定された選挙法改正に基づいて選挙粛正委員会令を公布し、外郭団体として選挙粛正中央連盟(以下、選粛中央連盟)を発会させた。この選粛中央連盟は、それまでの婦選の女性たちの選挙協力活動を評価し、選挙時には多数の女性を選挙粛正委員に各地域で選任した。

市川は、同連盟の評議員に大日本連合婦人会(以下、連婦)の会長吉岡弥生、理事長島津治子、副会長守屋東《もりやあずま》、大日本連合女子青年団理事長山脇房子と共に任命された。当初、市川は選粛中央連盟に婦団連の加盟を希望した。しかし、婦選を目的にした組織の連合体だった婦団連の加盟は認められず、文部省系の半官半民の女性組織、連婦の加盟のみが認められた。

即座に市川は婦選活動はしないという約束で、選挙粛正婦人連合会を立ち上げた。もとよりその妥協は本意ではなかった。しかし「あえてその苦痛に堪え」たのは、「官製の政治団体選挙粛正中央聯盟それ自身への参加が、広義における婦選の獲得」であり、「代議政治を確立するための基礎工事として選挙粛正は絶対に必要」と考えたからだった。(49)

戦後につながる政治と選挙革正の戦略――「市民は選ぶな醜類《しこるい》を」

政治的権利をもたない女性たちが、男性の行う選挙の浄化活動に取り組む。国際的な女性参政権運動史上稀有な日本に固有なこの活動は、戦後女性たちが男性と同等の政治的権利を手にしたとき、大きく開花していった。戦後、市川が立候補した参院選挙で展開した「理想選挙」や「ストップ・ザ・汚職議員」の運動は、戦前に婦選運動が取り組んだ選挙革正活動にその淵源がある。

獲得同盟は、一九三三年三月一六日の第二回東京市会選挙で、被疑立候補者へ辞退勧告をすることを決めた。金のかかる選挙が疑獄を生むと理解した市川たちは、前回の第一回東京市会選挙で、戦後理想選挙の原点となった「十銭袋」を編み出し、選挙費用を募金で賄う試みをはじめていた。しかし東京市会の疑獄は後を絶たず、この市会選挙では疑獄に連座し、起訴され、収監されている議員まで立候補しているありさまだった。

「市民は選ぶな醜類を」のスローガンが決まり、市川は、被疑者へ候補辞退勧告状を「奉書の巻紙」に書いた。被疑立候補者は、前回の市会選挙で共闘した市政調査会の調査名簿から一一人を割り出し、市会議長選の連座者四人には直接訪問して渡すことにし、残りの七人には書留郵送した。一七日の選挙の結果は、勧告状を持参したものは三人が落選、郵送した七人のうち三人が落選した。

この選挙で開発された被疑候補者へ直接辞退勧告を働きかける「市民は選ぶな醜類を」の戦略は、戦後「ストップ・ザ・汚職議員」の運動につながり、戦後最大の疑獄の一つであるダグラス・グラマン事件(七九年)の被疑者、自民党重鎮の松野《まつの》頼三《らいぞう》の落選に貢献した。

母性保護法の制定に成功

第四回獲得同盟総会で市川たちが提示した三つ目の「婦人及子供に不利なる法律制度を改廃」することを目指した婦選活動として、準戦時期に獲得同盟が取り組んだのが母性保護に関する運動である。

一九三四(昭和九)年五月、獲得同盟は第一〇回総会で「議会に於ける輿論を婦選に向けしむる為、一般婦人問題、例えば母子扶助法案等のために努力すること」を決議し、準備委員会を設置した。[50]不況と軍拡予算の結果、母子家庭の経済逼迫は、過去二年間で五六〇件を超える母子心中を発生させていた。しかし同会では、従来の母子を扶助するためだけの法律ではなく、より広く母性を保護する視点をいれた法律を目指すこと、さらに男性組織と共闘するがあくまでも女性組織が主体となることが確認された。

九月二九日、組織会が開催され、婦人団体代表、社会事業家ら一〇〇人が参集し、母性保護法制定促進婦人連盟(後に母性保護連盟と改称)が設立され、委員長に山田わかが任命された。同連盟は三四年の第六七議会に対してまず、「母子心中防止対策樹立に関する」建議案を衆院に、請願を貴族院にそれぞれ提出し、議会活動を開始した。さらに三六年には穂積重遠《ほづみしげとお》を委員長とする特別委員会を立ち上げ、片山哲らの援助で母子扶助法案を同年末開院の第七〇議会に上程した。

すでに三六年三月に組閣された広田弘毅《ひろたこうき》内閣は、税制改革の一貫として、母子扶助法を議会に提出することを決定していた。そのため三七年一月、第七〇議会再開の直前に総辞職した広田内閣のあとを受けた林銑十郎《はやしせんじゅうろう》内閣は母子保護法を提出し、同政府案は衆貴両院を通過した。当初、政府案は私生児を保護の対象に含めていなかったが、連盟の強い要求で含まれることとなった。

市川は母子保護法の成立に対して「非常時なるが故に婦選は後退し非常時なるが故に母子保護が前進した事は当然だといえばいえるが私共にとっては少なからず皮肉である」と述べた[51]。そして母性保護運動は、あくまでも準戦時期の反動的社会に対する婦選運動の対応策の一環であり、婦選運動の延長線上の活動であると次のようにその意味を展開した[52]。

私共は昨年来、東京市政を対象に、塵芥問題、市場問題等を取上げ、一般婦人をして婦人と自治政との関係を明確に認識させると同時に、婦人の公民としての責務を実行に移して来た。此度の母性保護法の制定運動は、この行き方を国政を対象として置き換えたに過ぎないものである。

「日本型ジェンダーの政治」と自主性の維持の確認

準戦時期に、市川たちは婦選三案の議会上程が困難になる一方で、一九二八年の獲得同盟第四回総会で明示した婦選の意義に沿って、選挙と政治の浄化活動、生活関連の市民的改革運動に積極的に取り組んでいった。そうした一連の活動は、政治的無権利状況に置かれている女性たちが、主体的に「政治」に参加し、自らの価値と利益を「政治」に反映させることを意味した。それは、日本の女性たちに固有な政治的取組み――「日本型ジェンダーの政治」様式を編み出す契機となり、その流れは軍ファシズムの跋扈する戦時期にも形を変えて引き継がれていった。戦後、市川の展開した「政治は生活」の政治理念と実践が形づくられた歴史的背景である。

しかし、一方でそうした保守的社会の体制にすり合わせ開発された、母性保護運動を含む一連の婦選の市民的活動や選挙浄化活動は、民主的社会のあるべき姿としての婦選要求とは、本質的に異なるものだった。それは、体制が全体主義化するなかで、かぎりなく体制にからめとられていく契機となり得た。

もとより市川の意図は、あくまでも婦選の趣旨を曲げないで、生活を取り巻く重要な課題や選挙浄化の方策を自主的、選択的に取り上げ、政府、自治体と共闘することにあった。そのため全体主義の跋扈する戦時期になると、婦選運動の自主性をどう維持するかが、婦選運動の重要な課題となっていった。準戦時期最後の第七回日本婦選大会は、婦選の即時貫徹を要求し、そのための仲間たちの協力を誓うと同時に、「政府当局乃至はその主張を同じうする団体との協力は望ましきも、飽迄自立的立場をとり、徒らにその利用に甘んずるを戒むること」を申し合わせた(53)。

3　戦時期――「婦選の灯」のともし方

第三の道の選択

一九三七年九月、市川は戦中期で最も困難な問題の選択に迫られていた。二カ月前の七月七日、北京郊外の盧溝橋で日本軍と中国国民革命軍の衝突事件が起こり、日本軍は蔣介石の中国国民政府と戦闘状況に入った。一カ月前に組閣された近衛文麿第一次内閣は、ただちに不拡大方針を閣議決定し、一一日、現地で停戦協定を締結した。しかし軍部は一方的に大部隊を中国に派遣した。八月一三日、戦火は上海に飛び火し、日本は中国との全面戦争に突入した。

市川は、日中全面戦争の直前まで戦争回避の主張を展開していた。盧溝橋事件一カ月前の三七年六月三日、『女性展望』の「政界の近況を語る」で近衛新内閣の誕生を分析し、「程度の問題はあるがね」としながらも、近衛が基本的にファッショ的思考の持ち主であると指摘した。そして「それにしても戦争が起らないようにしてくれ、ばい、戦争でも初まったら何にもかもおしまいだからな」と要望した(54)。

しかし市川の意図とは反対に、戦争は全面戦争へと拡大し、戦況はもはや後戻りのきかない状況に展開し、国内では、戦時状況に呼応した「国民精神総動員実施要綱」が決定した。後年、市川は、この時点で、戦時状況を生きる三つの選択肢があったと回顧する(55)。

今までは可能な程度に戦争反対の意思表示もし、軍部の攻撃もしてきた。……しかし今度は現実に戦争が始まってしまった。この時点で、正面から戦争に反対して監獄へ行くか、または運動から全く退却してしまうか、あるいは現状を一応肯定してある程度協力するか、どれかの道を選ばなければならない。

盧溝橋事件をきっかけに中国大陸の戦争が全面戦争へ拡大し、戦況が「最早行く所まで行くより外あるまい」と認識したとき、市川は、「現状を一応肯定してある程度〔政府に〕協力する」第三の道を選択した。その決意を次のように述べている(56)。

> 私一個の感情や生活ならどうにでも仕末《ママ》はつく。然し婦人子供全体の——延いては国家社会の幸福を増進するために、多年同志と努力して来ている私共の立場としては、此の時局の困難に如何にして打克ち、将来の幸福を建設するかを考慮し、実行に移す責務がある。

今まで婦選を率いてきた者として、「監獄」であるにしろ、隠棲(「運動からまったく退却」)するにしろ、社会から撤退することは無責任である。いかなる状況になっても婦選の道を生かす方策を考え実施することが、平時に婦選運動を嚮導してきた者の「責務」である。戦時下の婦選——それは戦争で最も被害をこうむる「女、子どもの生活を守る」ことにつきた。戦時下の婦選運動を模索する第三の道を選んだ直接的理由である。

戦時下、自主的婦選活動の模索

婦選運動家市川にとって、戦争を遂行する政府に「ある程度協力する」ことを決意した以上、その女たちの「銃後の協力」は、戦時下にあって劣悪な生活環境を強いられる「婦人子供全体」の利益を守るために、あくまでも女たちの意思が反映したものであり、女たちの自主的活動によるものでなくてはならなかった。

そうした戦時下の婦選の目的と戦略を可能とするため、市川は再び、自主的女性組織の大同団結をはかった。一九三七年九月下旬、獲得同盟を軸に、婦人矯風会、全国友の会などの八つの自主的民間女性組織を連携させ、日本婦人団体連盟（以下、婦団連盟）を組織した。準戦時期の婦団連と異なり、もはやその組織に無産婦人組織を含めることは可能でなかった。しかしその組織化は、政府が戦時状況に対応した国内づくりのため、国民精神総動員（以下、精動）運動を開始する半月前の速さだった。

さらに市川は、自らも含め、できるだけ多くの婦選の女性たちが政府の委員会に入り、とくに戦時下の生活関連政策に女性の意思と利益を反映させることを模索した。婦選の政府委員が、婦団連盟の仲間たちとまとめた生活関連の情報と施策を政府の政策立案過程で反映させ、実施段階で婦団連盟が人的資源を提供する。戦時下の婦選活動として市川は、女性国策委員と婦団連盟を車の両輪にすえて展開することを模索した。

多数の婦選の女性、家庭実践調査委員となる

一九三七年一〇月中旬、政府は精動運動を推進する母体として半官半民の組織、精動中央連盟を設置した。同連盟は一一月、四つの調査委員会――銃後後援、社会風潮、農山漁村、家庭実践に関する調査委員会を立ち上げた。四つの調査委員会のうち生活関連の家庭実践調査委員会には、総勢二七人の調査委員のうち一〇人の女性委員が任命され、そのうち七人が、市川をはじめ婦選運動に携わっていた。ほかの三つの委員会での女性委員の任命は、農山漁村調査委員会はゼロ、それ以外も一、二人にとどまった(57)。

家庭実践調査委員会は、三七年一二月末から翌三八年一月にかけて「家庭に於ける国民精神総動員運動の実践方策」について討議を重ねた。市川はこの委員会で婦選の仲間の丸岡秀子、赤松常子と特別委員に指名された。この特別委員会もまたその半数を女性が占めていた。特別委員会では、それまでの審議をもとに「非常時局下の家庭に於いて実践すべき事柄」として以下の一四要目がとりまとめられた。①祝祭日の国旗の掲揚、②毎朝の神仏礼拝、③予算生活の励行、④空き地利用、⑤健康な児童の育成、⑥禁酒禁煙、⑦質素な服装、⑧健康増進のための運動、⑨早寝早起き、時間の活用、⑩金物、毛織物、木綿物、紙、燃料の節約、⑪質素な婚礼祭儀。⑫火災、空襲などへの備え、⑬近隣の助け合い、⑭主食は白米をやめ胚芽米とすること、である。

市川は特別委員の棚橋源太郎(日本赤十字社)と、一四の要目にそれぞれ具体的な説明を書く任務をになった。それらは、香坂昌康《こうさかまさやす》理事が起草した「家庭愛国運動三綱領」を加え「家庭報国三綱領並に之が実践十四要目」としてまとめられた[58]。委員会で提起された、白米食禁止、予算生活、空き地利用の奨励、禁酒、時間励行などの意見は、女性委員から出され、それらは、婦団連盟が、戦時下の生活実践問題としてすでに取り扱っていた争点だった。

婦選の女性調査委員たちが、婦団連盟で討議した生活関連政策の情報を委員会に持ち寄り、同所で審議する一方で、婦団連盟でさらに具体的施策を検討し、それを委員会に提案し政策形成の過程で女性たちの意思を反映させる。市川が意図した戦時下の「自主的」な婦選活動のかたちが、家庭実践調査委員会からはじまっていった。

白米食廃止の婦団連盟の活動

「家庭報国三綱領並に之が実践十四要目」は、最終的に精動中央連盟理事会で、白米食廃止の要目が削除され一三要目として決定をみた。市川は、白米食廃止の実質的な要目がなくなったため、家庭実践要目は「抽象的なものばかり」になったと無念がった。戦前、戦中期、市川の右腕として活動していた山高しげりによると、「その反対は主に〔理事会の〕貴族院方面だった」という(59)。

設立当初から、白米食廃止の検討を重ねていた婦団連盟は、同争点を全国的運動にするため一九三八年一月末、第一回白米食廃止懇談会を開催した。同懇談会には白米業者のほか、東京市栄養試験部の代表、精動の家庭実践担当理事らが参加した。この懇談会で、実行運動に入ることが全員一致で決められ、「主食には胚芽米、七分搗等を用いましょう」が、運動のスローガンに決定した(60)。さらに「白米食をやめましょう」のポスターを二〇〇〇枚印刷し、関係各庁、全国各府県の総動員部へ送付することが決まった。

婦団連盟は二月、白米業者と打合せを行い胚芽米普及の同意を得、さらに都下の婦人団体代表と「白米食に関する懇談会」を、三月、各百貨店食堂主任と「白米食廃止運動懇談会」を開催した。こうした婦団連盟の白米食廃止の運動をきっかけに各地で同様の運動が起こり、東京、大阪など六大都市の白米業者は、胚芽米普及決議を行った。東京市では、公設市場で三等胚芽米を販売、市設食堂で胚芽米食を断行、保健局の栄養指導運動も主食改善を中心にすることとなった。さらに大阪市では、市当局、米穀業者、婦人団体が協力して、胚芽米普及の大運動を展開し、その動きに、神戸、京都が続いた。名古屋市では、白米禁止の立法化運動が台頭した。

精動実践下部組織へ主婦の参画を実現

一九三八年三月、精動中央連盟は精動の政策を実施するための実践網を立ち上げる調査委員会を設置し、市川を紅一点の委員に任命した。

なみいる専門家揃いの同委員会で市川は、精動の実践網に関する持論を三点展開し婦選運動家としての矜持を示した(61)。ひとつは、精動運動を単に「上意下達」の運動にするのではなく、「下意上通」の自主的側面の強い運動にすべきという主張である。そして第二は、実践網の下部組織の隣常会へ主婦の参画を認めさせることであり、最後が実践網の下部組織が既存の婦人組織や青年団などと重複するのではなく、実践網の町会に統一すべきという主張である。

市川は委員会でとくに、「常会は世帯主と主婦と両立にすべきか。兎に角主婦を無視せざること最も必要なり」と強く主張した。その結果、四月一五日に発表された「国民精神総動員実践網要綱」は、精動下部組織の「実践班には……世帯主及び主婦が〔傍点筆者〕随時会合する」、さらに部落常会及び町内会においては「世帯主を主として主婦及び家族参会す」と主婦の参画が明記された。

精動の実践網が主婦の参加を世帯主と同等に認めたことを、市川は高く評価し、それを「婦人公民権実現の先駆」と位置づけた(62)。

最低食事量の設定と物資の「適切なる配給」を要求

一九三七年末にはじまった精動運動は、二度の改革をへて四〇年末までの三年間続いた。この間、市川は、精動の第二段階で精動委員会幹事を、さらに第三段階では精動本部参与など、一貫して精動の数少ない女性委員をつとめていた。そのほかにも第一段階で非常時生活様式委員、洋服に関する調査委員、第二段階で生活刷新特別委員、あるいは大蔵省の貯蓄奨励委員など、精動の生活関連の国策委員を歴任した。さらに東京市精動実行委員会委員・嘱託、東京府精動本部常任幹事に任命され、精動政策の地域実践の面でも重要な役割を果たした。

精動時代、市川の国策委員としての活動の軸足は、「政府にある程度協力する」ことは「已をえない」と決意したときの婦選の意図――戦時下劣悪な環境に置かれる女・子どもの利益を守ること――に置かれていた。たとえば市川は精動の第二段階で精動委員会の紅一点幹事として、同様に紅一点委員の竹内茂代と「公私生活を刷新し戦時態勢《ママ》強化するの基本方策」の形成過程で、「例えば米はどの位食えば足りるか、副食物はどの程度にすればいゝか」など、政府が科学的な根拠に基づく最低生活水準を決定すべきであると主張した[63]。市川と竹内の要求は精動政策に実現しなかったが、四〇年末、大政翼賛運動の国民食制定栄養委員会で、国民食の基準栄養を、青年男子の一日摂取カロリーを二四〇〇キロカロリー、たんぱく質八〇グラムと決定し、女子はこれらのだいたい八〇％と決められた。

市川はさらに極端に物資が不足しはじめ、闇の物資や買いだめが横行するなかで、政府は「限られたる少数の物資が金さえあれば手に入るというのではなく、必要な階級の家庭にだけ分配せられるよう、適切なる配給方法」を講じるべきと、強く主張した[64]。

戦時状況下の「市民的」活動——天幕託児所の開設など

戦時状況を生きることを余儀なくされた女・子どもが、劣悪な生活環境のなかで少しでも「良く生きる」状況をつくり出していく。戦時の婦選の目的に沿って婦団連盟は、戦時状況で発生する市民生活の諸問題を解決するためのさまざまな実践的な「市民的」活動を開発していった。そうした活動の典型的な例として天幕託児所の開設、不用品交換即売会、あるいは買い溜め防止協議会と、街頭の無駄を拾う活動などがある。それら一連の活動は、ゴミ問題などの生活関連の市民的課題を取り扱った準戦時期の婦選運動の延長線上にある戦時期活動でもある。

一九三八年七月、婦団連盟中央委員会は、精動の非常時生活様式委員会に対応するため戦時生活様式委員会特別委員会を設置した。市川は同委員会で、経済戦強調週間(七月二一〜二八日)に街頭運動を行うことを提案した。その結果、子どもの村保育園園長の平田のぶが提起した屋外託児所設置と山高しげり提案の買い溜め防止協議会の開催が決定した。

すでに婦団連盟は、平田を中心に、戦時状況で急激に増えた働く母の子どもはどうしているのか、「街に放り出されている子供の実情調査」を行っていた。この経験をもとに八月八日から二〇日にかけて、東京市公園課の協力を得て、深川区白川町の元加賀小公園で天幕託児所が開設された。およそ二週間の期間中は、地元の高等女学校や日本女子大の学生など延べ四二六人の勤労奉仕で、延べ八七五〇人にのぼる子どもたちが参加した。この期間、保育指導者たちへの講座も開かれ、「公園に於ける子供の指導法」や「児童権擁護問題」「子供生活訓練」などについての講演が行われた。委員長の平田は、この後も各公園単位で「その地区の女学校地区婦人会で分担し永続していけ

るよう運動をすすめる」ことを提唱した。(65)

婦団連盟はまた、山高の提案を受けて経済戦強調週間初日の七月二一日に、東京連合婦人会、東京婦人愛市協会、東京府と協力して買い溜め防止協議会を開催した。市川が司会をつとめた同協議会で、「買溜めの実情はどんなか」「何故買溜めをするのか」「どうしたら買溜めを防げるか」の三点が話し合われ、一般女性に対し、買いだめを徹底的に見合わせることや衣類新調の自粛を、政府に対しては、良質な物価引下げ品の生産を、報道陣には、消費抑制に関する記事の慎重な取扱いを要請することが決定された。(66)

さらに女性の立場から街頭の無駄を指摘することにし、翌七月二二日を「街頭の無駄を拾う日」と設定した。同日、準備されたカードを片手に、総勢八八三人にのぼる「街頭十字軍」の女性たちが、街頭で無駄を拾い、官公街の電気のつけっぱなし、学校、役所、道路上の水栓の締め方の不完全、ごみの未整理などを指摘した。翌二三日に報告会がひらかれ、この活動の継続を確認した。

婦団連盟はまた、九月末の三日間、友の会の提案を受け東京府商工奨励館講堂で不用品交換即売会を開催した。九月一〇日、市川は、「先般国民精神総動員中央聯盟の非常時生活様式委員会で決定を見ました「不用品の活用のため交換会を開催すること」を実行に移すため、不用品即売会」を計画しているとして、婦団連盟の各組織に協力依頼状を出した。同時に婦団連盟も、「婦人も国策に協力しましょう」をスローガンに、震災記念日の九月一日から一五日までの間に、タンスにねむっている不用品を供出してくれるよう、一般婦人に呼びかけた。総数三万七六八点の不用品が集まり、販売時の勤労奉仕者は延べ二五五〇人、総売上高は五〇八万五〇〇〇円に上った。(67)

一一月一八日、婦団連盟の委員総会が開かれ、活動状況を説明した市川は、「街頭の無駄を拾う」や「不用品即売会」などで、一定の社会的効果があったと活動を評価した。

東亜新秩序構想と市川の懸念

一九三八年一一月三日、近衛首相は「日本の戦争目的は東亜永遠の安全を獲得し得る新秩序建設にある」とする声明(第二次近衛声明)を出し、中国大陸の戦争終結にむけての目標を明示した。さらに翌月の二二日に出された第三次近衛声明は、日中国交の基本方策を善隣友好、共同防共、経済提携の三原則とした。この二つの近衛声明で、はじめて国民は、中国大陸での戦争の目的と、戦争終息に向けての政府の具体的見解を手にした。

満州事変勃発以来戦争の早期終息を望んでいた市川は、近衛の打ち出した東亜新秩序構想に一抹の不安を抱き、ただちに婦団連盟に東亜問題研究会を立ち上げ研究をはじめた。市川は、東亜新秩序抗争の内容が「複雑」で激しい時局の動きのなかで「国民全般に常に正しい時局認識を与えることは不可能」と指摘した。そして婦選仲間の山高しげりが、女性たちも「新東亜建設のために働きたい」と積極的な参加を打ち出したのに対し、「概念としては参加しなければならないでしょうが。まず支那に対する認識が不足しているから見ることが第一、次には現状に於て何が私達に出来るかを検討するのですね」と慎重論を展開した(68)。そして翌三九年七月には近衛声明の東亜新秩序建設には、「百年或は五十年かゝる」とも言われていると、戦争の長期化を危惧した(69)。

国際状況の変化と市川の揺れ

東亜新秩序建設のためには、日本が交渉の対象にできる確固とした基盤をもつ親日の統一政権を、中国側に必要とした。一九三九年八月、市川は近衛声明に賛同し蒋介石の国民党から離脱した汪兆《おうちょう》銘《めい》を高く評価し、「汪の手で早く強力な政権が出来るといゝですね」と汪新政権への期待感を膨らませた(70)。

同年七月、アメリカ政府は、日米通商航海条約破棄を日本側に通告し、一二月、駐日アメリカ大使ジョセフ・グルーが、新たに日米通商条約を締結することを拒否した。中国大陸では、この年の五月から九月にかけて日本軍はモンゴル人民共和国と満州の国境をめぐり、ソ連軍と激しい戦いを展開し、大敗した(ノモンハン事件)。こうした状況下の八月、ドイツとソ連の間で突如、不可侵条約が調印され、日本は、ドイツ、イタリアとの三国同盟の交渉の打ち切りを余儀なくされた。九月一日、ドイツがポーランドへ進撃し、ヨーロッパ大陸では第二次世界大戦が勃発した。

当初、東亜新秩序構想を積極的に支持していなかった市川も、ヨーロッパで戦争が勃発し、国際情勢のなかで日本の孤立が厳しさを増した三九年九月、「世界を敵にまわすという意味ではない」としながらも、日本が「独力で日支事変を解決し、東亜の新秩序を建設する覚悟が必要」と発言をするようになった(71)。

はじめての中国旅行――汪兆銘と板垣征四郎に会見

満州事変以来、市川は、中国大陸での争いを解決するために「日支」の女性たちが連携することを主張していた。実際に中国に行きその糸口を見つけたいという想いは、いよいよ汪政権が樹立され近衛の提唱する東亜新秩序建設が動き出すという状況に直面し、「何となく辛い気持もあって行きしぶって」いた市川に、中国行きを決断させた[72]。精動運動が第三段階に入る直前の一九四〇(昭和一五)年二月から四月にかけて、市川は中国通の婦選の同志で東京朝日新聞記者の竹中繁と、はじめて中国大陸を旅行した。

この中国旅行を通して市川は、中国大陸の広大さと、中国の人びとの民族意識の高さを痛感し、そこでの戦争を終息させることがいかに困難かを理解した。また、南京臨時政府が樹立される直前の汪に上海で会見し、南京では支那派遣軍総司令部総参謀長の板垣征四郎との会談に成功し、東亜新秩序構想を実現させることが、中国大陸の戦争を終息させる唯一の道と確信するようになった。

汪は、日本で婦選運動を率いている市川に「同情と敬意」を表し、「私は民主々義政治家であるから、婦人参政権には賛成」であると述べた[73]。一方、南京で板垣は、近衛の東亜新秩序構想を「この度の戦争は……土地もとらない、金もとらないというのである。それで唯一の戦果は、日支提携により東亜永遠の平和の建設にある」と説明し、「和平が実現したら、婦人は婦人同士で、文化的方面から日支の提携に努力して欲しい」と要請した。市川は「この閣下の御意見は渡支後僅か一ケ月にすぎない」が「十分うなずける」と共感を示した[74]。

女性時局研究会、婦人問題研究所の立ち上げと獲得同盟の解散

戦時期の「婦選」活動を通して市川が一貫して追求したことは、政府のとる女性政策が男性の手

でつくられるのではなく、女性たちの意思と利益が反映した形で形成・施行される方法を編み出すことにあった。そのため、精動中央連盟に女性問題を取り扱う単独の部署がないことを問題視し、政府の外側から女性たちの意思と利益を反映させた政策を提言する方策を模索した。

精動の政策が大筋で形成された一九三九年二月、政府は精動政策の実践に向けて運動強化のための改組を行い、精動は第二段階に入った。ただちに市川は二月中旬に婦人指導者を集め、国策を女性の視座から研究・考案するための婦人時局研究会を立ち上げた。その立ち上げは、精動第二段階の政策実践に向けて、効率のよい女性の組織化を研究し、政府に提示することを意図していた。

一方で市川は、中国大陸の戦争が泥沼化し日米関係が緊迫するなかで、自主的組織の存続は早晩困難であると感じはじめていた。三九年末、獲得同盟は、設立一五周年記念と紀元二千六百年記念事業として、婦人問題研究所の創設を決めた。時局がいかなる状況になっても「婦選の灯」をともし続けるため、女性問題を研究する団体として婦人問題研究所を立ち上げ、「獲得同盟の後継組織」とするためだった。研究所所長に市川がなり、主事には若手の藤田たきが起用された。

さらに中国旅行を通して戦争終息の困難を認識した市川は、獲得同盟は「むしろ解散して婦人時局研究会に合同、身軽になって自由に時局下での適当な運動を展開」した方がよいと判断した[75]。四〇年九月下旬、獲得同盟臨時総会が開催され、前回の総会で会の帰趨を決める権限を与えられていた理事会は、同盟解散を発表した。そして、戦時下の婦選運動を維持するため、獲得同盟の会員は、自動的に時局研究会に移行することを発表した。

精動運動から大政翼賛運動へ移行

一九四〇(昭和一五)年八月二八日、近衛首相は、戦況の拡大に対応し国内体制を強化するため新体制準備委員会を発足させ、全閣僚と二六人の民間人を新体制準備委員に指名した。市川が危惧したように、その準備委員会には一人の女性委員も含まれなかった。

九月一七日、規約案が発表され、新体制運動は、大政翼賛運動と称し、運動の実践機関として大政翼賛会を置くとされた。一〇月一二日、総理大臣官邸大広間で、大政翼賛会発会式が行われ、近衛総裁は、「本運動の綱領は、大政翼賛の臣道実践ということに尽き」「これ以外には綱領も宣告も無しと言い得るのであります」と述べた。この発言は、大政翼賛運動を精神運動化することによって政治結社ではないことを暗示するものとなった。

一〇月二三日、三月に二度目の改組が行われたばかりの精動本部は解散式を挙行、精動運動の実績と資産は大政翼賛会に吸収された。

女性の手による「婦人」再組織の模索

新体制準備委員会に、女性が一人もいないことを確認した市川は、委員会発足三日後の八月三一日、婦人団体協議会を開催した。市川の呼びかけで、愛国婦人会(以下、愛婦)、国防婦人会(以下、国婦)、連婦をはじめ婦団連盟の加盟団体など一七団体の代表五〇人が参集した。同所で「新体制に対して婦人団体は何をなすべきか」が話し合われ、婦人時局研究会の新体制特別委員会が研究した女性の再組織化の方法――「国民組織としての婦人組織大綱」(以下、「婦人組織大綱」)が、「婦人の立場よりの新体制試案」として発表された。

九月一一日、内務省は、基本国策要綱で最も重要な新国民組織、「部落会、町内会、隣組班、市町村常会整備要綱」を発表した。それは精動運動の実践網を土台にしたものであったにもかかわらず、主婦の立場を完全に無視していた。市川はただちに獲得同盟機関誌の『女性展望』に「婦人を忘れた新国民組織」を発表し、基本要綱が「国民生活の本拠である家庭を主宰している主婦の存在について、何等の注意を払っていない」と厳しく批判した。[76] そして大政翼賛会発会式での近衛発言を受け、大政翼賛会は政治結社ではないのだから、治警法で政治結社への参加を禁止されている女性たちも堂々と翼賛会に参画できると主張した。

市川が婦人時局研究会の若手と研究・構築した「婦人組織大綱」の特色は、主婦を職能とし、女性を職能別に主婦、労働婦人及職業婦人と文化関係の婦人に分けたところにあった。そして主婦を単一の団体と認め、精動実践網のもとでの下部組織として運営されていた隣組隣保班常会と、町内会部落常会にそれぞれ隣組主婦会、町会主婦会として主婦常会を設置し、それを市区町村、府県、全国の上部主婦会へつなげる制度を提案した。

転向への軌跡

一九四〇年九月二七日、第二次近衛内閣は、日独伊三国軍事同盟を締結した。その四日前に日本軍は、フランス領インドシナへ進駐し、戦況は中国大陸からインドシナへと拡大していた。この戦況の拡大は、アメリカが石油、屑鉄などの日本への輸出を禁止し、インドシナの石油や天然資源を必要としたためだった。市川は、日独伊三国同盟で日本は「独伊の両全体主義国と共に旧秩序を破壊し、欧洲並に東洋に於ける新秩序の建設に邁進するの態度を明確にした」のだから、「民主主義国である米国との摩擦、衝突を免れない」し、「将来〔世界戦争に〕参加することあるべきを覚悟しなければならない」と指摘した。そのうえで三国同盟は、東亜新秩序構築の「日本の使命を完遂するためには、必然の方向といってよかろう」と支持を表した(77)。

翌一〇月末、近衛政権は、汪兆銘政権との間で国交調印をし、日満支共同宣言を出した。四一年一月、市川は、「これは日満支三国による東亜新秩序の建設が、その第一歩をふみ出した事を意味するもので……慶賀に堪えない次第である」と強い支持を示した。そして「日本は一方に於いては新国民政府が、東亜新秩序の建設に参加し得る実力を持つべく、これを援助すべき責務があり、他方に於ては第三国の援助をかりて益々抗日意識を昂めている蔣政権の打倒を継続しなければならないのである」と述べ、現行の中国大陸の戦争を直接容認する言説をはじめて吐露した(78)。

三一年九月に満州事変が勃発して以降の準戦時期に市川は、一貫して非戦の立場から反軍拡、反ファシズムの主張と活動を展開していた。三七年七月の盧溝橋事件をきっかけに「最早戦争が後戻りできない」と認識し、戦争を遂行する政府にある程度協力せざるを得ないと覚悟して以降も、中国との戦争を肯定する意見を述べることはなかった。

蔣政権（中国国民党）は、中国とアジアを植民地化してきた欧米の力を借りて、日本との全面戦争（抗日戦争）を激化させている。それに対して日本は、欧米のアジア植民地支配からアジアを解放し、アジア人の手による新しい平和秩序を構築しようとしている。「日支」の対立軸をこう描くことで、本来、非戦論者であった市川は、はじめて中国との戦争を肯定した。満州事変以降、一貫して戦争の早期終息を希求していた市川が、その終息の活路を近衛の提示した東亜新秩序構想に見出し、中国大陸の戦況を視察して到達した転向の軌跡である。

四一年一月六日、フランクリン・ローズベルト大統領は、「四つの自由」演説を行い、人類が決して妥協することのできない「普遍的な自由」として、言論・表現の自由、信仰の自由、欠乏からの自由、そして恐怖からの自由を掲げ、アメリカは全体主義国家ドイツに「ひるむことなく」イギリスを助けるため第二次世界大戦に参戦すると誓った。

緊迫する国際状況を背景に、翌二月、市川は、「支那事変の処理が未だ目的を達するに到っていない」状況で遺憾ではあるが、「米国が飽迄東亜に於ける日本の地位を認識せず、東亜新秩序の建設を否定する限り、事態が最悪の場合に到達するも亦已むを得ない」と日米開戦を容認した。(79)

大政翼賛会の調査委員として

一九四一年五月二三日、政府は民間の大政翼賛会調査委員を任命した。そのなかに市川、竹内茂代、羽仁説子《はにもとこ》、奥むめおら六人の女性委員が含まれていた。所属希望の調査委員会を問われ市川は、「国策の遂行貫徹に関する事項」を取り扱う第二委員会と、「大東亜共栄圏の確立」を審議する第三委員会を選んだ。(80)

第二委員会で市川は、「国策実践貫徹」のためには、まず主婦に「協力させ実践させる熱意を持たせ」ることが肝要であると説いた。(81)そして女性のことは女性にしかわからないのだから、主婦の熱意を引き出すためには、翼賛の草の根推進員に女性を加えていく必要があると、強く主張した。市川は、女性には男性と異なる女性固有の社会的役割があり、女性の社会的進出が、男性の既得権益を侵すものにはならないことを強調し、推進員に女性を男性と同等に選ぶことを主張した。さらに推進員が役割遂行にあたってあくまでも暴力行為に走ることがないよう釘を刺した。

市川の主張は取り上げられ、第二調査委員会の報告書「推進員の詮衡《ママ》運営に関する件」は、婦人推進員を男性に準じて選ぶこととし、とくに女性推進員の男性と異なる固有の役割を明記した。さらに、その運営に関しても推進員は「地位を利用して選挙運動その他の行動を成さざる事」と、暴力行為に対する予防的一項が加えられた[82]。

翼賛会の国民組織のあり方とその運営方法を討議した第二委員会の場合と違い、大東亜共栄圏の建設を審議した第三委員会で、市川の発言はただ一回、中国旅行の感想を述べるにとどまった。そこで市川は、大東亜共栄圏を構築するためには、日本人が中国人の尊敬を得ることが第一に必要であるが「日本人が支那の大衆、知識階級方面から本当に尊敬されて居ない部面が相当あるのではないか」と指摘し、その理由が、「現地で行われて居る日本人の行動……が影響して居る」と指摘した[83]。

日米開戦と戦争協力のよびかけ

一九四一(昭和一六)年一二月八日未明、日本軍はハワイ真珠湾を奇襲攻撃した。続いてシンガポール陥落、マレイ半島、ルソン島、ボルネオ島上陸へと日本軍は破竹の勢いで太平洋上の侵攻を展開していった。この大東亜戦争緒戦の勝利は国民を欣喜雀躍させ、国内は興奮のるつぼと化した。

市川は、大蔵省の貯蓄奨励委員として派遣された講演先の鹿児島で、日本軍の真珠湾攻撃を知った。しかし、むしろ冷静に戦争を受け止め、「戦争は必然的に、長期に亘るであろうが、最後迄、断じて弱音をはいてはならない」と女性たちの覚悟を促した。

四一年一月に「蔣政権の打倒を継続しなければならない」、二月には日米関係の「事態が最悪の場合に到達するも亦已を得ない」と、戦争を肯定しはじめた婦選運動家市川の積極的な女性たちへの銃後の協力の呼びかけが、日米開戦を契機にはじまった。市川は婦選の仲間たちへ、「聖戦の目的を達成するためには、銃後を固めなくてはならない」と主張し、「婦人の決戦体制を確立して婦人職域奉公に邁進しようではないか」と呼びかけるようになった(84)。

翼賛体制への二様のかかわり

戦前の多くのリベラル派知識人がそうであったように、市川もまた近衛の東亜新秩序構想を支持することを通して、日中、日米開戦を容認し、全体戦争への加担を深めていった。たしかに東亜新秩序構想は、当時、国民が手にした唯一の戦争終息の方法だった。しかし、あくまでもその構想は、日本を盟主とする東亜新秩序構築をめざしたものにほかならない。それは、中国大陸の戦争が日本の勝利で終わるか、あるいは日本が圧倒的優勢な形で戦争が終わることを至上命令とした。そのためいったん、戦争終息の活路を東亜新秩序構築に置くと、女・子どもの拙悪な生活環境を守るという婦選の当初の目的は後退し、「戦争に勝つ」ための女性動員の提言が、婦選活動の前面に押し出されることになった。

十五年戦争最終段階の太平洋戦争期、日米開戦を容認した市川は、二様の形で大政翼賛体制に「婦選」の立場からかかわっていった。一つは、どのような状況でも女性の意思と利益を戦時政策に反映させるため、大政翼賛体制の内と外とで体制を支える活動である。そしていま一つが、主婦を軸にした女性たちの動員を模索し、女性たちへの戦時協力を強く呼びかけることにあった。

まず市川は、一九四二年一月に愛婦、国婦、連婦の女性組織の一元化が実現し、大日本婦人会が発会すると、同会の審議員に就任し、四四年まで一期つとめた。三団体の一元化は、女性たちが効率よく活動するために、精動運動当初から市川が強く主張していたものだった。

さらに、四二年四月、東條英機内閣の下で戦時期最後の翼賛選挙が実施されると、戦前、準戦時期のすべての選挙に婦選の立場からかかわっていた市川は、この選挙でも翼賛選挙貫徹婦人同盟を結成し、吉岡弥生と代表に就任した。同選挙で市川は、東京府、市と共催で大東亜戦争完遂翼賛婦人大会を開催し、これまでと同様に女性の立場から男性有権者に棄権や選挙違反をしないよう呼びかけた。そして女性が選んでほしい人として、「情実のない」「国の為」「帝都の為」になる人、「女や子供の問題を国力の基」と考える「公私生活」の明朗な人を、さらに「教育、保健、生活など」生活問題に真面目に取り組む人を挙げた(85)。

翼賛選挙後の一二月、翼賛選挙にかかわった同志が集まり「選挙粛正」と「政治教育」を目的に粛選研究会が設置され、堀切善次郎、前田多門らに混じって、女性では市川と山高しげりの二人が加わった。後述するが、この研究会を通して形成された人的ネットワークが、戦後の五二年に前田多門らが立ち上げた半官半民の公明選挙連盟の設立につながり、市川、山高が再び加わった。

四二年一一月、市川は、戦後公職追放の対象となった大日本言論報国会理事に任命され、同理事を終戦までつとめた。戦後、「新聞に出ていないニュースが聞けたので……理事会にはなるべく出席、だまってきいていた」「平理事のためか、または私には信頼がなかったのか、何にも仕事はなかった」と述べ、大日本言論報国会の活動への積極的関与がなかったことを示唆した[86]。

しかし、ここでも市川は、女性たちの積極的組入れを模索し、女性会員候補者リストを提出し、推薦した女性候補の多数が会員と認められた。唯一の女性理事として、女性会員をまとめる立場にあった市川は、四三年七月末日、第一回のそして最後となった婦人会員懇談会を開催した。

効率よく女性たちを動員するための提言と女性たちへの協力の呼びかけ

精動、大政翼賛の全体主義社会のなかで市川は、婦選運動家として機会があるたびに女性の「社会」参画の制度化を目指し続けていた。男性の意向によって動かされる女性政策と組織のあり方を批判し続け、女性の意向を反映した効率のよい女性動員の方策は、戦時期における市川の、主要な政策提言だった。しかし、女性の意思と利益を反映した戦時女性政策を立案するための女性動員の当初の模索は、十五年戦争末期になると、戦争に勝利するため女性の能力を十全に活用する提言へと質的な変化を見せた。

一九四一年一一月、政府は国民勤労報国協力令を公布し、一四歳以上四〇歳未満の男性と、一四歳以上二五歳未満の未婚女性を勤労報国隊（別名、親切部隊）として、軍需工場、鉱山、農場で無償で働くことを義務づけた。しかし現実には、四二年度の女子勤労動員は、当初の期待通り進行しなかった。事態を重くみた市川は、四三年六月、婦人時局研究会の動員問題研究会の若手メンバーと協議し、四三年度に向けての「女子勤労動員強化方策（草案）」を書き上げた。同草案で示された女子勤労動員の対象は、政府の基準をはるかに超えた女性全般におよぶ徹底したものだった[87]。市川は、同方策を企画院第三部に提出し、さらに婦人経済会と連名で大政翼賛会厚生部に提出した。

一方で政府は、戦況が厳しくなり女性たちの動員が必須にもかかわらず、それが伝統的家族制度を壊すと危惧し、女子徴用に逡巡した。四三年一〇月開院の第八三臨時議会で東條首相は「女子の徴用は日本の家族制度を破壊するから目下の所は行わない。自発的に働いてほしい」と言明した。市川は、戦争が危機的状況になっているにもかかわらず政府は、女性に対する「封建時代の思想から一歩も出ていない」と批判した。そして「女子の勤労が生産力増強の為めに国家として不可欠だというのなら、何も遠慮する必要はないと思います。徴用で勤労に出るのは家族制度を破壊するが、自発的に出るのは破壊しないという論理が立つのでしょうか」と痛烈に東條発言を批判した[88]。

市川は、家制度の下で日本の女性たちが与えられてきた役割こそが、戦時の女性たちの「力」となると主張した。まず、「皇国の家」の強さは、家がアメリカのように個々に存在するのではなく、皇室を「宗家」とする祖先を共有し、高い理想の下に強い結束をなしているところにあると強調した。そしてその「一大家族国家」としての日本の繁栄は、祖先が皇室に忠義を尽くしてきたからであり自分たちもまたこの先祖の努力を継承する限り、繁栄が期待できると主張した。

そのうえで市川は、大東亜戦争を勝ち抜くためには、「皇国の家」から米・英的なものを払拭し、

「皇国の家の本然の姿を顕現」することであり、戦時下で家を支えている主婦が陥りがちな「家庭個人主義」を脱却し、隣・近所と協力して家庭経済をうまくやることが肝要であると、女性たちに説いた[89]。そして戦時下の主婦は、家庭役割の他に「国家の為に」生産者役割を全うさせることが大切であり、二つの役割を両立させることが必要と強調した。

エピローグ――市川の敗戦

一九四五年八月一五日正午、市川は、間借り交渉中の知人宅で敗戦の詔勅を聞いた。天皇の重大放送があるという予告で「多分敗戦の詔勅」と察していた。しかし、はじめて耳にした「玉音」――「低く、力がなかった」天皇の敗北宣言を聞いた市川の頰を涙が伝って流れていた。「戦いに敗れたくやしさであった[90]」。

「戦いに負けるのが嫌だった」。後年市川は、敗戦当時の気持ちを、しばしばこう表現した。本来、非戦論者だった市川は、満州事変勃発当時、軍の中国大陸での膨張主義を厳しく批判した。「女は生来、平和を愛する」。しかし、国家が戦争に突入した状況で、国民の一人として「ある程度の協力」はやむを得ない。戦時下の過酷な状況に置かれる「女、子どもの生活を守る」ことが、戦時下の婦選の道である。人一倍強い責任感に支えられ、戦時下の「婦選の灯」をともし続けていた。

しかし、戦時中のその婦選活動は、裏を返せば「女、子ども」の生命を奪う戦争遂行に加担することにほかならなかった。戦時下、婦選活動と戦争協力は、表裏一体の関係にあった。戦時下の婦選が内包するその桎梏《しっこく》に十分対峙しないまま「聖戦完遂」の流れに身を置いたなかで迎えた、市川の「終戦」だった。

「終戦」の翌日、疎開先の川口村の自宅にもどった市川は、庭に降り、空を仰いでいた。傍らでそっと様子を見ていた養女のミサオは、市川が「やっぱり、負けたか」とつぶやくのを聞いた。ミサオは、当時の市川の気持ちを「勝てないと思っておられたんだろうと。やっぱり勝ちたいと思っておられたと思うんですけれども、おしまいの頃はきっとこれは大変だと思われた」と忖度する。(91)

第1章

金権選挙と政治に挑む
——議会制民主主義を機能させる

1974年7月8日．草の根運動で参院選全国区第2位当選．中央が市川．

1　参議院議員市川房枝の誕生

金権政治は戦争への道――「政治は生活」の起点

敗戦、そしてポツダム宣言の受諾は、全体主義国家から民主国家へと日本史上最大の体制転換をもたらした。しかし、婦選運動家市川にとって、その大転換は、男性主体の政治のうえでの展開にすぎなかった。真に民主的な国家を建設するためには、女性たちが与えられた参政権を有効に使い、生活者としての価値と利益を政治に反映させることが肝要だった。

一五年間におよぶ先の大戦を通して市川は、財界と癒着した金権政治が、究極の利権追求手段として戦争への道へつながることを熟知した。満州事変から盧溝橋事件にいたる十五年戦争前半期に反戦、反軍拡、反ファシズムの婦選活動を牽引する過程で、政府と議会が、中国大陸の権益を求めて侵略し続ける軍の行為を容易に追認し、戦争のぬかるみにはまりこんでいく金権政治のダイナミクスをつぶさに見ていた。

戦後市川は、女性不在の戦前の衆議院で、政治を権力の争奪と解釈する男性政治家たちが「政党の党派争いに、自己の権力の拡大に」終始し、「軍閥、官僚の政策に敢然として頭をもたげ庶民の生活の為、一身を犠牲にして顧みなかった代議士」がいなかったと指摘した。そして、その結果、軍部の台頭を阻止することができず、戦争への道を歩む結果になった、と男性政治家の失政を厳しく批判した(1)。

終戦直後に新聞、雑誌、講演を通して市川は、くり返し「政治とは、私の考では民の多数が毎日の生活をたのしく愉快に過せる様にすることだと思う」と語った[2]。その主張は、男性の行う利権追求の党利党略、権謀術策を旨とする戦前の保守政治や、戦時期の究極の覇権型権力政治を婦選活動を通して見聞するなかで、女の目指す政治として昇華されていった。

政治が、国の内外の利権を追求し、覇権を求めて力でせめぎ合う権力闘争をくり返すかぎり、今次の戦争が示しているように、究極的に行き着く先は力の行使が武器の行使となり、国民の命と生活を犠牲にする戦争に帰結せざるを得ない。戦争は自らが生き延びるために、相手を殺すことを奨励する最も反日常的「倫理」と行動様式を要請し、覇権型権力政治は、この戦争の「倫理」と行動様式を前提とする。

市川は、日本が民主国家として再生するためには、今度こそ女性の政治参画で「台所」と「政治」を結びつけ、政治を利権追求の道具にするのではなく、「生活をよくするもの」に改変すべきだ、と主張した。そして政治は「むずかしいもの」、特殊なものと一般的にとらえられ、それが女性たちの政治参画のハードルを高くしているが、「政治というものは生活であり、政治は誰にも分る常識でなくてはならない」と強調した[3]。

政治は、権力を手にするためではなく、「生活をよくする」ためにある。だから政治は、魑魅魍《ちみもう》魎《りょう》の権謀術策ではなく、生活者の「誰にも分る常識」で運営されるべきものだ――戦前、戦中期の反動的社会で婦選を牽引する中で得た「政治は生活」を標榜する市川の政治信念だ。

新日本婦人同盟を立ち上げる——女性たちへの政治啓発

一方で、女性たちの政治参画がただちに民主政治をもたらすと、市川は考えていなかった。「民主々義の完成には個人の完成ということが根本」であり、「この点、婦人の教養ということが非常に大切です」と強調した(4)。戦後、女性たちは男女同等の政治的権利を手にしたが、戦前、戦時期の婦選運動はいまだ途上にあった。手にした権利をいかに有効に使うことができるか、女性たちへの政治啓発が喫緊の課題だった。

終戦三カ月足らずの一九四五年一一月、市川は、戦時期の活動を最後まで共にした斎藤きえ、原田清子、吉岡万里子らの若手婦選運動家たちと、新日本婦人同盟(以下、婦人同盟)を立ち上げた。同同盟を獲得同盟の後継組織と位置づけ、婦選のいま一つの目的である女性に対する政治教育を戦後の「婦選」活動の主軸に置くためだった。

四六年四月一〇日、戦後初の、そして日本の女性たちにとって史上初の衆院総選挙が施行された。この総選挙は、女性たちへの政治啓発の好機だった。選挙に備えて婦人同盟は「総選挙の手引き」を発行し、総選挙の意義、候補者の選び方、四大政党の政策を縷々《るる》説明した。さらに選挙に向けて婦人参政権記念講演会、婦人政治講座、各党代表立会演説会、婦人立候補者政見発表会を次々に開催していった。この選挙で同盟が全国を回った講演回数は一〇〇回に上り、懇談会は二五回、聴衆動員数は延べ五万人に達した(5)。

日本の女性たちにとってはじめてのこの選挙で、誰もが戦前、戦時期に一貫して婦選運動を牽引した市川が立候補すると考えた。雑誌『民の聲』は創刊号で、あらゆる職域、地域を対象にした婦人代議士適任者の世論調査を発表した。そこで総投票数の一四％を得て、ダントツの一位に選ばれたのが市川だった。それに羽仁説子、村岡花子、吉岡弥生、久布白落実、山高しげりらの戦時期活躍した婦選の女性指導者が続いた(6)。しかしこの選挙で市川は、立候補の意思をまったく示さなかった。養女の市川ミサオによると、本人は権謀術策の衆議院に向いていないと考えていたらしい(7)。

この選挙で七九人の女性が立候補し、三九人が当選した。当時、アメリカ連邦議会の上下両院合わせて女性議員は一〇人前後で、国際的にみてこの当選者数は画期的だった。当選者のなかには婦選運動家が六人いた。男子の投票率が七九％であったのに対し、女子有権者の六七％が投票した。市川は「それでも予想以上女子の投票者も多く安心しました」と、ひとまず安堵した。同時に「婦人は急に投票権を与えられたのですから選挙を中心としたものばかりで本当の政治的啓蒙はできていません、本格的な啓蒙は今後とも政治と台所との繋がりから強力に展開しなければなりません」と気を引き締めた(8)。

予期せぬ挫折——公職追放と新たな決意

一九四七年四月、憲政史上初の参院選挙が行われることになった。同選挙で市川は、婦選の仲間の強い要望にはじめてこたえ、立候補を決意した。終戦半年後の四六年一月四日、連合国軍最高司令官総司令部(GHQ)は、覚書「公務従事に適しない者の公職からの除去に関する件」を出し、占領下で公職に就く者は、まず公職資格訴願審査委員会の審査を受けなくてはならず、参院立候補者もその対象とされた。市川は四六年九月にNHK理事に就任する際、公職資格審査を通過していた。

しかし四七年三月二四日付同委員会の文書は、「覚書該当者と指定す」とし、その理由を「大日本言論報国会理事の任にあった」ため、とした。この年の一月に公職追放の適用範囲が拡大され、戦時中「地方公共団体の公職および主な政治、経済、言論、団体の重要役員」であった者に適用されることになり、大日本言論報国会が「極端な国家主義的団体、暴力主義的団体」とみなされ、市川は、その「団体の重要役員」——理事をつとめていたためだった。

市川は、公職追放の知らせを講演先の秋田で受けた。前年に公職審査をパスしていたため、公職追放該当者に指定されるとは「意外」で、一時は自殺を考えるほどの衝撃を受けた(9)。以後、いっさいの公職から追放されることとなり、自ら創設した婦人同盟会長の職をただちに辞任した。

最終的に五〇年一〇月一三日、公職追放を解除され、三年七カ月にわたる「格子なき牢獄」の日々から解放された。公職追放下の市川の周りでは、女性たちの政治参画は占領下の社会で一進一退の展開を見せていた。追放された四七年四月に統一地方選挙が実施され、五人の女性町村長、二二人の女性都道府県議員、七七一人の女性市区町村議員が誕生した。一方で同月二〇日の第一回参院選挙で選出された女性議員は一〇人にとどまり、二五日の戦後二度目の衆院選挙では第一回の三九人から一五人へ激減し、さらに四九年の総選挙では一二人に減少していた。

公職追放下の市川は、鋭利なアンテナを張り激動の時代の流れを着実にとらえていた。追放解除の感想を聞かれると、「私は三年半、外側から日本の国家社会、とくに婦人界の動向をじっと観察して来たが、婦人関係でとくに心配していることがある。それは折角与えられた婦人解放が、また徐々に閉ざされ始めているのではないか、ということだ」と述べた。そしてこれからの活動については、「婦人の政治教育、とくによい婦人議員を出し、これに協力、監視する運動に努力を集注すべきではないかと考えている」と決意を語った(10)。

追放解除後、市川はただちに婦人同盟の会長に復帰し、組織の名称を日本婦人有権者同盟（以下、有権者同盟）に変え、組織内に国会監視委員会を立ち上げた。その活動は議員カードを作成し、各議員の情報収集、議会の出席率や各法案に対する賛否を調査し、一般有権者に知らせることを意図した。議員の国会活動の逐一を有権者に周知させるという、一見、保守的日本の政治風土になじまないこの活動は、政治教育の基礎として議員生活を通して続けられ、有権者同盟の機関誌で一般選挙民に情報提供された。

一通の電報——参院議員市川房枝の誕生

一九五三年三月一四日、市川はローマで大使館気付の一通の電報を受け取った。有権者同盟からのその電報は、「スグカエレ、センキョセマル」と、即刻の帰国を促すものだった。このとき市川は、ロックフェラー財団の援助で五一年につくられた日米知的交流委員会の文化使節に安倍能成《あべよししげ》、長谷川如是閑《にょぜかん》、都留重人《つるしげと》らと共に選ばれ、その第一陣で約三カ月半のアメリカ訪問を終え、イギリス、フランス、ドイツ、スイスを回りイタリアに到着したところだった。

紀平悌子《きひらていこ》の亡父は、戦時期の「リベラル派」朝日新聞論説委員だった佐々弘雄《さっさひろお》である。その父が、かねがね尊敬していた公職追放中の市川を就職依頼で訪ね、私設の秘書にしてもらっていた。当時、有権者同盟の職員となっていた紀平は、しぶしぶ帰国した市川が婦選の仲間の強い要望で、五三年四月の参院選に立候補を承諾するまでの一部始終に立ち会った(11)。

先生が……口も利かないほど怒って帰ってきたの。……だけどすぐつかまえて……届出の三日前かな……私をどこから出すのって……全国区ですと言ったら、いやだって。全国区は違反が起こる。粗雑になるから、広いから。……違反を出すくらいなら、出ない方がいいと。……地方区ならねと言ったところで、とっ捕まえて、……東京地方区に立つ。きりきりだったですね。……君たち、違反をしないでやる、できるの？って。相当おっしゃったね。

それから約一カ月後の四月二四日、市川は、第三回参院選を東京地方区で二位当選した。参院議員市川房枝の誕生である。このとき市川、六〇歳。前年四月末に対日講和条約が発効し、日本は七年間におよぶ占領期を終え、正式に主権国家として独立を果たしていた。

2　金権選挙に挑む

(1)　理想選挙の実践

理想選挙の背景——汚職の連鎖

一九五三年の参院選で市川が展開したのが、「出たい人より出したい人」を標榜する理想選挙だ。いったいこの本邦初となる理想選挙は、独立当時の日本のどのような政治状況を背景に編み出されたのだろうか。そもそも市川は立候補の推薦を承諾したとき、「今のような国会に這入る事は私として有難くない」というのが本音だった。しかし「この重大な時期に外側から攻撃しているだけではいけない」という危機感から立候補を決意した、という[12]。いったいその抱いた危機感とは何か、そして有権者同盟を通して何に外側から攻撃していたのだろうか。

敗戦は、この国の政治を民主主義政治へ変貌させたが、政治の担い手の変化をもたらしたわけではなかった。男女同等の政治的権利が達成されても、女性たちは政治的権力の蚊帳の外に置かれ続けた。政治の担い手に変化のないまま男性が行う戦後政治は、戦前からの金権的政治文化をそのまま継承した。占領期の民主化政策の下で、政治を利権追求の場としてとらえる「伝統的」政治観が跋扈し、復興予算をめぐる汚職が連鎖した。

終戦直後の東久邇宮稔彦《ひがしくにのみやなるひこ》内閣で、多額の軍需物資が軍人、官僚、政治家らによって不当に処分された闇物資払い下げ事件（一九四五年）が起こり、片山哲社会党内閣では、旧軍の隠匿物資闇処分金を自由党の鳩山一郎（のち、首相）、河野一郎らに分配した辻嘉《つじか》六《ろく》事件（四七年）が発覚した。片山内閣ではさらに、炭鉱の国家管理を阻止するため政治家を買収した炭鉱国管疑獄（四七年）で田中角栄（のち、首相）をはじめ政治家八人が逮捕された。

芦田均《あしだひとし》内閣の四八年には、復興資金の融資を受けるため大手化学工業の昭和電工が行った政府高官や政治家に対する贈収賄事件、いわゆる昭電疑獄が起こった。この事件では、当時大蔵官僚だった福田《ふくだ》赳夫《たけお》（のち、首相）や西尾末広副総理（のち、民主社会党党首）、大野《おおの》伴睦《ばんぼく》らが検挙され、芦田内閣は総辞職に追いこまれた。またこの年の一一月、芦田内閣の農林大臣をつとめた社会党右派の永江一夫が東洋製粉会社への復興融資にかかわる贈収賄事件で議員辞職した。

吉田茂内閣の下では五〇年に、警視庁出入り業者の五井産業と、警視庁幹部や吉田内閣首脳との贈収賄疑惑(五井産業事件)、さらに独占企業体の日本発送電株式会社の分割にかかわる政財界の汚職疑惑が起こった(日発スキャンダル)。五一年には特別調達庁が占領軍用に発注した二重煙突をめぐり法務長官に疑惑が浮上した(二重煙突事件)。

実際、占領期の政界で毎年、汚職が連鎖した。それら一連の疑獄は大半が迷宮入りで終わり、汚職に関与した政府高官や政治家が逮捕されても有罪判決を受けることは稀だった(13)。

二当一落ではじまった独立後初の衆院選

戦前からの金権的政治文化を色濃く残す戦後民主主義のもとで、戦前からの党利党略の政治と票をカネで買う金権選挙もまた、そのまま引き継がれていった。一九五二年八月末、吉田首相は不意を衝く形で突如、内閣解散を宣言し、独立後初の第二五回衆院選が一〇月一日に予定された。この「抜き打ち解散」は、前年に公職追放が解除された鳩山一郎との自由党内での権力闘争で、選挙準備の十分でない鳩山派を追い落とすことを意図していた。

一方、この年の四月、独立と同時に公職追放の勅令が廃止され、最後まで公職追放にあった岸信介(元東條英機内閣閣僚、のち、首相)をはじめ戦前の政治家や官僚、旧軍人ら約五五〇〇人の追放が解除された。独立後はじめてのこの選挙は、単独講和と再軍事化の道を選んだ政府が国民の意を問う、新生日本の将来を決める重要な選挙だった。しかし公職追放の「みそぎ」を終えた戦前の政治家の多くが政界復活をねらい、事前運動は熾烈をきわめた。

この五二年衆院選で、「二当一落」という言葉が公然と使われはじめ、当選にかかる費用は二〇〇〇万円で一〇〇〇万円では落選すると言われた。ちなみに総務省統計局の消費者物価指数によると、当時の二〇〇〇万円は今の一億を優に超す額となる。[14] 戦前から婦選運動を通して選挙浄化に取り組んでいた市川は、「こんなにお金を使わなければ当選しないということになれば、本当に良心のある政治家は、お金がなくて当選できなくなってしまいます」と憂慮し、ともかく選挙人の啓蒙活動が喫緊と強調した。[15]

選挙違反者の激増と公明選挙連盟の結成

もとより金権選挙は選挙違反者を生みだし、選挙のたびに検挙される選挙違反者の数が増大した。衆院選前年の一九五一年統一地方選挙では六万人を超す検挙者を出した。その数は、四七年の第一回統一地方選挙での五倍強にのぼった。この五二年衆院選でも事前活動が熾烈化し、この「「十月選挙」はスタート早々違反が摘発されるという予想通りのすさまじさ」だった。[16] こうした状況を受け世論の公明正大な明るい選挙を望む声が沸騰した。

戦後、幣原喜重郎《しではらきじゅうろう》内閣の文部大臣をつとめた前田多門は、戦前から熱心に選挙浄化に取り組み、戦時期最後の翼賛選挙後の四二年末に「選挙粛正」「政治教育普及」を目的に粛選研究会を立ち上げた。新生日本のはじめての総選挙で公明正大な選挙を望む世論の高まりを背景に前田は、五二年三月に下村海南《しもむらかいなん》、松本烝治《まつもとじょうじ》らと選挙浄化懇談会を立ち上げた。同懇談会には戦前の粛選研究会のメンバーだった市川と山高しげりが、さらに村岡花子、坂西志保らが参加した。

同所で、戦前の選粛中央連盟の例にならい、半官半民の選挙浄化組織をつくり国民運動を展開することが話し合われた。その結果、六月四日に公明選挙連盟が結成され、前田が理事長に、市川は常任理事に選ばれた。有権者同盟とともに四八年一〇月に、奥むめおが組織した主婦連合会(以下、主婦連)、五二年七月に組織され山高が初代会長をつとめた全国地域婦人団体連絡協議会(以下、全地婦連)などの女性団体が同連盟の協力団体として参加した。

有権者同盟の取組み――「選挙費用一人分寄付運動」を開発

市川が会長をつとめる有権者同盟は、独立後初の一九五二年衆院選を日本の進路を決める「一番大切な」総選挙と位置づけ、九月にパンフレット「総選挙の手引」を発行し、望ましい候補者の選び方を提示した。[17] 手引きは有権者に、まず党の政策をみて支持する政党を決めること、もし支持する政党の候補者が二人以上いる場合は人物をみて選ぶことを推奨した。さらに、望ましい政党の条件が四項目列記された。第一が、民主政治を尊重する、第二に、言論の自由、基本的人権を尊重する、そして第三に、再軍備を主張しない政党、さらに第四が、子どもの教育に熱心な政党である。次に選んではいけない人が明示され、選挙で金品をばらまく人、悪質な選挙違反をしたことのある人、妻子を大切にしない人、そして所属政党を容易に変える人が挙げられた。

戦前からの政治風土をそのまま残すなかで行われる選挙では、選挙が饗応の場と化し、女性たちが饗応を受けた「義理と人情」から候補者を選ぶことが危惧された。五二年九月六日の『朝日新聞』で市川は、「公明な選挙によって正しい人を選ばない場合には国民生活、特に婦人が受け持つお台所にどんな響きがあるか」を国民が理解することが重要であり、それが「正しい明るい投票の基盤となる」と強調した[18]。

この選挙で有権者同盟は公明選挙連盟とは別に、選挙浄化に向けて独自の運動を開発した。「選挙費用一人分寄付運動」である。戦前、婦選運動は選挙浄化活動に取り組む過程で金のかからない選挙手法を模索し、選挙費用を支持者の少額の募金で賄う「十銭袋」の方法を編み出していた。

五二年当時、候補者一人当たりの公的選挙費用は、「〔選挙区〕有権者の数を議員数で割って、それに四円」を乗じた額だった[19]。このことは、選挙で選挙人一人あたり四円の経費がかかるということを意味した。市川たちは戦前の「十銭袋」の経験から、一人分四円の費用は有権者が負担すべきであると考えた。「選挙費用一人分寄付運動」は、有権者が投票する候補者を決めたら、その候補者に切手でもいいから四円分を郵送しようという運動である。

金権選挙を排す――はじめての理想選挙

二当一落の金権選挙と汚職の連鎖に対峙し、一九五三年参院選で政治史上初の理想選挙が試みられた。市川は亡くなる前年の八〇年参院選まで六回立候補したが、そのすべてを理想選挙で通した。選挙に金がかかるから政治が金と結びつくと、金権選挙と金権政治の表裏一体を指摘し、「選挙は政治の始まり」とくりかえし主張した。そして金にまみれた政治腐敗が国民の政治不信と、取返しのつかない政治離れを引き起こし、民主主義の形骸化をもたらすと警鐘を鳴らし続けた。

議会制民主主義をその本来の姿で機能させるためには、まず選挙に金がかからないようにすること、戦前から連綿と続く金権選挙を排することにあった。そのためには、国民の主体的な選択が反映する選挙手法を編み出すことが喫緊だった。「出たい人より出したい人」を標榜する理想選挙は、選挙人が「出したい人」を推薦し、選挙は推薦した人たちのカンパと手弁当で行うことを目指した。それは選挙を候補者や政党のためではなく、国民の手に取り戻す試みにほかならない。

五三年参院選で有権者同盟の仲間から立候補を要請された市川は、「私の望む理想選挙で当選第一主義をとらない事を皆さんが固く約束して下されば」という条件で立候補を引き受けた[20]。その志向する理想選挙とは、まず①立候補を望む人たちで候補者（出したい人）の推薦会を立ち上げ、②候補者は承諾書に捺印し、ラジオ放送以外の選挙運動をしない、③候補者は選挙費用を一文も出さず立候補を望む人が持ち寄る、さらに④選挙法を守ることはもとより、法律が許しても騒音で住民の生活に迷惑をかけるからトラック、拡声器の使用は禁止といった非常に厳しいものだった[21]。

候補者が選挙費用を一切出さないことを原則とする理想選挙で、寄付の勧誘も厳禁された。あくまでも選挙費用は立候補を望む人たちが自主的に持ち寄るべきことだった。また一人から多額の寄付を受けないことが強調された。選挙活動は立候補を望む人の手弁当で行うことが重要だった。かくしてこの選挙で集まった寄付は、総計四九万一一九円、最高は一団体の五万円が一口で、最少額は三〇円だった。有権者同盟が行った選挙費用一人分寄付運動で、総額二〇八九円が集まった。選挙にかかった費用は約二六万一〇三八円だった。市川の選挙法定費用は一五五万九六〇〇円であり、その約一六％ですませた[22]。

選挙後に市川は、当選したことよりも「第一にうれしい事は、最初に掲げた理想選挙の線を崩さなかったという事」と述べた。そして選挙中の様子を、「固い約束で出発したものの、二三日たってから「先生に知らせなければよい」とか「先生がするのではない、推薦会がするのはかまわないではないか……」といった事が、三四の人の口から出たときいて驚き、毎日事務所に行って監視役をする事になってしまいました」と語った(23)。

理想選挙の評価と汎用性

「二当一落」の国選で、地方区であったにしろ公定選挙費用の二割に満たない費用で当選した市川の理想選挙は驚異的であり、新聞はこぞって高く評価した。四月二六日の『朝日新聞』「天声人語」は「往年の尾崎行雄翁の理想選挙にまさるとも劣らないもので、全く清新な選挙のやり方を打ち出した」と評価し、同日の『読売新聞』「編集手帖」は「こんどの参議院選挙で一番気持のよかったのは理想的な公明選挙をやった市川房枝女史が十九万千余票を得て東京都から当選したということ」と記した。いずれも「拡声器やメガホン連呼や選挙トラック」を「一切やらせず、ほとんど立会演説一本で終始した(24)」ことを挙げ「正気の沙汰とも思えない呼び声の繰り返しをやらず、文書戦と演説だけで戦い抜いたという事は、まことに「人道的」でさえある(25)」と評した。

一方で理想選挙は「市川の場合だから出来たので、一般には通用しない」という批判があった。理想選挙は知名度の高い候補者にのみ有効という指摘だ。それに対し市川は、選挙で信託をうけた約二〇万票を分析し、「私の物の考え方、私の選挙に対する態度、私の選挙方法等に対する支持が相当あった」と指摘した[26]。そして候補者の選択に関して、「どこの誰れともわからぬような人が立候補するのは間違っている。社会的に或程度の業績を残し、その人格、思想等よく知られている人が立つべき」と主張し、「私共が立ってほしいと思う人達は、今のような頭を下げ、莫大の選挙費用を使って出るのは望まない。そこで望ましくない人達が金の力で出るという事になってしまいます」と、理想選挙の必要性を強調した。

市川は、「理想選挙は「出たい人より出したい人」を出す為の運動」であり、この選挙で自らは「その試験台となった」と述べた。「理想選挙が私一人で終っては意味をなさない訳で、続々と出てほしい、いや出してほしい」と強調した。そしてこの理想選挙の方法は、「「政党を選ぶ」衆議院議員の選挙」に「適用することは少し困難」だが、「無所属の方が望ましい参議院議員、地方自治体の首長及議員の選挙にはこのまゝ適用出来る」と指摘した。

（2）クリーンな政治家の立ち位置

「普通の所謂議員のするような事は一切しない」

一九五三年四月、理想選挙で初当選した市川は、自らの議員としての立ち位置を、「普通の所謂議員のするような事は一切しない」と宣言した。その示唆していることは、いったん当選を果たすと次の選挙を意識して金曜日に地元に帰り火曜日に霞が関にもどって来る「金帰火来」の生活で地元との関係を密にし、地元への利益誘導に政治生命をかける「普通の所謂議員」のことである。この「普通の所謂議員」の政治姿勢こそが、自民党与党の五五年体制でカネと癒着した金権選挙と金権政治の温床だった。

続けて「私が正しいと思う議員のあり方を実行する事が、私にご投票下さった有権者の方々のご意思に添う所以」であると強調した。「私に御投票下さった方々がどんな方々か」わからないけれど、「私の人間」「選挙の仕方」「公約ともいうべきもの」を「御承知の上で御投票下すった」人たちだから、「私のあるがまゝ、私の考えるまゝに行動し、公約の実行に努力すればよいと考えて居ります」と述べる[27]。

市川は、「参議院は衆議院に比べて弱いし、そのうえたった一人でなんでもできると思ったら大間違い。だからたゞ一人でできることからやっていきたい」と述べ[28]、議員になったときに個人としてできる四つの公約をした。その第一は、「議員となってもいばらない」ことだ。第二は、「国会を休まないようにする」ことである。そして第三が、「議員の歳費は多過ぎると思うので何とかしたい」ということで、第四が、「議員と有権者のつながりを何とかしてつけたい」である[29]。

これら個人としてできる四つの公約は、「普通の所謂議員のするような事は一切しない」と宣言した議員としての行動規範といえる。議員として選ばれても特別の人間となったわけではない。今まで通り、生活者としての価値観(常識)で政治に向き合っていく。一見、当たり前のこの四つの公約は、戦前の金権政治をそのまま残す戦後政治の現場に、婦選運動で手にした政治理念を反映させていこうとする市川の強い決意にほかならない。

「政治は生活」を標榜するその政治理念は、第一に政治は生活者の権利と利益を守るためにあるという主張であり、第二に、政治を「特殊な」価値観と行動様式がまかり通る場ではなく、生活の場の常識が通用するところにしなくてはならないとする固い信念である。いったい市川は、利権をめぐる権力闘争に終始する永田町の政治にどのように対峙し、「政治は生活」の政治実践を展開していったのだろうか。

議員活動と議員歳費の透明性の追求

市川は、議員になると毎年「有権者および支持者」に向けて『私の国会報告』を出した。「普通の所謂議員のするような事は一切しない」と宣言し、個人としてできる四つの公約をした二五年間におよぶ国会報告はユニークだ。

まず国会事務局の記載をもとに「私の国会出席簿」を掲載し、本会議、所属する委員会への出席状況を克明に報告し、議員活動の透明性を確保した。市川は、第一六国会から第九四国会まで途中三年間(第六六~七二国会)の落選期間を除いて、五二一回の国会にかかわった。「国会をやすまないようにする」と公約した通り、その間の本会議、委員会への出席状況は「欠なし」が大半を占める。

第二に、「私の会計簿」を詳細に記録し、自らが議員として得たすべての歳入を有権者に知らせ、議員としての財政面の透明性を確固とした。「私の会計簿」には歳費、通信交通手当、滞在雑費、審査雑費、期末手当、立法調査費など国会議員として受け取るすべての一年間の額が税込、手取りでそれぞれ記載された。議員三期目の一九六五年からは、「私の会計簿」のほかに「私の〔昭和〕四十年の所得税の確定申告書」を公開し、以後、確定申告書に雑収入として記載される原稿料や講演料、テレビ出演料などの議員活動以外で得た収入も明示した(30)。

市川はまた、個人としてできる四つの公約の第三に、「議員の歳費は多すぎると思うので何とかしたい」を挙げたが、その「多すぎると思う」議員歳費は、年度末に複数の市民団体に寄付され、その総額、寄付先が記載された。その一例を見てみよう。

参院議員二年目の五四年度の議員歳費は月額七万八〇〇〇円、手取りで約五万円である。当時、通信費として月額一万円が無税で支払われ、市川は毎月合計六万円を受け取った。ちなみに厚生省の調査によると、この年のサラリーマンの平均月給は一万四六〇三円である。(31) 市川は「多すぎる」ので「何とかしたい」額を手取りの三分の一と考え、月額二万円、一年で二四万円を寄付に回した。(32)

「お手盛り値上げ」に反対

「普通の所謂議員のするような事は一切しない」と公言した市川をクリーンな政治家として際立たせる議員活動の一つに、与野党の議員が生活感覚からずれた「不当」な額を、「超法規」的「あの手この手」でつるんでつり上げる議員歳費の「お手盛り値上げ」を厳しく批判し、反対し続けた点が挙げられる。その監視の目は、国会にとどまらず地方議会にも向けられ、議員歳費はもとより無税の調査費や通信費などの値上げにも向けられた。自らは、当選した時点での歳費を基準に任期中に値上げされた分はすべて保留し、それに「議員歳費は多すぎるので何とかしたい」分を加え、年度末に寄付するやり方が、二五年間の議員生活を通して続けられた。

市川は、そうした「お手盛り」値上げの実態を選挙民に知らせ世論を喚起し抗議行動を起こすことは、選挙民に対する重要な政治教育と考えた。そのため国会の場での反対にとどまらず、社会運動の一争点として同問題を取り上げた。自らが顧問や会長をつとめた有権者同盟を軸に東京地婦連、主婦連などの女性団体と連携し、理想選挙普及会（のちに理想選挙推進市民の会）、選挙法改正運動協議会（以下、選改協）など広く草の根市民団体を巻きこみ、お手盛り値上げ反対の市民運動を起こした。

なぜ自ら好んで「にくまれ役を買って来た」か、その理由を、議員のお手盛り歳費値上げが、「政府に対する不信につながり、民主主義政治を破壊する」ことにつながるから、と語る。なによりも「日本の国会の歳費手当等は外国の議員に比較してはるかに多い……その理由は常時の選挙費用が這入っているから」であり、「議員の歳費等の問題は日本の莫大な金のいる選挙のあり方に関係がある」からだと強調した[33]。

そして歳費などの値上げが国民の信任を得るためにはまず、「歳費、通信手当、滞在雑費、審査と色々な名目をつけず一本」化し、国民に分かりやすくすることを提案した。さらにそれらを無税扱いにするのではなく、「国民と同様に全部に税金をかけること」が大切であると強調した[34]。

（3）公明正大な選挙をめざす議員活動

市川の怒りと告発——国会の内側から見た汚職事件

軍需物資の民間払下げと復興予算をめぐる汚職にはじまった戦後の政治とカネの癒着は途切れることなく続き、一九五四年第五次吉田内閣最後の年には、保全経済会事件と戦後最大の疑獄の一つといわれる造船疑獄が相次いで発覚した。先の事件では保全経済会顧問の平野力三が国会の証人喚問で、自由党の池田《いけだ》勇人《はやと》（のち、首相）、佐藤栄作（のち、首相）、改進党の重光葵《しげみつまもる》や鳩山一郎らへの一〇〇〇万から三〇〇〇万円の政治献金を証言した。さらに造船疑獄では、国会議員を含む七一人が逮捕された。吉田首相は、当時自由党幹事長だった佐藤栄作の逮捕を回避するため犬養健《いぬかいたける》法相に指揮権を発動させ、それは内閣が倒れるきっかけとなった。

これらは議員一年生として国会の内側からはじめて見聞した疑獄である。もとより自ら直接疑惑を追及する機会も場もなかった。市川は、「芦田〔均〕、西尾〔末広〕氏等の昭和電工疑獄の時に使われ、魔の委員室といわれている衆議院第十号控室」で保全経済会事件の証人喚問を傍聴し、平野証言を聞いた。そして「前に国会で論議され」「いわゆる自転車営業」がわかっているのに、「うまくいっていると思っていたと平気で」うそをいう、「前大臣であり、衆参議員である人達」が、「金を貰えばそれだけのことをしなければならない」「普通の常識」がわかっていないで「どういう形で責任をとるのか」、「金を貰った人達の無責任に憤り」を強く感じた。

五四年二月五日、ＮＨＫラジオ第二放送に出演した市川は、「今の国会に於いては、利害関係の伴う法案や予算については、饗応や、金が物をいうことは常識となって居ります」と、告発した[35]。そしてたとえ政党や議員の贈収賄が明らかになっても、政治資金規正法で届けられていれば合法となり、また疑獄をとりあつかう「国会行政監察委員会」が「自由〔党〕、改進〔党〕で過半数を占め」ているため、「党の幹部からの圧力が加えられ」、隠蔽に加担すると指摘し、「検察庁による捜査に対しても、政府の圧力がないとはいえない」と語った。市川は、こうした「くさいものには蓋をする」ことのできる「政府並びに国会の現状」が、究極的には国民の政治不信を増大させ、再び戦前型「ファッショに途を開く事になるのではないか」と憂慮を深くした。

理想選挙を編み出し普及に奔走する市川が、政治家になってまず取り組んだ課題は、選挙違反を取り締まり、厳しく処罰する制度づくりにあった。五五年体制が成立する以前は、政党や会派と関係なく、議員が個人で法案を提出することができた。市川が「個人として」議会に最初に上程した法案が、連座制の強化を盛り込んだ選挙法改正法案だった[36]。

「個人として」のはじめての法案上程——連座制強化法案

一九五四年三月、市川は、第一九国会に連座制を強化した「公職選挙法中一部改正法律案」を無所属の長谷部ひろを誘って上程した。「二当一落」の金がかかる選挙といわれ、選挙のたびに多数の選挙違反者が逮捕されるなかで、金権選挙に対する世論の批判が高まっていた。新聞がいっせいに同法案を取り上げたため、同僚議員から「スタンドプレーだなどと悪口を言われた」という。

しかし、その改正法案を参院では社会党、緑風会、改進党が支持した。他方で自由党は、「選挙事務長だの出納責任者だのの責任を候補者が負うのは人権無視」につながり、「封建制の遺物」と強硬に反対した。そして連座制の強化は、対立候補者が「スパイを放ってわざわざ選挙違反をさせて、当選無効にする」危険性につながると危惧した[37]。最終的に同法案は、第一九国会衆院解散で審議未了となり、次国会へ持ち越しになった。その結果、第二〇国会で市川・長谷部提案の連座制は、各派共闘の選挙法改正案に組み入れられた。しかし「悪質の選挙違反で罰せられた者は必ず選挙権、被選挙権を停止する」の一文が削除され、「「おとり防止」のためと称し別の抜け穴」がつくられたと、市川は残念がった。[38]

恩赦法改正案の提出——お手盛り恩赦に反対

選挙違反の取締り強化を模索する一方で市川は、恩赦のたびに選挙違反者の大半を免訴する自民党政権の「お手盛り恩赦」を厳しく批判した。一九五六年末、日本が国連に加盟すると、恩赦法に基づき岸信介内閣は「そのお祝いとして公職選挙法による違反、政治資金規正法による違反を、政令による大赦として全部——約七万人を無罪」にした。[39] そのなかに政治資金規正法違反の罪に問われた岸の実弟佐藤栄作が含まれ、「国民の強い非難を浴びた」。選挙法を厳しくしても、恩赦で選挙違反者を一挙に放免しては何の意味もなかった。

市川は「悪質の違反者まで全部棒引きにしましたのは納得できません」と岸首相を批判した。[40] そして、五七年四月の第二六国会参院に「恩赦法の一部を改正する法律案」を十七控室の八木幸吉、緑風会の宮城タマヨ、後藤文夫、高瀬荘太郎らとの共同で提出した。当時、皇太子(のち、天皇明仁)の結婚がマスメディアの俎上にのぼり、その際に同様の恩赦が出されることを阻止するためだった。市川らの改正案は、内閣が諮問機関として恩赦審議会を設置し、検事総長、学術会議議長、日本弁護士連合会会長など民間人を含む七人を委員とし、同審議会が恩赦の決定の可否、及びその調査審議をするというものだった。[39] 同法案は第二六国会で継続審議となった。

五八年三月、第二八国会参院予算委員会で市川は、前年提出した恩赦法の改正案を取り上げ岸首相に「国民は皇太子様の御慶事に際しての恩赦に選挙違反が含まれては困ると心配しております」

と指摘し、「選挙違反は恩赦に含まれないというのは、これは〔首相が〕明確にお答えしていただきますと、それだけで現在行われております悪質の事前運動が減り、選挙が公明になると思います」と主張した。そして恩赦法改正案で新たに設置を提案している恩赦審議会によって「いわゆるお手盛り恩赦をある程度防ぐことができる」と強調した[41]。

岸は、恩赦に「悪質なもの」を「含めないのだということを今はっきり言え」ということは、「いろんな関係におきまして、将来の問題」であり、「適当ではない」と答えた。五八年四月、参院を全会一致で通過した改正恩赦法案は、衆院で否決、廃案となった。その結果、翌五九年四月、岸内閣のもとで皇太子の結婚恩赦が施行され、一万二〇〇〇を超える選挙違反者が免訴となった[42]。

(4) 理想選挙普及会の立ち上げ

理想選挙でふたたび勝つ——青空演説会の選挙手法を編み出す

一九五九年六月、第五回参院選で市川は、理想選挙で二度目の当選を果たした。東京地方区で約三〇万票を獲得し、前回と同じ二位当選だった。選挙にかかった費用は約七八万円。マスコミは、法定費用三七三万円の「五分の一」と、驚異をもって報じた[43]。

『朝日新聞』東京版は、前回同様に「理想選挙の会計簿拝見」を選挙翌日の朝刊に掲載し、「金で汚れきった選挙、ウソでかたまった宣伝戦、騒々しいばかりのバカ騒ぎに対するひそかな批判が、三十万人の有権者に市川さんの名を書かせたのだろう」と評価した[44]。市川は、「私が主張し、実践して来た所謂理想選挙が、再び東京都の有権者の方々から支持された事、然も前回より十万一千余票増加した事がうれしかった」と、理想選挙の成果を強調した[45]。

この選挙でもトラックを使用せず、選挙法が認めても市民の生活に迷惑をかけるからと、連呼は固く禁じた。立会演説会、個人演説会は規定通りに行ったが、候補者の街頭演説は行わなかった。代わりに、この選挙を通して団地や屋外の特定の場所で特定の時間に人を集めて行う「青空演説会」の草の根選挙手法を編み出した。そのため、推薦会員が演説会の日時・場所を周知させる、いわゆる「呼び込み」を行った。

選挙活動を通して選挙人の政治意識を啓発する。戦前に婦選運動が、男性の行う選挙の監視を通して女性たちの政治教育に取り組んで以来、市川が一貫して追求したことだ。理想選挙の目的は当選第一主義でなく、選挙と政治を候補者と政治家の「意のまま」から、選挙民の手に取りもどすことにあった。政治に関心をもたない人びとをあえて「呼び込み」行う「青空演説会」は、その理想選挙の趣旨を一般の人びとに周知させ、選挙民の政治意識を啓発するために編み出された選挙手法だ。以後、「青空演説会」が市川の理想選挙で主軸となる選挙活動となった。

イギリスの理想選挙を日本に普及させる――理想選挙普及会の設立

選挙後の九月から一一月にかけて、市川は渡英した。議会制民主主義の本家イギリスで、秋に実施される総選挙を視察するためである。帰国後、市川は『朝日新聞』と『朝日ジャーナル』に寄稿し、同地で「買収や饗応のない」「違反のない」理想選挙が行われている実態を報告した[46]。

議会制民主主義の本場イギリスでも、一八世紀末から一九世紀初頭にかけて選挙の腐敗が激しかった。そのため一九世紀中葉に「腐敗および違法行為防止法」が制定され、その規制がほとんどそのままの形で継承されていた。しかも同地では、「ここ三、四十年間は全く違反がなく、この法律の必要もなくなったというのに、相変らずそれを掲示していましめている」[47]。市川は、そうしたイギリスの選挙を見聞することで、国民の道義心、政治的意識の向上が理想選挙を可能にすることを確信し、大いに勇気づけられた。

帰国後の一一月二八日に参院議員会館で市川は、「三年来構想していた」理想選挙普及会(以下、普及会)の発会式をもち、代表幹事となった[48]。理想選挙が、社会的経験を積んだ有識の候補者に通用することを示す必要があった。三年前の第四回参院選で、戦前の婦選仲間で当時の有権者同盟会長だった藤田たき(元津田塾大学学長)を、東京地方区から理想選挙で擁立したが落選に終わっていた。市川は藤田落選の原因を、理想選挙の意味が、選挙民に周知されていないためと考えていた[49]。

理想選挙は一九五三年、五九年の参院選で市川が挑戦したため、新聞などのマスメディアで「宣伝され、支持され、世間一般に知られるようになった」。しかしその報道は、「法定費用とひとケタもちがう安上り選挙[50]」とか「公定のワクの五分の一しか使わなかった[51]」など、経費のかからない選挙に焦点が当てられがちだった。理想選挙は「選挙の考え方を本来の選挙の趣旨に戻って考え直すこと」であり、「出たい人より出したい人」を選挙人が推すことで、選挙を政治家や候補者から選挙人の手に取りもどすことにあった。選挙費用が少なくてすむのは、その結果だった[52]。

発会式で市川は、普及会立ち上げの目的が、あくまでも理想選挙の趣旨を「一般有権者の間に普及徹底する」ことにあると強調した。当初、市川は、普及会を通して理想選挙の候補者の推薦応援を考えていた。しかし、庶務幹事の田辺定義が普及会に推薦機能をもたせることは困難と反対し、「選挙に際しては、会としての候補者の推薦及応援を行わない」ことが決定された。さらに普及会は、政党に対し中立を守り、選挙関係以外の政策にふれないことを確認した。そのうえで「公職選挙法、政治資金規正法等の改正について」の研究を行い、その成立に「積極的に努力する」ことを当面の活動目標とした[53]。

同所で市川は「有権者として」と、「議員として」の「会員の誓い」をそれぞれ説明した。「議員会員の誓い」には、①選挙の公約を守りその実現に努力する、②議会の情報を有権者に逐一知らせるに加えて、③「私は議員として受け取った歳費、報酬等を公開いたします」が明記された。市川は、この議員としての歳費の公開を、「出したい人」として選ばれたクリーンな政治家の基本的責務と位置づけ、自らも議員生活を通して貫いた。

3　金権政治に挑む

（1）「政治とカネ」の国会追及

一九六〇年総選挙――「三当二落」の金権選挙

一九六〇年六月、超法規的な議会操作で大混乱のなか、日米安全保障条約（以下、安保条約）改定の国会承認を取りつけた岸首相は、混乱の責任をとり引退を余儀なくされた。後継首相に選ばれた池田勇人は、同条約承認の民意を問う総選挙を行うため第三六国会を召集し、総選挙は一一月二〇日実施と決まった。同選挙は、安保条約改定の混乱で国民の信頼を失墜した自民党が、起死回生をかけて望んだ選挙であり、野党社会党にとっては、五五年体制の下で、どうしても超えることのできなかった三分の一支持票の壁を乗り超える絶好の機会だった。

しかし、金権選挙の古い体質を戦前からひきずる政治風土のなかで、政権をかけてしのぎを削った選挙戦は、本来あるべき政策論争ではなく、これまでにない巨額の金の飛びかう選挙戦に堕した。それは、選挙直後の『朝日新聞』のインタビューで、自民党、社会党、民社党の幹部がそれぞれにこんどの選挙ほど「金がかかりすぎる」選挙はなかったと嘆くほどだった[54]。二当一落ではじまった独立後初の五二年衆院選が、この六〇年選挙では三当二落といわれるまでに膨れ上がった。

前年に渡英した市川は、同地で選挙が理想選挙に近い形で行われている実態を視察し、市民の意識が啓発されれば理想選挙は可能であり、金権政治は浄化できると勇気づけられ、帰国後に普及会を立ち上げていた。しかし、安保反対の三三万人市民が抗議デモに参加し、辞職時の岸内閣支持率が一二%[55]だったにもかかわらず、直後の日本の将来を決める総選挙がかつてない金権選挙に堕し、結果、大方の予想に反して自民党が安定した与党の座を手にした。市川の心に期するものがあった。

「総選挙と金——昭和三十五年十一月総選挙に見る資金の流れ」

一九六一年五月七日付『朝日ジャーナル』は、金権選挙と汚職が跋扈する政治世界に激震を走らせた、一つの衝撃的調査を掲載した。「総選挙と金——昭和三十五年十一月総選挙に見る資金の流れ」と題されたその調査は、市川が前年に施行された衆院選挙時の選挙資金の流れを、公開された資料をもとに、憲政史上はじめて実証的かつ詳細に検証したものだった。

占領下の四八年に制定された政治資金規正法は、選挙後一五日以内に各候補者が選挙にかかった費用の収支を、また政党、政治団体に対しては選挙に対してなされた寄付などの収支を、それぞれ都道府県の選挙管理委員会（以下、選管）に届けることを義務づけた。それらの収支報告書は、選管を通して都道府県の『公報』で発表され、向こう二年間自由に閲覧できた。

市川が代表をつとめる普及会は、イギリスの例にならい、候補者、政党、政治団体などの公表された選挙費用をまとめ、選挙時の金の流れを明らかにすることを計画した。当時、婦人問題研究所の職員だった児玉勝子によると、コピー機のない時代で、『公報』に公表されている各候補者の選挙費用の数字を「すべて手書きで細い数字を写す作業は口でいうほど楽」ではなかったが、「数名の会員や学生が連日働いたものを市川の指図で一覧表にまとめた」という(56)。

選挙後の六〇年一二月、普及会は、その調査を報告書『昭和三五年一一月二〇日施行衆院議員選挙当選者届出選挙費用収支報告書一覧　東京都内第一区〜第七区の二七人』『三五年一一月二〇日施行衆院議員総選挙の選挙費用』にまとめ上げた。この調査が新聞社の目にとまり、その一部が翌六一年五月の『朝日ジャーナル』の「特集——政治の近代化のために」で取り上げられた。

「自民党が財界に頭があがら」ず「社会党の、選挙および政治の腐敗」批判が弱いわけ

この調査を通して市川は、総選挙で使った費用が総額五〇億円にのぼり、国の費用が二〇億円、候補者、政党、政治団体が使った費用が三〇億円であることを明らかにした。財界からは、経済再

建懇談会の八億円を筆頭に莫大な寄付金が自民党に流れている事実が判明し、同時に社会党も自民党に比べると額は少ないが、財界からの献金を受けていること、さらに労組からかなりの額の献金を受けていることが、はじめて実証的に示された。

市川は「自民党が財界に頭があがらない理由」が、まさにこの財界からの巨額な政治献金にあり、「砂糖の自由化が容易に行なわれそうにないこと、旅館の税金が下がったこと、日本医師会が医療費値上げの目的を達したこと等々、現実の政治問題がすべて選挙のさいの献金につながっている」と慨嘆した。そして野党の社会党も、日本労働組合総評議会（総評）からの政治献金で「総評に左右される」一方で、「おどろくべきことは」「額は自民党に比較して僅かだが、財界や圧力団体から選挙資金をもらって」いて「社会党の、選挙および政治の腐敗についての発言が弱く、権威がないのは」、そこに理由があると指摘した[57]。

財界の寄付はなぜ行われ、どう対処すればよいのか

「総選挙と金」で、会社には税金のかからない金が相当多額に用意されていることが暴露された。それは政治資金だから無税になるというのではなく、法人税法第三七条とその施行令第七三条によって、「当該事業年度の資本金額の一〇〇〇分の二・五、所得金額の一〇〇分の二・五の合計金額の二分の一に相当する金額は損金に算入し」、税金の対象としないと規定されていることにあった。政治資金を支出することは損金として扱われるため、「もし寄付しなければ、利益として税金に持って行かれるから寄付する――だから政治資金として寄付する義務ありとして、再建懇談会（経済再

建懇談会〕から割りあてられていた」[57]。

市川は、「鉄鋼界の第一人者で寄付者の筆頭と思われる」八幡製鉄の場合、一九六〇年に合計一億六三万円を寄付しているが、この年に資本金を増額したので、次の年には二億円近くが寄付金となると算定し、このままでは財界からの政治献金は、ますます増大することが予想されると危惧した。そしてこうした事態を解消するためには、政治資金規正法で「会社、労組などすべての団体からの寄付を禁止し、政党および政治団体の資金は選挙費用もふくめて党員の党費によって支弁する体制を確立」することが喫緊であると主張した。さらに、財界からの政治献金の「かわりに一定額までの個人の寄付を認め、それには免税措置を講ずることにしたらよいと思う」と提案した[58]。

池田首相──「私はうそを申しません」のうそ

一九六〇年一二月に市川は、第三七国会参院本会議で先の衆院選の選挙資金調査をもとに池田首相に質問し、冒頭、池田の選挙中の公約──「私はうそを申しません」を取り上げ評価した[59]。数年前の本会議で、岸内閣の運輸大臣永野護に「経済界と政治界とはどう違いますか」と質問し、永野は「経済界は信用が大事なので、うそを言ってはいけないのです。しかし政界はうそを言わなくてはならないのです」と返答していた。市川は、これは「経済界から政治界に入られた同氏の痛切な叫びだと受け取りました」と述べ、「うそを言わなくてはならない政治家、うそで固まっている政治界」だとしたら、「国民の信頼が得られ」ず、そこから「汚職が生まれてくるのも当然」であると指摘した。そして、そんな折「総理が、私はうそを申しませんという公約が出ましたので、私はうれしく思ったわけであります」と語った。

首相の公約を評価したうえで市川は、質問の核心に入った。広島県の選挙管理委員会に届けている「池田総理御自身の選挙費用は、法定選挙費用六十四万二千八百円のところ、約八割の五十四万二千六百三十七円の支出」と記されているが、「選挙法によって届け出されておりまするこの選挙費用の数字は、総理御自身のを含めて、正確だ」と思うかと、首相に問いかけた。池田はこの問いに対し「私の選挙費用は電話で聞いただけ」「私は一切選挙区に帰りません」と答え、「他の方々につきましても、私は正否の点は申しませんが、誠実に申告されておることと考えておる」と答えた。議場では「『うそのいい初め』の野次がはいり、満場哄笑した」という(60)。

公職選挙法の改正を要請し公明選挙運動のあり方を提言

前述したように、この一年前の参院選で市川は、東京地方区で約三〇万票を得て二位当選を果たし、選挙でかかった費用は、約七八万円で法定費用のおよそ五分の一だった。議員二期目の活動を政治浄化にかける背後には、金のかからない選挙でも高い集票力を手にすることができるという実証の重みがあった。第三七、三八国会の参院本会議、予算委員会で市川は、公職選挙法の改正の必要と公明選挙運動のあり方をくり返し訴えた。

まず公職選挙法の改正は、「各政党の話し合い」で行なわれると「議員の方々に都合のよい」改正になってしまい、「国民の希望する改正はできない」。だから国民は、「公正な第三者機関で立案し、国会はこれを承認するようにしてほしい」と強く希望していると述べた。また公明選挙運動は

「選挙法の改正と伴っていかないと、何だか選挙の腐敗の責任、不公明選挙の責任を有権者におっつけるような印象」を与えるだけ、と指摘した[61]。そして、選挙のたびに国会で公明選挙の決議を行う一方で、当の政治家が選挙違反をする現状では、公明選挙運動といっても「選挙の腐敗の責任を一般の国民に転嫁する」だけで、「なかなか国民が踊らない」と批判した[62]。

同所で市川は、巨額の金が使われた一九六〇年の総選挙は、「今までにない不公明選挙」で選挙違反も「前回よりも五割増し」となり、逮捕された候補者の党派は「警察当局の談話」によると、「自民党が断然多」かったと暴露した[63]。そしてこの選挙で公明選挙関係予算として一億三〇〇〇万円が使われたが、その額を六一年度に三億円に増額しても、公明選挙運動の効果が上がるか疑問であると述べた。市川が憂慮したのは、政治家が国民の生活感覚から想像もできない巨額のカネを使う「不公明」選挙を行う一方で、国民の税金を三億円も使い国民の政治啓発を行っても、それは国民の間に政治不信を深め、政治離れを起こすだけではないかという点にあった。

政治資金規正法の改正を要求

翌一九六一年五月の第三八国会参院本会議で市川は、六二年参院選に向けて「すでに事前運動が行なわれて」おり、「このままでは昨年の衆議院の選挙よりももっと金がかかることになる」と危惧した。そしてカネのかからない公明選挙をするためには、公職選挙法の改正とともに政治資金規正法を改正することが喫緊であり、「銀行、会社等からの……政治献金及び労組その他の団体からの政治献金」を「政治資金規正法で禁止をし、個人からの寄付を認め」、個人の寄付を「免税の措置」にすることが必要であると強調した[64]。

同国会参院予算委員会で市川は、「選挙費に関する届出というものが……法定選挙費用の制度をこえないように、それこそ七割か八割ぐらいのところに押さえて届け出ればよい」というような慣例が出来上がっていると指摘した。そして「ごまかしと不正とあいまい」が横行する選挙の現実を厳しく批判し、一政治の始まりはやはり選挙であります。あるいは政治家としての出発点は選挙なんです」と真情を吐露した[65]。

先の「総選挙と金」で市川は、「法〔公職選挙法〕の規定をみてくると、相当厳しい」が、「抜け穴が随所にあり、しかも励行されていない」事例が多々あり、なかでも法定選挙費用の届け出が最もひどいと指摘し、「こうした〔うその〕報告書が大手を振って届け出され、府県の公報に堂々と発表されている事実は法治国にあるまじき不可思議であり、その上に築かれている議会政治もいい加減なものだということになる」と、強い危機感を示していた[60]。

改悪された改正公職選挙法

一九六〇年一一月の金権選挙に対する世論の批判を受け、選挙後に池田首相は、選挙制度調査会を法令に基づく選挙制度審議会に格上げし、選挙制度、選挙区割りと議員数、政治資金さらに公明選挙のあり方の審議を要請した。この動きに呼応し市川は、翌六一年四月、普及会、有権者同盟を軸に、主婦連、全国及び東京地婦連などの女性団体と東京都青年団体連絡会議などの青少年団体、八団体を束ね選挙法改正運動協議会(以下、選改協)を結成した。同協議会は、六二年七月の参院選に向けて選挙法改正調査会を設置し、八月に「公職選挙法改正意見」、一〇月に「選挙法改正・政治資金規正に関する請願書」を、自治大臣など関係省庁に提出した。

一方で市川は、六一年八月、選挙制度審議会の特別委員に任命された。「国会側からの特別委員として」参加できたことは、好機到来だった。当初市川は同審議会で、「立候補の届出は英国の選挙の如く推薦制のみとすべきだ」と強く主張した。しかし大半の委員の賛成を得られず、「他日選挙制度の根本的な改正をする場合に考慮するということで」委員会案にとり入れられなかった。[66]

同審議会は第二委員会で政治資金問題を取り上げ、委員の間では、「米国のように銀行、会社、組合からの政治献金を禁止し、個人に限るべきだとの意見が大勢を占め」ていた。しかし自民党の特別委員から「禁止されては困る」との陳情があり、[67]池田内閣に提出された第一次選挙制度審議会答申は、政治献金を「国から補助金、利子補給、出資等を受けている銀行会社等からの献金だけを禁止することに決定され」た。しかし、答申を受けて作成された改正公職選挙法の政府案は、政治献金の禁止を「選挙に際してだけ」と、さらに制限した。また、審議会最後の総会で市川の提案した「親族等が悪質犯で処罰された時は自動的に当選無効とする」一項が、答申案を修正し組み入れられていたが、その連座制の強化も政府案では「自民党の強い圧力でこれまた骨抜き」となった。[66]

六二年三月、第四〇国会参院予算委員会で市川は、池田内閣が上程した改正公職選挙法案を批判した。[68]まず「連座、ことに家族、配偶者あるいは親子なんかの連座制の規定が審議会（答申案）では相当きつくきめられた」が、「政府案としては、いわゆる骨抜きとなって」「引っかからないようになって」いると指摘した。さらに政府案が、国から何らかの給付金を受けている会社や法人からの党や議員に対する献金を「衆参議員の選挙」に限って禁止していることを受け、選挙資金と政治資金はどう違うのか、「選挙の届け出でをしないで、そうして政治資金のほうに届け出れば一向に差しつかえない」というのではないのかと問いただした。そして政府案が「今の政治資金、選挙資金の規制とほとんど違わない」ものであり、「国民をだましているような格好になっている」と結論づけた。

最終的に五月、第四〇国会参院で改正公職選挙法が成立した。市川や選改協の意図に反し、同改正法は、選挙運動員に日当支給を決め、法定選挙費用を倍額にした。その結果、六〇年衆院選で二〇億かかっていた国費は、六二年参院選では二九億に跳ね上がった。相変わらず「裏金」はなくならず、当選するのに「全国区は社会党で一千万円、自民党では少くも五千万円」かかるといわれた[69]。

一九六四年の自民党総裁選挙

公職選挙法・政治資金規正法の抜本的な改正がなされず、経済膨張を背景に選挙費用が増大するなかで、戦後復興時から連綿と続く汚職は、自民党総裁選挙にまでおよんだ。一九六四年七月の自民党総裁選挙には、池田勇人、藤山愛一郎と、造船疑獄を吉田内閣の犬養法相の指揮権発動で逃げ切った佐藤栄作が立候補し、僅差で池田が三選を果たした。

市川は、かねがね自民党総裁選挙は自民党内の問題なので公職選挙法は適用されないが、総裁が総理になるのだから国民の関心も高く、公明選挙であるべきと主張し、公職選挙法とは別の法律をつくることを提案していた[70]。同年三月の参院予算委員会では、七月の自民党総裁選挙に関して池田

首相と佐藤栄作両人に、公明な総裁選挙をやる意思があるかを確認し、その旨の言質を得ていた。(71)

総裁選後の一〇月一日、池田内閣のもとで計画された九頭竜川ダムの建設を、最高額で入札した鹿島建設が落札した。ほかの建設会社は、最低落札価格を超えていないため失格となった。最低価格を超えないための談合の疑いがもたれ、鹿島建設から、七月の総裁選挙で多額の借金を抱えたとされる池田首相への政治献金疑惑が浮上した。池田はすでに咽頭がんの末期にあり、オリンピック閉会式翌日の一〇月二五日に退陣を表明した。

一〇月の参院予算委員会で市川は、国会での約束にもかかわらず「二十余億円の金が動いた」といわれる七月の総裁選挙が「非常に悪い選挙」となったと慨嘆し、公明選挙運動を、「今年度も六億の予算でもって、国民の間に……推進して」いる自治省としては、「ずいぶんやりにくいと思う」と自治大臣につめ寄った。このとき、自民党内では池田首相の後継者を決める最終段階にあり、市川は後継総裁選において「再び七月のときのようなことがあっては、ますます国民の信を失うことになる」と釘をさした。(72)結果は池田が一一月九日の自民党議員総会で佐藤栄作を後継総裁に指名し、総裁選挙は行われず心配は杞憂に終わった。

しかし、翌六五年二月に池田首相の秘書官だった当時の大蔵省証券局次長が、官舎の屋上から転落死し、同月、衆院決算委員会で自民党の田中彰治代議士が、九頭竜川ダム入札時の池田首相への献金疑惑を追及した。さらに四月、貸しビル業者の吹原弘宣と、金融業者の森脇将光による、三〇億円にのぼる詐欺事件が発覚し、前年の自民党総裁選挙で使われた「十億円」が、政治献金として佐藤、池田両陣営に渡された疑いがもたれた。そのため一一月に、池田首相の病気退陣であとを引き継いだ佐藤内閣の法相が、吹原、森脇逮捕時に異例の記者会見を開き、当該事件と政界は関係ないと言明し、疑惑は解明されないまま雲散霧消した。

(2)「政治とカネ」に対する草の根からの抗議活動

「国会の黒い霧」事件

一九六六年は、パンドラの箱を開けたように、自民党議員を中心とした国会の不祥事が相次ぎ、一連の事件は「国会の黒い霧」と呼ばれた。まず八月、前年二月に九頭竜川ダム汚職で池田首相を追及した田中彰治が、東京虎ノ門の公園跡地の国有地払い下げを受けた国際興業の小佐野賢治を脅迫し、強喝、詐欺で逮捕された。それに続いて、上林山栄吉《かんばやしやまえいきち》防衛庁長官の自衛隊機での「お国入り」、荒舩清十郎運輸大臣が選挙地盤の深谷駅を急行停車駅とするよう国鉄に圧力をかけた事件、松野頼三農林大臣が娘夫婦との私的旅行を官費旅行として申請した件など、一連の公私混同が次々に発覚した。さらに共和製糖が払い下げを受けた国有林を担保に農林中央金庫から不正融資を受けていたことが発覚し、共和製糖グループから社会党の相沢重明参院議員を含む政治家一一人が多額の献金を受けていたことが判明した。

市川は、「田中彰治、荒舩、上林山、松野、共和製糖事件等々は氷山の一角」ととらえていた。五五年体制下で自民党が一八年間にわたり「権力の地位にあぐらをかいて来たので、ぼうふらがわき臭気を発散するにいたった」のであり、その根っこには政治献金問題があり、「無限といいたい程金が」自民党と議員個人に流れているから、「そのお返しとして国有財産の払い下げ、融資等々に便宜を計る」と指摘した。そして、「政治資金規正法を改正して政治及び選挙資金は銀行会社労働組合から貰ってはならないよう禁止する」と同時に、「銀行会社の政治献金を損金に算入する法人税法を廃止する」ことが喫緊と主張した(73)。

さらに市川は、自民党が相変わらず「当選第一主義」で「人格、能力に拘らず金のあるもの、強い親分を持っている者」を公認するところに問題があると指摘した。そして「かくの如き人物(田中彰治)を七回も高点で連続当選せしめて来た新潟県第四区の有権者の責任が強く追及さるべき」で、「特に第四区の各市町村の青年婦人団体は当然立つべきだと思うがまだそのニュースを聞いていない」と慨嘆した(74)。

選改協の活動と政治資金規正協議会の立上げ

一連の黒い霧事件に対する世論の怒りは沸騰し、それに呼応した院外での市川の対応は敏速だった。一九六六年一〇月二八日に市川は、六一年に女性団体と青少年団体を束ねて立ち上げた選改協を率いて、「腐敗政治粛正市民デモ」を挙行した。同集会には一五団体、五〇〇人が集まり、衆院解散、政治献金の規制、国会議員の厳正な所得申告の要求を決議し、集会後には首相官邸にデモ行進した。市川は「今迄街頭に立ったことのない主婦達をして、各自の憤慨、不満をプラカードにかかげた「腐敗政治粛正市民デモ」に迄進出させ」たことを高く評価した(73)。

翌二九日の『朝日新聞』は政治面で政治資金と政治献金の問題を大きく取り上げ、市川の「議会政治への信頼回復――献金廃止へ法人税法を改正せよ」を掲載した。同日夕刊の「素粒子」は、腐敗政治を断ちきるためには、政治献金の「源泉である」法人税法を改正し「寄附限度額」を設定すべきという市川の主張を「正論」と評価した。さらに翌三〇日の社説も「政治とカネの悪縁を絶て」という記事で市川の主張を支持し、「寄付限度額の率を大幅にしぼることは可能であろう」と、記した(75)。

世論の怒りと支持を背景に、一二月五日市川は、中野好夫、長谷部忠《はせべただす》らを発起人に、政治資金規正協議会を立ち上げた。同協議会は運動を行うのではなく、政治資金の研究、討議を目的とし、一年半後の六八年五月に「選挙資金及び政治資金規正に関する基本方針」を発表した。

六項目にわたる基本方針は、参院本会議、予算委員会や選挙制度審議会で市川が主張し続けたことにほかならない。第一に、「政治資金及び選挙資金の寄付は個人に限り、会社、労組その他の団体からの寄付は禁止」する、第二は、政治献金化する寄付は法人税法の損金に算入を認めない、そして第三に、選挙資金、政治資金の収入の透明化を徹底させることである。第四に、選挙資金の違反は、「当該政党の責任者が共同責任」を負う連座制の強化を提言した。そして第五、第六で、選挙資金、政治資金の使途の公正、民意反映のための審議会の設置と選挙資金、政治資金を受けたものは全収入を公開することを提言した(76)。

第三一回衆院総選挙と草の根の取組み

政治腐敗を批判する世論の沸騰と、黒い霧事件を追及する野党との激しい国会攻防のなかで、佐藤首相は一九六六年一二月二七日に第五四国会を召集すると、突如その日に解散を宣言した。国会の召集時解散は、現行憲法のもとで前例を見ないことであり、黒い霧解散と呼ばれた。第三一回衆院総選挙が一カ月後の翌六七年一月二九日に予定された。

市川は、「こんどの選挙こそ政府国会を覆う黒い霧を追放する絶好の、否唯一の機会といってよかろう」と覚悟を新たにし、「若し選挙の結果が旧態依然たるものであったら、政界の黒い霧ははれず、益々政治を腐敗させ遂には議会制民主主義を倒壊させるにいたるだろう」と警告した。どうしても断ち切ることのできない「国会の黒い霧」で政治不信に陥った国民の政治離れから、選挙で棄権が増大することが予想された。市川は、一カ月後の選挙対策を協議するため、選改協を招集し「政治に失望し棄権しようとしている有権者に、投票こそ政治をよくする唯一の機会であることを」説得して欲しいと呼びかけ、啓発運動に「各支部各会員とも直ちに着手されたい」と激励した(77)。

汚職の根を断ち切り選挙と政治を公明正大なものとするためには、「公職選挙法及政治資金規正法の抜本的改革」をすると同時に、なによりも「民主政治のあり方を有権者はもっと理解せねばならぬ(78)」。政治に無関心な草の根の有権者たちに、政治は生活から乖離した遠い存在のものではなく、自らの生活を守るためにあることを気づいてもらう。そして彼らが投票を通して、自らの利益と意思を表現するようになる。

そうした想いから有権者同盟は、五九年参院選で青空演説会を開発した。「啓発の必要」な人に「こちらから出掛けて行って、聞こうとしない人達をつかまえ」理想選挙の啓発をする。それが「青空演説会を考え出した所以」だった。同盟はまた、「会員でない近所の人達の小集会を同盟の役員又は会員の自宅で開いて、〝生活と政治と選挙〟の関係を実例で話合う」ための「最寄り会」を開発していた。いずれも「有権者の啓発をねらいとしているのである」と、市川は強調する。[79]

この選挙の最中に、突然、警察が青空演説会を政治活動とみなし、有権者同盟は政治団体だから禁止、と指令した。青空演説会はあくまでも公明選挙推進活動であり、特定の党や候補の選挙活動ではないと主張したが聞き入れられず、対応策として有権者同盟を政治団体とすることを取り消し、青空演説会を続けることができた。この騒動で「有権者同盟の青空演説会が急に有名」になった。実際、この選挙を通して青空演説会が、「東京は勿論全国の支部所在地の主な所で行なわれ」、市川も茨城、東京、広島、静岡、仙台を回り、「眼をまわ」す忙しさだった。[80]

選挙の結果は、自民党が議席数を予想外の微減にとどめ、安定多数を維持した。選挙をふりかえって市川は、「はっきり判断できるのは全国での得票総数である。自民党はかなり減少し社会党も少し減った」「東京では自民党は四四％から三二％に減った」「このことは有権者の政治意識が或る程度高まったとみてもよいのではないか」と分析した。また、投票率が約七四％まで上がったことを指摘し、「政治不信が投票率を減らすのではないかと思い、その点も青空演説会等で骨折ったつもりだった」が、「特に婦人の投票率が高くなったのは今回の選挙の大きな収穫」と述べた。[78]

（3）歯止めのきかない政治資金と汚職

答申から「大骨小骨」を抜いた政治資金規正法の政府改正案

国会の黒い霧問題で政治資金問題が新聞で大きく取り上げられ世論の批判が沸騰すると、佐藤首相は一九六六年秋に第五次選挙制度審議会をスタートさせ、「緊急を要する問題として政治資金の規制、連座制の強化等について答申」を要請した。そして「答申を尊重し、勇断を以って実現をはかる」と言明した(75)。

要請を受け、翌六七年四月に提出された答申は、その前文で政党が「近代化、組織化を図り、おおむね五カ年を目途として個人献金と党費により、その運営を行うもの」と明記した。さらに寄付の上限を設置し、「国から補助金、負担金、利子補給金その他の給付金を受けている会社」からの政治献金を禁止した。また公職にある者、候補者になろうとする者は、当該選挙区内で寄付をしてはならないとした(75)。佐藤首相はこの答申を受けて、政治資金規正法の改正を「勇断を以て、今国会中に成立せしめる。審議の過程で小骨一本も抜きません」と確約した(81)。

しかし、第五五国会に提出された政府案は、「答申から大骨小骨をぬき、更に政党への寄付は全額無税〔三年間を限って政治献金の金額を非課税〕とすることを付加」したものだった。市川は「黒い霧をはらすための緊急事として、第五次選挙制度審議会に諮問し、答申を尊重する、小骨一本もぬかない、国民の至上命令だから今国会で成立せしめる等と何度も大見得をきりながら、流されるのを手を拱ねてみていた佐藤総理のうそつき、不誠意を糾弾しなければならない」と怒りを露わにした(82)。

六七年七月、第五五国会参院本会議で市川は、まず自治省の発表した六六年度の政党及び政治団体の収支報告を取り上げ「自民党が前年の倍近くの約六十億円に増加した」こと、「自民党の有力な各派閥の金額が多くなったこと」、さらに「収入も寄付を正直に届け出ているのが少なくなって、会費などとして逃げている」点を指摘した。そして支出にも疑問点が多いとし、「料亭の名前を隠しているのが目立って」「自粛のあとは全く見られず、きわめて不明朗」と断定した。さらに「財界にも政治の腐敗、「黒い霧」の責任がある」と「国民は考えております」と指摘し、政府提出の「政治資金規正法の一部を改正する案」が「答申からさらに幾多の骨を抜き、さらに現行法よりも改悪しておきながら」「与党が……反対」しているのは「何とも不可解」であり、両院で「今国会で成立させると、あれほど強い意思表示」をした総理の真意はどこにあるのかと、財界、与党自民党、首相の責任をそれぞれ追及した。(83)

「政治家の品性の上に非常に悪い影響を与えている」

同国会参院予算委員会で、市川の追及をかわすなかで佐藤首相は、本音を吐露した。佐藤は、市川の場合が「特別な立場で」「たいへん浄財ばかり集めて」いるが、政党政治は、「いろいろ想像するより以上に金のかかるのが実態」であり、「とかく多大の出費を必要としている」と断言した。それに対し市川は「政治には金が要る、これは池田さんもおっしゃった」、しかし、「ずいぶん浪費がある……あんなに金は要らない……もらった金だからああいうふうに使う」と厳しく反論した。

続けて市川は国税庁長官に、「政治家個人に入ります政治資金は雑所得として必要経費を差し引き、その残額に課税をする」ことになっているが、いったい雑所得の何割くらいが必要経費と認められているのか質問した。同長官は、必要経費は「非常にデリケートな問題」で「収入に対して幾らが経費であるか」「千差万別」で何割とはいえないと答弁した。

市川はさらに大蔵大臣に対し「個人でもらった場合には課税の対象になりますね。政治家個人は政党、派閥、法人、個人からもらうわけですね」と確認し、「本人から申告がない限りはわかりませんね。どうやってつかまえますか」と聞いた。そして収入が一〇〇〇万円以上ある議員の例を逐一挙げ、「そういう収入はほとんど実費で出ちゃって、課税の対象に……幾らも入っていない」と指摘した。市川は「国民には実際わずかな収入でも税金を取っている」のだから、議員も「納税の義務を尽くすべき」で、それが、国民の「政治への信頼を取り戻すこと」につながると強調した。

次に市川は支出の面をとりあげ、「ある派閥では一カ月に十六回会合し、その料亭に払った金額二百六十四万円を支出している」「マージャンだのゴルフだのボーリング等、全く政治活動と何にも関係のないことに浪費されている」と指摘し、「大口の献金、非常にたやすく金が入ってくるということが」「政治家の品性の上に非常に悪い影響を与えている」と述べた。そして、そうした政治家個人、政治団体の収支を検査する第三者機関の検査機関の設置が必要と強調し、「総理、私の言うことを理想論理想論というふうに片づけなさる」が、「現状がこうだから」では、「いつまでたってもだめ」で、「そこに一つの勇断が必要」と佐藤首相に迫った(84)。

激増する派閥の資金と交際費

最終的に、第五次選挙制度審議会答申を受けて上程された政府案は廃案となり、その後も二度、上程されたが廃案となった。市川は一九七一年の第九回参院選で落選するが、議員三期の最後の国会となった第六五国会まで、政治とカネの問題を追及し続けた。

六八年四月、第五八国会参院予算委員会で市川は、前年度に一億円以上の収入があった自民党の有力六派閥の収入総額と、寄付として届け出されている割合を各派閥で比較した(85)。それによると、首相の佐藤栄作派の収入総額がトップで三億七七八四万円、次に福田赳夫派が三億一七四七万円で、それに前尾繁三郎派、三木武夫派、田中角栄派、石井光次郎派と続いた。そのうち「全部寄付としての届け出は、実は三木派だけで」「佐藤総理派は一％もない」「すなわち、総額三億七千七百八十四万円のうち、寄付として入った、はっきりしているのは三百万円だけ」「きわめて不明朗で、ガラス張りではない」と市川は指摘した。そして「政治資金の規制を御主張になっておいでになる総理としては」「明朗にはっきりとしていただくようにしていただくと、手本を示す」と提案した。

次に市川は汚職について、新聞に出ているだけでも「一月は三十二件、二月は三十七件、三月は五十二件」あり、「汚職はなんだか日本の名物の一つみたいになりまして」と概嘆し、汚職をなくすことは「百年河清《かせい》を待つごとし」と答弁した佐藤首相の態度を糾弾した。そして「ただめしといいますかただ酒と申しますか、……そういう機会が多い」「それが習い性になって……こっちからまた要求するようになる、それでモラルが低下する」ことが、汚職の根幹にあると指摘した。市川は、汚職の構造を「会社にいわゆる魔性の金……多額の税金のかからない交際費」があり、「政治団体等には寄付金という……税金のかからない金」があり、「余ればこれは税金としてやっぱり取られるのだから、会社がじゃんじゃん使ったり寄付」することになると分析し、「両方に税金をかけてくだすったらどうなのか」と提案した。

そして大蔵大臣に六六年度の損金算入になっている交際費はいくらか、それに税金をかけると、いくらになるかを聞いた。その結果、交際費の総額が五九二六億円に上り、そのうち四八六六億円が損金算入されており、それに税金をかけると、一二八五億円になることが明らかとなった。「ずいぶんたくさんの金になる」と驚いてみせた市川は、「これにさらに寄付金のほうをくわえますというと、千五百億どころでない、もっと税金が出てくるのじゃないですか」と確認した。

（4）議会制民主主義を機能させるために——在野からの挑戦

はじめての落選

一九七一年六月、第九回参院選に、七三歳の市川は四度目の挑戦をした。三期を最後に、今度こそ若い人にバトンタッチを、と考えていた。しかし、今回も周りの強い要請があった。市川は自分が辞退した場合、理想選挙の灯が消えそうで、いかにも残念であり、健康にも問題なく、参院では自分のような存在が必要と考え、理想選挙を条件に立候補の要請を受けた(86)。なによりもこの時点で公職選挙法と政治資金規正法の改正が道半ばだった。世論調査は、「一紙が五位と発表した以外、二位、三位、四位で当選」と、市川の優勢を示した(87)。結果は六位で、生涯はじめての、そして唯一の落選を経験した。東京都民八〇三万人のうち約五六万人の票を得たが、次次点落選だった。

選挙後市川は、「無所属では選挙には勝てないとかつて緑風会の人達がいっていたことが、私の場合にもとうとう事実となってあらわれた訳」と慨嘆した(88)。経済成長真っただ中でのこの選挙は、事前運動が激化し、選挙は「政党本位」の「組織と人海、物量のぶつかり合う」金に糸目をつけない究極の金権選挙と化した。自治省が公表したこの年の政党、政治団体の収入総額は、前年比約一四％増の三八五億八〇〇〇万円強に上った。とくに六月の参院選にむけて政党や各派閥、個人後援会が積極的に選挙資金を集め、上半期の収入が激増した(89)。一方、市川は、個人の浄財カンパ以外の寄付は受けず、選挙で使った費用は法定選挙費用七五〇万円の四分の一の、約一九〇万円だった。[90]

予想に反した市川の落選は、新聞や世論で「〝理想選挙の灯〟消える」と落胆をもって受け止められた。[91] しかし市川は、落選が理想選挙の限界を示すものではないことを強調した。そして、落選の原因は、五三年のはじめての選挙時に四〇〇万人であった東京都の人口が、八〇三万人と倍増したにもかかわらず、選挙のやり方が「前三回と同様であった」こと、その結果、理想選挙の運動が「東京都の、特に若い婦人有権者に全く徹底していなかった結果」と分析した。[92] テレビ時代に入って一〇年、この選挙で「木島則夫モーニングショー」で、お茶の間の人気を博した木島則夫が民社党から立候補し、三位当選した。市川の票は木島に流れたと分析された。

新団体として理想選挙を推進する市民の会を発足

落選はしたが、この選挙で「男女を通じて新らしい人達からの支援、カンパがめだってふえ」、さらに「国会での活動を通じて知りあったマスコミの人達からの支援、激励」もあり、市川には理想選挙が着実に支持を広げている確かな手ごたえがあった。[92] 当選には至らなかったが、選挙結果の五六万票の信託には、理想選挙に期待する有権者の想いが込められていた。

そもそも、五五年体制が成立し参院が政党化するなかで、無所属候補市川の「一人の力では五十万票が限界ではないか」という見解が当初からあった。[93] それに対し市川は「もともと理想選挙としては当選第一主義ではない」と強調した。そして、自らも「勝敗を問わず候補者たることを承諾」したと述べた。[92] 理想選挙はあくまでも「議会制民主主義の欠陥から生じた」ものであり、「それが正常に機能していないからやむなく生れたもの」だった。ことさらに「理想選挙っていうけど〝出たい人より出したい人を〟国民が見分ければできる」ことでもあった(94)。

落選後市川は、ただちに試案「理想選挙実現のための具体的な運動について」を発表した。四度の理想選挙を通して、その選挙手法に関しての世論の周知と支持は手にしていた。理想選挙普及の段階はもはや「啓発だけでなく、選挙母体として活動も出来る団体として再出発し、理想選挙で当選出来る実績をつくるべき」ときだと考えた(95)。

一九七一年一一月六日、婦選会館で「理想選挙を推進する（市民の）会（仮称）」（以下、推進市民の会）が結成され、市川は再び代表幹事となった。同所で、理想選挙の適用範囲に関して、すべての選挙は理想選挙によるべきだが、当面、無所属が望ましい参院議員、地方自治体の首長、議員の選挙で実践することが確認された(96)。

議会制民主主義を立て直す在野からの挑戦①――衆参選挙の定数是正訴訟に挑む

自民党与党の五五年体制のもとで、金まみれの選挙と金権政治を断ち切り、議会制民主主義を本来の姿で機能させるためには、政権交代のできる政治的環境をつくり出すことが喫緊の課題だった。市川は、一九六九年一二月の衆院選挙で、自民党の得票率が前回の六七年選挙と同様に五〇％を割り、しかもその割合が四八・八％から四七・三％へと減少しているにもかかわらず、議席占有率が五七％から五九・三％に増大していることに着目した。そして、その原因が議員定数のアンバランスにあり「現在の議員定数は国民の意志を正しく政治に反映していない」と指摘し、「議会制民主主義確立の立場に立ち正しい選挙を主張している有権者同盟としては、この運動の真先に立ちあがらなければならない」と提案した(97)。

議員定数のアンバランスは参院地方区が衆院よりはなはだしく、六八年参院選で問題となり選挙制度審議会に諮問されていた。実際、七一年参院選で落選に終わった市川が得た五六万票は、全国区から出たら優に当選する票数だった。さらに地方の県では、一二、三人当選できる票でもあり、都市部と地方の一票の格差の問題が深刻化していた。市川はこの落選を機に、有権者同盟、推進市民の会、選改協とともに、一票の重さが地域によって大きく格差があることを、憲法違反として議員定数是正裁判に挑んだ。

七一年七月に市川は、東京都の選管を相手に、同年の第九回参院東京地方区選挙は議員定数が不均衡につき、無効とする裁判を東京高裁で起こした。七三年七月に高裁判決がおり、議員定数は「明らかに不均衡で違憲の疑いがある」としながらも、公職選挙法の改正には時間がかかり不可能であるという理由で、現状維持の判断が下された。市川たちはただちに最高裁に上告したが、七四年四月に最高裁は、「現在の程度では極端に不平等に当らない」と棄却した。

続けて市川たちは、七二年衆院選で二度目の挑戦をした。推進市民の会、有権者同盟の会員が中心となり、同選挙の東京三区、七区、埼玉一区、神奈川一区、千葉一区の有権者総勢三七一人で各地区の選管を相手に「議員定数の不均衡は憲法一四条に違反する」と主張して、「アンバランス選挙区の衆院選挙無効」の訴状を、七三年一月に東京高裁に提出した。市川にとって定数是正の問題は、選挙区の新しい線引きで、地盤の変更を恐れる議員や政党が「熱意を示さない」から、「住民が参加した集団訴訟で世論を盛上げてゆくほか有効な方法はない」という強い想いがあった[98]。

しかし、七四年四月の高裁判決は「一票の差が五対一程度では、不平等とはいえぬ」と述べ、「違憲ではない」と訴えを棄却した。市川は、この判決が前回の最高裁判決と同様で、「どこまで格差が出来たら不平等とするのか、一票の五対一の差は、有権者を代表する議員数が不平等となり、政策の決定、政権の移動に影響を及ぼす重大な問題である」と怒りを新たにした[99]。そして、高裁判決の二週間後、最高裁に上告した。七六年四月一四日最高裁は、一五人の裁判官のうち一四人が七二年衆院選挙時の「千葉一区の偏差が四・八であったのは、憲法違反」と認めた。その一方で、その一四人の裁判官の過半数が、公衆の利益のため当該選挙結果は有効、とする判決を下した。

越山康は、六二年参院選の定数是正を問う訴訟を全国ではじめて提起し、一貫して定数是正訴訟を扱ってきた弁護士であり、市川たちの訴訟の代理人弁護士をつとめていた。越山はこの最高裁の定数是正違憲判決を「議員の選挙区と定数を変えることは革命にも等しい政治的効果がある」と指摘し、「小さく発生した市民運動が世論の支持を不動のものにした」、その結果、勝ち取った判決であると高く評価した[100]。

在野からの挑戦②——企業献金訴訟に挑む

一九七一年、在野に下った市川は「選挙での一票に軽重」があることや、「金によって当落がきまる」ことは許されないと述べ、議員定数是正と「政治資金規制《ママ》法の強化」を国民の意思が反映した「議会制民主主義を支える二大柱」と位置づけ、在野から二つの訴訟に挑んでいった。定数是正

訴訟と、いま一つが企業献金訴訟である。(101)

七四年二月一七日付『朝日新聞』に市川は、「政治献金に提訴を――会社の一株主として」を投稿し、企業の政治献金は定款違反にあたると指摘し、株主が会社を提訴することを呼びかけた。政治とカネの癒着に一石を投じるためだった。六一年に八幡製鉄所の一株主の有田勉三郎が、同社から自民党への三五〇万円の寄付は定款違反にあたると提訴していた。新聞紙上の呼びかけは、この例にならったものだった。

有田の訴えは一審で勝訴した。しかし二審で高裁は、八幡製鉄所の自民党への献金は、「慈善事業や育英事業に対する寄附、災害に際しての救援資金の寄附と同様」であり、「定款違反でない」という判決を下した。市川は「高裁が、日本の選挙や政治がこの政治献金の故に腐敗、堕落している実情に眼をふさぎ、財界や政界にこびた判決」を下したと、その理由に不満をもち、有田に上告を促す打電をした。(102)七〇年六月に最高裁判決が下り、「憲法第三条に定める国民の権利及び義務の各条項は国内の法人にも適用される」と解釈し、会社は国民と同様に「国や政党の特定の政策を支持し、推進し、また反対するなどの政治行為をなす自由を有」し、「政治資金の寄付もまさにその自由の一環」という判決を下した。

市川は、この最高裁判決で示された考えが、「政府自民党及び財界に安堵を与え、その後金額が急増し、大っぴらになった」と感じていた。しかし同時に「最高裁の判決も現状のように金額が大きくなれば、異なった判決が出ないとも限らない」とも考えた。「まず『隗《かい》より始めよ』」で、自身がたまたま所有していた東京電力の三〇九株で訴訟を思いつき、この問題に抗議するためのグループをつくり協力してくれる弁護士を呼びかけた[103]。

議会制民主主義を機能させるために——参院改革に向けての提言

一九七一年参院選での市川の落選は、政党化が進んだ参院での無所属当選はもはや不可能であることを象徴した。選挙後、新聞などメディアが参院を「ミニ衆議院」、衆院の「カーボン・コピー」と揶揄し、参院のあり方に対する世論の批判が高まった。そうした状況をうけ自民党反主流派の河野謙三が、「選挙を終わって」と題する、いわゆる「河野書簡」を参院議員全員に送付した。

河野は同書簡で、参院が「良識の府としての独自性を発揮」するために、「議員が強い決意をもってやろうと思えばすぐにでもやれる」改革として、三つの提案をした。その第一が、議長・副議長の党籍離脱と、議長は第一党から、副議長は第二党から選出すること、第二は、参議院から国務大臣、政務次官を出さないこと、そして最後に、議員が、「党のワクにしばりつけられず」「個人の責任で自由な発言、行動をしてもいいのではないか」と呼び掛けた。

一方で市川もまた、五五年体制が成立し参院が政党化するなかで、二院としての参院の役割を維持するための改革を提案し続けていた。まず、五六年参院選で自民党が過半数を占めると、市川は同年六月、会派に属さない無所属議員として籍をおく十七控室の鮎川義介《あいかわよしすけ》、八木幸吉とともに参院議長、副議長に面会した。そして、「参議院の使命にかんがみ厳正、公正なるべき重責にある」議長、副議長は、選出された段階で「党籍を離脱」すべきであり、参院議長、副議長の党籍離脱を「一つの慣例となすこと」の要望書を手交した[104]。以後、市川はくり返し、議長・副議長の党籍離脱を十七控室の仲間と提案し続けるが、緑風会、社会党、無所属クラブの支持を得ても、与党自民党が受け入れることはなかった。

さらに参院予算委員会の場で市川は、くりかえし同院の独自性を維持するための提案をしていた。参院の抜本的な改革は「憲法の改正にまで及ぶ」危険性があるとし、まず、「自民党の参議院のほうからは大臣だとか政務次官なんか」を出さないことを提案し、さらに党議拘束が、「日本の政党はあまりきびし過ぎるので」、参院の党議拘束を「ゆるくする」ことを、自民党、社会党に提案した。そして「そうすれば、幾らか特色が出て」、ある程度参院の独自性が確保され、第二院としての同院の機能が少しは回復すると主張した(105)。

選挙後の第六六国会参院本会議で、河野謙三が野党の支持と自民党反主流派の支持をうけて議長に選出され、副議長には自民党主流派の森八三一《もりやそいち》が選出された。河野は「河野書簡」の提案にそって党籍を離脱し、森も最終的に河野にならった。以後、参院議長、副議長の党籍離脱が慣例化した。同年九月に在野から市川は、雑誌『世界』に「参議院改革の方向」を掲載した(88)。同論考で市川は、「参院改革の第一歩はすべり出したわけ」と、改革への動きを評価する一方で、「河野議長や野党が希望するような方向に着々と進展するかどうか……自民党の主流派が脱皮してこれに協力しない限り、なかなかむずかしいであろう」と、危惧した。そして「参議院を理の議会としての機能を発揮させるためには、運営だけでなく、その議会を構成する議員に、適当な人物が選出されているかどうか」にかかり、「議員として無所属中立の学識経験者をふやすこと」につきると断言した。

同論考で市川は、参院議員の質の問題にふれ、高級官僚や労組出身の党公認候補を減らし、「衆議院議員として、あるいは地方自治体の首長、議員として相当の経験を持った有識の長老クラスの人達、専門的な知識経験、見識を持った学者、文化人」からの公認を増やし、「当選を確保」することを提案した。そして自民党に対し、単に自民党参院議員から閣僚、政務次官、政府の各種委員を出さないだけでなく、総裁選挙にも参加できないようにすることを挙げ、そうすれば、「権力から幾分遠くなり、金の動きも少なくなり」、参院本来の「公正な判断、行動が出来る」と主張した。最後に、「参議院が衆議院と同一の政党だけで構成されていて」は駄目で、党議拘束がない「第二院クラブのような無所属、中立、一人一党の会派が存在し、少なくも、院内交渉団体の資格要件である一〇人、いな法律の提案に必要な一一人を維持することが絶対必要」と指摘した。市川は、この無所属議員のグループが、参院議決のキャスティング・ボートとして機能することを期待した。

4　「ストップ・ザ・汚職議員」運動への軌跡

（1）理想選挙で再び立つ――「歩みつづけよ市川房枝」

市川を推す若者たちの勝手連

落選中の市川に目をつけたのが、菅直人（のち、首相）ら高度経済成長下の社会に疑義をもつ全共闘世代の若者たちだった。二人の出会いは、一九七二年に高騰する土地に疑問を抱いた菅が一橋大学の学生と「宅地並み課税推進討論会」を開催し、演者に青島幸男（参院議員、のち東京都知事）、都留重人（一橋大学教授、経済学者）、青木茂（参院議員、サラリーマン新党代表）と共に市川を招いたときだった。この会から「よりよい住まいを求める市民の会」が生まれ、さらに「恐怖の化学物質を追放するグループ」が立ち上がった。七三年都議選で菅は、市川と青木が代表幹事をつとめる推進市民の会を手伝い、市民運動と政治との接点を経験した。

七四年三月、菅らは「草の根運動で理想選挙を闘うグループ」を組織し、市川に七月の参院選全国区での立候補を強く要望した。拒否されると今度は「市川房枝さんを勝手に推薦する青年グループ」を組織し、たとえ承認を得なくても立候補の届け出をするとして「市川房枝さんに参議院全国区立候補を促すための供託金を募る会」を設置し募金活動を開始した。

市川は、八一歳になっていた。高齢を承知のうえで「青年たちが私に期待をよせ、ここまで運動をすすめて来ていることに対し、これこそ私の主張して来た理想選挙なので、今一応考慮せざるを得なく」なったと感じ、五月末、立候補を承諾した[106]。

金権選挙に対する強い怒り——「こんどはどうしても当選したい」

落選後政界引退を表明していたにもかかわらず再度立候補を決意した背景に、高度経済成長のもとで政治と企業の癒着が深刻な状況となり、ますます金にまみれていく選挙と政治に対する強い怒りがあった。この選挙では「企業ぐるみなどというおかしな現象がまかり通っている」と、市川は怒りを新たにした[107]。

自治省によると、一九六八年に一〇〇億円台だった政治資金の規模が、翌年は二〇〇億円台に倍増し、さらに七〇年からは一気に三〇〇億円台へと激増した。自民党総裁選と衆院選が行われた七二年には、四〇〇億円、「場合によっては、五百億円」まで膨れあがり、同年末市川は推進市民の会代表と経済団体連合会（以下、経団連）に乗り込み、植村甲午郎《うえむらこうごろう》会長に質問状を手渡した。植村は「国会議員一人平均五千二百万円」に上る政治献金が「このままでいいとは思わぬ」と言うにとどまり、「財界はもっと反省すべきだ。期待された答えはもらえなかった」と失望を新たにした。[108]

政党、政治団体の歯止めの利かない政治資金の膨張に対する怒りは、市川を「いままでの選挙では、落ちてもいいということをいってきたが、こんどはどうしても当選したい」と言わしめた。[109]

「歩みつづけよ市川房枝」

一九七〇年代初頭の日本社会は、高度経済成長のひずみが生活環境の破壊をもたらし、各地で住民運動、市民運動が活発化した。六〇年代末の社会変革を望む若者たちのエネルギーは、理想選挙に政治と市民運動の接点を見出した。当時婦選会館の事務員だった児玉勝子によると「婦選会館の選挙本部には毎日のように新聞、テレビ、ラジオで知ったという若い男女が、ぜひ手伝いたいとかけ込んで来た」という。[110]

彼らは選挙を「祭り」――価値を共有する者たちの新しい「出会いの場」――ととらえ、市川という「みこし」を担いだ。「歩みつづけよ市川房枝」と大書した選挙カーを走らせ、「移動テント事務所」を設け、無公害せっけんを売りながら応援演説を行った。「草の根運動で理想選挙」と書かれたジープで宮崎を出発点に、北海道にいたる日本縦断のキャラバン隊を走らせ、各地で草の根の住民運動と交流し、新潟では田中派の候補に論争を挑んだ。マイクなしで応援演説を一カ所で行う

「マラソン演説会」が試みられた。選挙を有権者の手に取り戻すことを目指す理想選挙を通して若者たちが、高度経済成長下の金権選挙と異なるいま一つの選挙のスタイルをつくり上げていった。

同参院選で市川は、全国から約一九三万の票を得て二位当選を果たした。中央大学教授の佐竹寛は選挙結果を分析し、その得票傾向が「都市型、年代別では若者が多い」ことを指摘した(111)。この選挙では、四一八四人から約一三三六万円の寄付が集まり、選挙で使った費用はその半分に満たない約六二五万円だった(112)。

「金権を排す――田中さんは代議士も辞めなさい」

一九七四年七月の参院選では、五当三落、七当五落といわれるほど巨額の選挙資金が使われた。首相の田中角栄は、全国応援のためヘリコプターをチャーターし、ほとんどの都道府県を回った。しかし選挙の結果は、自民党が議席を減らし、参院で与野党伯仲の状態となった。市川は、「田中さんの金権選挙、企業選挙が敗れ、革新無所属の私と青島〔幸男〕氏が全国区で第二位、第三位となりそれぞれ二〇〇万票近い票を獲得した。私たちは田中さんの金権選挙に勝ったといってよいであろう」と評価した(113)。

選挙後、三木武夫と福田赳夫が自民党の体質改善を主張し閣外へ去った。市川は、田中が選挙の反省もなく「お中元に名をかりて田中派議員その他に一〇億から一五億円近いカネをまいて結束を固めた」ことを仄聞し怒りを新たにした。一〇月、『文藝春秋』にフリーのジャーナリスト立花隆が「田中角栄研究――その金脈と人脈」を掲載し、田中の資産形成が政治資金や脱税によるものと告発した。それは、金まみれの選挙と政治にがまんの限界に来ていた世論に火をつけ、一二月の田中退陣へとつながった。

市川は『朝日ジャーナル』一二月六日号に「金権を排す」を掲載し、「国民の一人として、やっとあいう人を総理大臣にいただくはずかしさから解放された思いでうれしい」「私は田中さんには総理だけでなく衆議院議員もやめてもらいたい」と述べた。そして「田中氏だけでなく国会からこの種の政治屋を一掃しなければ、国民の幸福は実現できないと信じている」と真情を吐露した。(113)

（2）政治献金自粛の経済界の動きと市川の働きかけ

土光経団連会長との会見と政治献金自粛の流れ

一九七四年七月、参院に戻った市川は、青島幸男と「カネのかからない選挙を直ちに実行するための緊急提言」を発表し、企業、労働組合からの寄付を一切禁止し、政治献金は「個人の自発的寄付に限る」ことを提言した。(114) さらに全国区では、「一一〇万枚のポスターが許されている」が、それにかかる費用は全国区法定費用の一八〇〇万円を上回っている現実を踏まえ、個人ポスターを禁止し、選挙管理委員会が候補者の写真、経歴、政見を掲載した公報を数回発行し、選管主催の共同演説会の開催とラジオ、テレビでの放映などを「緊急提言」した。(115)

ふたりはまた、土光敏夫経団連会長に面会を申し入れ、八月七日に会見がもたれた。会見で市川は、金権選挙、企業ぐるみ選挙、政治資金規正のあり方について土光会長の意見を問い、「経団連はこんどの選挙で自民党から六百―八百億円を要求されたが、今後はやめるべきではないか」とただした。土光は、「今後はやらないようにしたい」と答え「十二日の経団連正副会長会議で、経団連が企業に政治資金のきょ出を割り当てることや、経団連の一部の人がそれを担当することをやめるよう」提案すると約束した[116]。

この土光発言を裏づける形で八月一二日に経団連は、正副会長会議を開催し、自民党の政治資金団体の国民協会(のちに、国民政治協会と改称)に対する政治資金集めに協力しないことを決定した。さらに翌日、会長を木川田一隆がつとめる東京電力が取締役会で、政党、政治団体、政治家に対する献金をやめ、同協会から脱退することを決めた。この東京電力の決定に五電力会社と東京、大阪、東邦ガス三社が続き、政治献金廃止を決めた[117]。

八月二三日、土光会長が記者会見を開き、「自民党の派閥解消が第一条件であり、これが満たされなければ経済界が金を出さなくなることもありうる」と言明した。一方で、木川田が代表世話人をつとめ有力財界人が集まった産業問題研究会は、企業の政治献金のあり方について検討する「議会政治近代化委員会」を立ち上げ、自民党が体質改善をし、企業からの献金を減らし、党員による献金を「漸次」増やすことを提言した[118]。

市川の議会制民主主義に対する危機感と、膨張する自民党の政治献金の要求に危機感を募らせた経済人トップの憂慮が軌を一にして、財界の政治献金自粛の波が広がった。

政治献金自粛の裏話

一九七七年二月、市川は、婦選会館の月刊誌『婦人展望』に「東電相談役木川田一隆氏の逝去に際して」という一文を載せた。三年前に東京電力が自民党への政治献金をやめることを決定した際の裏話を記し、良識派経済人、木川田の冥福を祈るためだった[119]。

市川によると、七四年二月に一株主として東京電力の政治献金を訴訟に持ち込む決意をし、『朝日新聞』で「無償で助けてくれる弁護士」を募ったところ、数名の弁護士から協力の申し出があったという。彼らの協力で、かねてから財界の自民党への無尽蔵の政治資金を憂慮していた東電の木川田会長に、これまでの東電の政治献金の額などについての問合せをしたところ、直接の回答はなく、本人から「他の人に知られない所で」会いたいという連絡が入り、市川は婦選会館で木川田に二度会った。

木川田の訪問は、訴訟を取りやめることを依頼したものだった。「会社に対して値上げ反対運動など、二、三の市民運動が起こっている。この際先生から訴訟を提起されては困るのでやめてほしい」という申し出に、「もし貴社が政治献金をおやめになるならば中止します」と条件をだすと、「それは重大問題だから考えさせてほしい」ということで一度目の会見は終わった。

一週間後の二度目の会見で木川田の回答は、「他の会社との関係もあり大変だったが決心しました。政治献金はやめる」というものだった。それに対し「取締役決議にしてほしい」旨を要請し、市川側弁護士と会社とで決議文の内容について打合せが行われ、最終的に「当社としては政党、政治団体、政治家個人に対し、今後寄付、会費等一切の政治献金を行なわない」と明記された八月一三日の取締役会議事録が、水野東電社長から手渡された。

当時新聞は、この取り決めを水野東電社長と市川の間のこととして、「東電の決定は、この日午後、東京・代々木の婦選会館で行われた水野久男東電社長と市川房枝参院議員の会談で明らかにされた」と報道した[120]。

(3) 三木首相の政治改革試案と後退した政府改正案

「クリーン三木」の登場

一九七四年一二月初頭、田中角栄の退陣を受け、自民党副総裁の椎名悦三郎の裁定で三木武夫が後継の総裁に選ばれた。三木は、七四年参院選挙後に党近代化と選挙制度改革に取り組むとして、田中内閣の環境大臣・副総理をやめ閣外に出ていた。当時「クリーン三木」「議会の子」と呼ばれた三木は、田中角栄の金権体質に対峙する格好の人材であり、自民党が世論の批判をかわすための「緊急避難的」な「暫定的内閣」としてとらえられた。

市川は参院選直後の八月に『朝日ジャーナル』誌上で三木と対談した[121]。対談冒頭、三木は市川が理想選挙で高得票を得たことは、自民党の金権選挙に対する国民が下した「健全」で「賢明」な評価と述べ、「党の思い切った改革をやる」ことは「総理大臣になるよりも政治家として大事」と不退転の決意を述べた。市川は三木が「自民党の改革だけではなく、もっと全体の政治をよくするための鬼になる」といったことに感銘を受け、その決意を高く評価した。

三木政治改革試案と後退した政府案の衆院通過

三木は総裁に選出されると自民党両院総会で、政権がめざす五つの政策課題を示し、その冒頭に党の近代化と政界浄化を掲げた。さらに一九七四年一二月七日の組閣直後の閣議で、今まで温めてきた政治改革試案を提示し、閣議決定を得た。閣議で審議される案件は、事務次官会議で事前に決めるのが慣例である。三木がその事務次官会議をこえて政治改革試案を直接閣議にかけたことは異例であり、そこに政治改革にかける強い想いがあった。

三木試案は、選挙違反と連座制を厳しくした公職選挙法の改正、企業献金を廃止し、個人献金のみとした政治資金規正法の改正、全党員による予備選挙を導入した自民党総裁選の改正を骨子とした。しかし翌七五年四月、衆院に提出された公職選挙法と政治資金規正法改正の政府案は、三木の提案した政治改革の基本方針を大幅に後退させたものだった。

公職選挙法の政府改正案に連座制の強化は組み入れられず、逆に候補者の供託金を二・三倍に引き上げ、さらに公定選挙費を増大するなどの国費を支出する選挙公営を拡大し、候補者には自らの選挙区での寄付を禁じたにとどまった。また政党、政治団体、その他の一般団体の機関紙の内容と配布について制限を強化し、政治団体でない市民団体、女性組織などの選挙期間中の政治活動を禁止した。当時、市川たちが取り組んでいた一票の格差是正は、衆院選挙区の議員定数を二〇議席増やし議員総数を五一一人とした。その一方で一票の格差のより大きい参院はすえ置きとなった。

政府案は政治資金規正法の改正に関しても、三木の示した企業献金を禁止し個人献金のみとする案を取り入れなかった。逆に、これまで制限がなかった企業、団体、労働組合からの寄付の上限を一億五〇〇〇万円に設定することで、政治献金を法的に認めることになった。また会費（党費）の届け出制を導入したが、会費の金額に制限をつけず、件数、金額の総数を公にすることにとどまった。

さらに派閥、政治団体に関しては、一〇〇万円以下の寄付は届出を必要としないとする一方で、政治活動への少額のカンパに対して匿名寄付を禁止した。

選改協は、政府案がビラ、機関紙などの発行を規制し、政治活動を行う市民団体に対して選挙中の活動を禁止し違反に強い罰則を科していることに、言論の自由を圧迫する恐れがあると指摘し、政府案は「改悪」と反対を表明した[122]。しかし、自民、社会、民社の間で、機関紙規制や、選挙期間中の政治活動を禁じた市民団体の定義、新たに衆院で増加された二〇人の選挙区割りなどで、すでに合意が形成されていた。その結果、七五年六月四日に公職選挙法の一部改正案に関しては、自民、民社、社会が賛成し、政治資金規正法の改正案に対しては、自民党賛成多数で衆院公職選挙法特別委員会を可決し、翌五日に衆院本会議で両法案が可決通過した。

公職選挙法と政治資金規正法の政府改正案に対する国会追及

一九七四年一二月に市川は、第七四国会参院予算委員会で三木首相の政治姿勢をただした[123]。冒頭、かねがね三木の政治姿勢には「敬意」をもっているが、「党役員あるいは閣僚の御選任あるいは国会でのいままでの論議」などからみて、「総理の主張が少し弱くなって」いて「国民の期待にこたえていただけるか」と危惧を示し、「自民党の体質改善の第一歩として」、まず三木首相自らが派閥を解消し、財界からの献金を一切受けないようにする意思があるかとただした。

『朝日ジャーナル』の対談で三木は、企業や労働組合からの献金は一切禁止し、献金は個人に限り、献金の上限を決めると語り、市川は、「政治資金についての三木さんの提案は私どもが主張してきたことと同じ」と意を強くしていた[121]。しかし、この点に関する自民党の反対は強硬であり、閣議決定の三木試案で示された三年をめどに、漸次企業献金をやめる案は、はやばやと撤回され、衆院を通過した政府案は、政治献金の上限を決めるにとどまった。市川は七三年度自民党の選挙及び政治活動費が一八六億円で、その九六％が財界献金であり、七四年度はさらにふえ、上半期だけで一四七億円にのぼり、その九七％が財界からきていることを示し、「自民党はほとんど財界の金で運営されている。一体そんな政党がほかにありましょうか」と詰問した。

さらに翌七五年六月の第七五国会参院予算委員会で市川は、再び公職選挙法と政治資金規正法の改正案について質問した[124]。まず、公職選挙法改正で議員定数のアンバランスの訂正が衆院にとどまり、参院地方区のアンバランスが五・八倍になっているのに改正されないのはなぜかと質問した。次に、今回の公職選挙法の改正では、候補者個人の供託金が三倍に上がり、法定選挙費用も三割値上げということで「金のない有権者は立候補もできない」し、また「候補者一人当たりの費用がいままでの倍額ぐらいになる」と指摘した。そして「それならばいままでの候補者は余り金を使わないかと言えば、やっぱり……裏金が相当に動く」「結局は金のかかる選挙にいままでよりも以上になる」のではないかと、疑問をなげた。

市川は、改正案が「政府や政党だけで政党や候補者に都合のいいように立案され審議され」「衆議院では公聴会も開かれず、参考人にも一般国民は加えられて」いないと指摘し、改正は、「肝心の主権者不在であった」と批判した。その結果、「有権者が要求してきた地方自治体の選挙における公報等の義務制は無視され」、政治資金規正法の附則に「消費者団体あるいは婦人団体、市民団体等の選挙中の政治活動が今度は禁止」されているが、「国民の立場としては納得ができない」と述べた。

最後に市川は、政治資金規正法の改正案が寄付の上限を一億五〇〇〇万円としたことにふれ、それは一億五〇〇〇万円までの政治資金を合法化し「むしろ政治資金奨励法だ」と批判した。そして三木首相の政治資金規正法の考えが『朝日ジャーナル』の対談で市川とほぼ一緒だったことにふれ、「自民党の現状から、総理のお考えがあの政治資金規正法に盛れなかったということは私も了解がある程度できます」が、「五年を経過した場合にもう一遍検討するというのでなくて、五年を期限として個人献金に移るということまでなぜ総理はがんばってもらえなかったか」と糾弾した。

公職選挙法及び政治資金規正法の一部改正案の参院通過

最終的に、公職選挙法及び政治資金規正法の二つの改正法案は、一九七五年七月四日に参院本会議を通過し成立した。改正公職選挙法案は、衆院と同様に、自民、社会、民社が賛成し、賛成多数で可決した。一方、政治資金規正法の改正法案は、自民以外の公明、社会、共産、民社、二院クラブが反対し、一一七対一一七の同数だった。しかし、参院議長となって自民党の党籍を離脱していた河野謙三が、賛成票を投じ可決、成立した。

市川は、「憲法につぐ重要なこの二法が、自民党と社会党とのなれあいによって、充分な審議もせず、一種の強行採決によって改悪されたことは、誠に遺憾の極みである」[125]と、無念さを露わにした。そして、公職選挙法に関して、「社会党はどうしても公職選挙法を通したかった」と指摘し、それは、ビラを「禁止すれば選挙で公明、共産に勝てる」と考えたからと推測した。さらに「定員増（二十名増）も区割りの問題も自・社は相談して両方とも当選できるようにした」「社会党は妥協したんだと思います」と述べ、「社会党は浅薄ですよ。自民党には造反が出ても社会党には出なかったもの。あの晩、祝杯を上げたっていうから悲しかったな」と、慨嘆した。(126)

（4）ロッキード、ダグラス・グラマン事件の国会追及

ロッキード事件

一九七六年二月、五五年体制の根幹をゆるがす驚愕のニュースがアメリカから飛び込んできた。同月四日に開催された、アメリカ上院外交委員会多国籍企業小委員会の公聴会で、ロッキード社が自社航空機の売り込みに、日本をはじめオランダ、イタリア、トルコなどに多額の工作資金を投入し、日本には七〇年から七五年にかけて児玉誉士夫《こだまよしお》に対し、工作資金として七〇〇万ドル（当時の約二一億円）が支払われたことが明らかにされた。さらに、同小委員会でロッキード社のアーチボルド・コーチャン副会長が、総合商社の丸紅役員の進言を受け、対日工作資金として二〇〇万ドル（約六億円）を政府高官に渡したことを証言した。このロッキード社の対日工作には、児玉から紹介された小佐野賢治もかかわっていた。二人は、田中角栄の金脈を支えていた人物だった。

相次ぐ汚職事件に世論は沸騰し、三木首相は、「日本政府の名誉にかけても問題を明らかにする必要がある」と言明した。一方、アメリカ政府は、関係国の政府が当該問題で窮地に陥ることを避けるため、情報開示を制限した。二月九日国会は、児玉、小佐野両人の証人喚問を決定したが、一

六、一七日に開催された証人喚問に児玉は病気を理由に欠席、小佐野は「記憶にない」をくり返した。

二月一九日政府はロッキード問題閣僚協議会を設置し、三木首相は記者会見で、政府高官逮捕に際し指揮権発動を行わないと確約した。二月二三日衆参両院は、アメリカ政府、アメリカ上院に対し、事件に関する資料の提供を要請した決議を全会一致で可決した。それを受け、三木首相はジェラルド・フォード米大統領に、日本の民主政治は真相解明の試練に耐えうるので、事件関連資料を開示するよう要請した、いわゆる三木親書を送った。

三木親書に対するフォード大統領からの返書が三月上旬に届いたが、資料提供は行うが、政治的な利用ではなく、司法による捜査のための使用に限定すること、と明記されていた。四月、日本の最高検察庁は、アメリカからロッキード関連資料を受け取り、六月に丸紅の四人が逮捕され、七月二七日、田中角栄前総理大臣が逮捕された。さらに八月二〇日元運輸政務次官佐藤孝行が、二一日田中派重鎮の元運輸大臣の橋本登美三郎が逮捕され、ロッキード事件は戦後最大の疑獄へ発展した。

民主政治をたてなおす市民センターの設立

ロッキード事件に直面した市川は、議会の会期中であったが渡米を決意した。もとより個人としてのロッキード事件の調査は可能でなかったが、渡米を促したのは、「日本国民がこの問題をどう思っているのか」「このままの政治が進めば右翼の擡頭、タカ派的政治につながる恐れが」あり、それは「アメリカにとっても好ましくないということを」、何としても伝えたいという想いからだった。[127]二週間の滞在中、ワシントンで、国務次官補、証券取引委員会（ＳＥＣ）幹部、フランク・チャーチ、チャールズ・パーシー両上院議員をはじめ、六〇〜七〇人の関係者に精力的に会った。アメリカで市川は、ロッキード事件に直接関係している人以外は、この問題にほとんどが関心がないことに気がついた。「日本がなぜ大騒ぎしているのか、理由がわからない」「こんな末しょう的な問題で、日米関係が損なわれては困る」「米国ではウォーターゲート事件いらいスキャンダルが続いており、またかといった程度だ」、あるいは「あげたアメリカより、もらった日本で大問題になっているのがわからない」など、意外な反応が返ってきた、という。[128]

訪米中、リンドン・ジョンソン政権の健康・教育・福祉相をつとめたジョン・ガードナーと会う機会を得た。ガードナーは一九七〇年に、「支持政党を持たない一般市民と議会を結びつける」ため市民団体コモン・コーズを結成し、ウォーターゲート事件では不法な政治献金の追及を行った。ガードナーは、「これは日本国民自身の問題で、われわれのやっているような運動を強力にすすめるべきだ」と激励した。[128]

帰国後、市川は日本にもコモン・コーズのような団体ができないかを「有志」と検討した。しかし、市民社会の成熟度が日本とアメリカで大きく異なり、「現状では無理」と判断せざるを得なかった。七六年七月八日市川は、推進市民の会、有権者同盟、市川を選挙に押し出した青年たちと話し合い、日本の政治を「真の民主主義政治にたてなおす」ため、「民主政治をたてなおす市民センター」を発足させた。[129]

ロッキード事件の国会追及

一九七六年四月、市川は、第七七国会参院予算委員会でロッキード問題を取り上げ、「自民党及び自民党の各派閥は収入の九割、十割までを企業からの金」で「選挙や党の活動」をしている、そうした「金権体質……それ自身が……一番もとになっている」と批判した。そして、その「政治的土壌〔を〕……この際徹底的に直さなければ、またこういう問題は何度でも起こってくる」と警告した(130)。

これに対し三木首相は、先般国会を通過した政治資金規正法、公職選挙法の改正が「画期的なもの」であると主張した。そして市川の「理想から遠い」という批判に対し、議会政治は「ドラスチックな改革を予定した制度ではない。漸進的に改革していく」のが「一つの大きな特徴」だから「やっぱり相当な」「大改正」であったと強調した。市川は、「改正された政治資金規正法……は改悪だ、もっと前より悪いというのが私の感想」であると反論した。

さらに同年八月に市川は、ロッキード問題に関する調査特別委員会で、ロッキード事件の真相究明を明言する三木首相に対し、自民党内で「三木おろし」の動きが強まり、三木内閣の閣僚二一人のうち一五人が、反三木の議員総会に出席したことを取り上げた。そして「こういう調子ではこれ全く自民党といいますか、こういう出席された方々には反省の色は全くなく、ロッキード隠しであり、派閥による政権争奪」に国民は辟易していると述べた(131)。市川は、河野洋平が「現在の自民党内では改革は不可能」として離党したことを、「私も同感で、自民党の解体または分裂がなされなければこの改革はできない」と述べ、「三木おろし」の動きを厳しく糾弾した(132)。

政治の流れを変えたい

三木首相の任期満了にともなう衆院議員総選挙が一九七六年一二月五日に予定された。市川は、収賄罪で起訴されている田中角栄、橋本登美三郎、佐藤孝行が立候補し、選挙前の予測で「全部当選するらしい」こと、「ロッキード疑獄は特に地方においてはあまり問題にならず、地域の利益義理人情が物をいうようで、これは有権者の側に問題がある」と危機感を募らせた。

何とかこれを機会に政治の流れを変えなくてはいけない。「政治の流れを変えるためには、自由民主党の候補者に投票しないで議席数をへらすことである、それで今迄自民党に投票していた人を説得する必要が」ある[133]。そう考えた市川は、この年の五月から六月にかけて、選改協が「変えよう政治を、なくそう腐敗選挙」をスローガンに掲げ企画した第一次、第二次東北地方キャラバン隊に参加した。そのおり、ロッキード社から賄賂を貰ったとされる灰色「政府高官」――「岸、椎名、福田、田中、中曽根」のうち「岸氏を除く四氏の選挙区を訪問し」地元の様子を見聞した。

椎名悦三郎の選挙区岩手県の花巻で、青年団の若者が、「米価を高くして貰うためには矢張椎名さんの所へたのみに行かなければならない、新幹線がとまるようにしてもらうこともそうだ」というのを聞いた。市川は、「矢張地域本位で、国全体のことまで考え及ばないようである」と痛感し、「青年がそうであれば地方の封建制はなかなか破れず現状維持になる」と憂いを深くした。

田中の選挙区の新潟では、一般市民が、田中が議員になっても「わしらには何にもよいことはなかった」という一方で、町長、公民館長が「町としては補助金を貰うことや、道路のことなどで色々お世話になっている」というのを聞き、「保守的な日本の政治的風土の根強さ」に「暗澹とせざるを得ない」想いで帰って来た(134)。

ロッキード総選挙といわれた七六年衆院選は、三木政権のもとで改正された公職選挙法、政治資金規正法がはじめて適用された全国的な選挙だった。しかし、ロッキード事件に対する三木首相の方針をめぐり自民党が大きく分裂し、「三木おろし」の嵐のなかで自民党が集めた選挙資金は前回の選挙時の半分に達しなかった。選挙の結果は自民党の大敗で、五五年体制下ではじめて公認候補だけでは過半数割れとなり、選挙後保守系無所属の追加公認を加え、過半数に辛うじて達した。

さらなる疑獄――ダグラス・グラマン事件

ロッキード事件がまだ捜査途上にあった一九七八年一二月一四日、米証券取引委員会は、グラマン社が六九年以来、日本を含む外国政府高官に自社の戦闘機の売り込みの工作費として八〇〇万ドル(当時の約一六億円)以上の不正支払いをしていたことを連邦地裁に告発した。この七八年末の米証券取引委員会の告発で、六八年の自衛隊主力戦闘機の新機種採用に際し、マクダネル・ダグラス社から、総合商社の日商岩井を経由して佐藤内閣の高官――岸信介、福田赳夫、松野頼三、中曽根康弘に、それぞれ一万五〇〇〇ドルが手渡されたことが明らかになった。

翌七九年一月、衆院ロッキード問題調査特別委員会は、航空機輸入調査特別委員会と改称され、ダグラス・グラマン事件の調査に乗り出した。二月、当該問題のキーマンといわれた日商岩井の航空機担当部長が自殺した。同月中旬、衆院予算委員会で日商岩井の海部《かいふ》八郎《はちろう》副社長、植田三男社長が証人喚問された。三月、松野頼三元防衛庁長官が、衆院予算委員会の証人喚問で日商岩井から五億円を受け取ったことを証言し、それは「政治家松野を育てる献金であった」と述べ、政治献金であることを強調した。七九年七月に検察は、松野の五億円授受を賄賂性の高いものと判断し逮捕した。しかし、政治資金規正法違反や収賄罪の刑事時効が成立し刑事裁判を受けることはなかった。

ダグラス・グラマン事件に対する国会追及

一九七九年一月に市川は、第八七国会参院本会議において、前年に首相となった大平正芳の施政演説に対する質問で、ダグラス・グラマンとロッキード問題を取上げた[135]。まず、大平が施政演説で現行の汚職問題に関して「事態解決に最高の努力を、最善の努力をする」と「わずか二行ぐらい」で「きわめて簡単」にしか述べていない点を取り上げ、「これでは不十分で、はなはだ物足りない」と批判した。そして先のロッキード事件の場合も今回のダグラス・グラマン事件の場合もアメリカで摘発され日本で問題となっているが、なぜ日本で摘発されないのか。そもそもアメリカの証券取引委員会と同じ委員会が、四七年二月に占領軍の助言で設置されていたのに、独立直後の五二年八月に廃止された。なぜ廃止されたのか、もう一度設置できないのか問いただした。

さらに、七五年に三木政権下で改正された政治資金規正法は、「政治献金を合法化し、賄賂だと罪になるけれども政治献金と言えば合法として逃げられる、そういう道を開いているところに……重大な問題がある」と指摘した。そして市川は、いま日本は「議会制民主主義政治の危機」に直面しており、国民の政治不信を取り除くために「金をかけないでもりっぱな人が当選をできるような選挙の実現」「増加している公務員の汚職の粛正」「自民党の派閥の解消」「金権体質等の改革等」に、全力で取り組んでほしいと大平首相に要請した。

「米証券取引委員会のような〝企業犯罪〟を摘発する公正な機関」が必要

一九七九年三月六日の『朝日新聞』は、前日に衆院予算委員会でダグラス・グラマン事件追及の審議が終了したことを受け、審議の「成果と課題、三氏の意見」を市川ら識者に聞いた[136]。市川は、「ロッキード事件の解明に熱心だった三木元首相を引きずり降ろした張本人が大平さん」で「田中元首相の力で総理大臣にさせてもらった」のだから「当然の結果」ともいえるが、大平内閣が〝航空機疑惑隠し内閣〟であることがはっきりした」と批判した。

そして「ロッキード事件はどうなったのか」「グラマン、ダグラス事件はどうなるのか」という問合せを全国各地から受けており、「政界の方はロッキード事件のことはすでに忘れ、現在の航空機疑惑はあいまいにしようと」しているが、「国民はそれほど忘れっぽくはない」と指摘した。国民の期待に応えるために、「こうした事件の再発防止制度を確立すること」が必要と述べ、具体的な例として「今回の事件の手がかりを作った米証券取引委員会のような〝企業犯罪〟を摘発する公正な機関を設けるべき」と主張した。

航空機輸入に関する調査特別委員会で松野頼三に質問

一九七九年五月末、航空機輸入に関する調査特別委員会が参院で開催され、市川はロッキード問題調査特別委員会から引きついだ委員として、松野頼三を喚問する一〇分間の機会を得た[137]。市川の質問は最後だった。そこで市川は「各政党の委員とは別の角度から質問し」「法的には逃れたとしても、道義的政治的責任はある、どうしてそれを果たすつもりか」と、松野にただした。

四日前の衆院証人喚問で松野は、六七年から七一年にかけて日商岩井から五億円を「松野を育てる政治資金」としてもらったと語った。しかしその使途に関して、「忘れた」「自分の良心、自分の考えに従って適当と思うことに使った」と、明確にしなかった。証人喚問での松野の態度に五月二五日の新聞は社説で一様に、「怒りと空しさの松野氏喚問」（『朝日新聞』）、「うっ積する航空機疑惑への不満」（『毎日新聞』）、「政治献金の壁に隠れた松野証言」（『読売新聞』）を掲載し、沸騰する世論の不満を記した。市川は証人喚問のテレビ放映を見た一視聴者から受けた電話のメモを読みあげ、「国民がどんなに歯ぎしりしてTVを見ているか」、そうした国民の声に対しどのような感想をもつか、松野に聞いた。

実際、現行の政治資金規正法のもとでは、もし松野が政治家個人として政治献金をもらったのであれば届け出の必要がなく、所得税関係も、雑所得として政治活動に使って残りがあったら届け出る。残りがなければ、幾ら入って何に幾ら使ったか報告する必要がなかった。松野が政治家松野を育てる政治資金として五億円をもらったと、証人喚問で堂々と開き直ることのできた法的根拠がそこにあった。

市川は、六七年に松野が自民党の選挙制度調査会の会長だったときに、政治資金を受け取る政治家の姿勢として、「国民の前に政治資金だから受け取った以上これに対してえりを正す、経理の公開、経理の監査、使途の明確、個人消費しない――こういうことは当然政治家自身がやるべきこと」と明言していた事実をもち出し、「その後すっかりお考えをお変えになったかどうか」問うた。

松野は、五億円は政治資金として受け取ったのであり、選挙及び政治資金として使ったと述べ、「投票する方も投票の秘密がある。したがって、選挙する者も選挙の手段というのは各人各様」で、「全部自分の選挙言いましたらもう選挙はできません」と、不明な五億円の使途を正当化した。そして自らの道義的、政治的責任については、まわりの意見を聞いた上で「自分で決めるべきもの」と述べ、「私も三十三年、父から入れますともう六十何年続けて選挙民から信頼されて来た松野です」「まあ、しばらく考えさしていただきたいと思います」と開き直った。

（5）「ストップ・ザ・汚職議員」運動をはじめる

熊本一区の選挙民と話し合う

「世論や有権者の意見を参考にする」と松野がいうのを聞いた市川は、熊本一区の有権者は「この事件をどう受けとめ、どう考えているのか」聞いてみたいと思った。有権者同盟、推進市民の会と相談し、熊本県青年団幹部の若者たちと、さらに熊本県の地域婦人会が経営している婦人会館に連絡して、地域女性たちとの懇談会を国会終了後の七月に計画した。

しかし、青年団から会合中止の申入れがあり、「状勢は穏やかでない感じ」があり、県警に市川の保護が依頼された。当初、婦人会館での会合には二十数人集まればよいと考えていたが、実際には一五〇人が押しかけ、「数名の男性と、老年の婦人」がいたが、大半は「若い婦人、中年の婦人」

だった。同所で、参院航空機特別委員会での松野の答弁や態度を報告したあと、「選挙区の有権者として、みなさんはどう受け取っているのか伺いたい」と切り出した。当初、市川は「松野氏の地元なので松野擁護が多い」と考えていた。しかし、「松野先生の今度のことはよくないが、前にはよいこともしているのだから許してやってください」という老婦人もいたが、「多数の婦人から想像以上にきびしい松野批判が述べられ」た。

会のあと、婦人会館で非公開の懇談会の依頼が青年団有志からあり、女性二人を含む一三人の青年団有志と話合いをもった。「全員が松野氏への批判を語った」。しかし彼らは、仕事の関係で批判行動を起こすことができないから「運動は中央から起こしてほしい」と「強い願望」を示した。そして「県の社会教育課と自民党の県連幹部」からの圧力で会合が中止に追い込まれた、と明かした[138]。

「ストップ・ザ・汚職議員」運動

市川たちが熊本から戻った一週間後の七月中旬、今度は松野頼三が「華々しくお国入り」した。熊本飛行場には二〇〇〇人の支持者が出迎え、彼らの前で松野は次回選挙に立候補すると宣言した。野党の突き上げにあった自民党幹部は、すでに次の総選挙で松野を公認しないと発表していた。地元の新聞は熊本の「モッコス精神」について「初志を貫いて松野を当選させること」、あるいは「反骨精神で正義を貫くことだから、むしろ松野を落選させることだ」と、真逆の意見で論争していた。一方、市川のところには、熊本や全国から数十通の手紙が届き、汚職議員に対抗しようとする市民の動きに火がつきはじめていた。

七月二一日、市川は、有権者同盟、推進市民の会と帰京報告会を開き、松野に議員辞任、立候補の断念を勧告し、自民党に対しては、松野の除名、汚職に関係した議員を公認しないこと、そして「二度、三度と汚職事件を引き起こした」党の体質を改善することを要求する決議を採択した。また有権者が「汚職議員を当選せしめないよう」するための運動を引き続き行うことを確認した。

決議にそって松野と自民党にそれぞれ働きかけたが、もとより返答はなかった。逆に松野は七月二五日に自ら議員を辞任した。市川は、「これは反省の上ではなく、むしろ次の総選挙で当選するためには、こうすることが有利だと考えたから」と指摘した。実際に松野は、辞任後ただちに熊本県の自民党県連の公認を得て、次期選挙に向けて事前運動を開始した。状況が市川たちの意図に反して進展するなか、八月二七日に有権者同盟、推進市民の会の呼びかけで、一七団体が集まり「汚職に関係した候補者に投票をしない運動をすすめる会」が結成され、市川は代表世話人となった。[138]

翌日の『朝日新聞』は、この市川たちの動きを「ストップ・ザ・汚職議員」という大見出しで報道した。[139] 社会に伏在する市民の不満や憤りを一つの炎に燃え上がらせるうえで、重要な役割を果たすのが、自らの怒りを瞬時に表す運動のキャッチコピーだ。「ストップ・ザ・汚職議員」は、ロッキード、グラマン事件に象徴される、救いようのない五五年体制下の金権政治に強い憤りを感じていた世論に火をつけた。以後、「汚職に関係した候補者に投票をしない運動をすすめる会」の運動は、「ストップ・ザ・汚職議員」の運動として広範な世論の支持を得ていった。

一九七九年九月七日、第八八国会が解散し、総選挙は一〇月七日、公示日が九月一七日と決定した。三木内閣での公職選挙法の改正で、女性団体は公示日以降の選挙期間中の政治活動が禁止された。公示日までの一〇日の短期間で、それなりの効果をあげる運動を展開するため、まず汚職に関係した候補者を、ロッキード事件の田中角栄、橋本登美三郎、佐藤孝行、加藤《かとう》六月《むつき》、二階堂進と、グラマン事件の松野頼三の六人に絞り、それぞれの選挙区の有権者に投票しないよう働きかける戦略が決まった。

運動を全国的規模に発展させるためには、全国紙に意見広告を載せることが最も有効だった。新聞に広告を載せるだけの資金のなかった市川たちは、まず九月八日の『朝日新聞』に募金をつのる形で、「ロッキード疑獄、グラマン汚職等に関係した政治家が再選されて来るような選挙では日本は滅びます」「汚職候補に投票しない運動に役だてます。民主政治を立て直すため、あなたもご参加ください、少額でもけっこうです」と募金広告を掲載した。

この新聞広告の反響は大きかった。公示までの九日間で「全国の一二二八人の有権者から……二五一万二五五〇円の浄財」が寄せられた。市川たちはさらに六汚職議員の選挙区の地方紙に、「こんどこそ構造汚職に関係した候補者に投票しないようにしましょう」という内容の意見広告を掲載した。募金広告と意見広告は八紙に合計一二回掲載した。寄付総額は最終的に八五八万八九二七円にのぼり、そのうち三九〇万七三五〇円が広告料金として費やされた[140]。

公示日二日前の九月一五日には、熊本、新潟の二班に分けて「ストップ・ザ・汚職議員」の宣伝カーを走らせた。市川は熊本班に参加した。熊本に立つ一三日朝、婦選会館に一本の電話が入った。松野派と思われる人物から「今度こそ命をもらいます」という脅しの電話だった。このとき、市川は八六歳になっていた。児玉勝子によると「周囲の人たちは心配して熊本行きをやめるよう進言したが、昔から迫害されればされるほど元気づく」性格で、「まだまだこんな所で死ぬわけにはゆかぬ」と予定を変えることなく出発し「ぶじ帰って来た[141]」。

選挙の結果は、松野が落選した。この選挙でも自民党は、前回同様に単独で過半数を取ることができなかった。しかし、無所属で立候補した橋本登美三郎、佐藤孝行、さらに自民党公認で立候補した二階堂進は当選し、無所属で立候補した田中角栄は三万票弱を減らしたが、一四万票を得て当選した。

選挙後、一八団体による運動の報告会が婦選会館で開催された。声明が出され、「熊本一区の松野候補を落選させた運動の経験を踏まえ、来年七月に予定されている参院選、次期衆院選でも汚職議員の当選を許さないこと」を確認し、「ストップ・ザ・汚職議員」運動の継続が宣言された。

第２章

保守的女性観に立ち向かう

――人権を守る

1976 年 4 月 10 日．婦人参政権行使 30 周年記念大会後のデモ行進．最前列左から 3 人目が市川．

1　女性の基本的人権を守る闘い

（1）戦後女性政策の起点

敗戦三日後の一つの指令

敗戦三日後の一九四五年八月一八日、内務省は地方長官あてに一つの指令を出した。「外国軍駐屯地に於ける慰安施設について」の通牒である。同指令は、慰安施設が外国兵の「駐屯せる場合は急速に開設を要する」ため、極秘で「予め手筈を定め置くこと」を指示した。そして慰安施設を設置する目的は、あくまでも「日本人の保護を趣旨とする」ということを「理解せしめ地方民をして誤解を生ぜしめざること」、さらに外国人向け施設は、「一定の区域を限定し」「日本人の施設利用」は禁止することを通達した。そのうえで、各地域の「警察署長」が「性的慰安施設　飲食施設　娯楽場」の「営業に付ては積極的に指導を行い設備の急速充実を図る」よう奨励した(1)。

国内に公娼制度をもち、国外の戦場に日本軍慰安婦をあわせもった国家が敗戦後、ただちに起こした行動が、進駐軍用の「性的慰安施設」を極秘で準備することだった。それは警察当局が積極的に「性的慰安施設」の「指導」と「充実」をはかり、進駐軍用「公娼」制度をつくり上げることを意図していた。

通牒が出されたほぼ一週間後の八月二六日には、警視庁から協力を要請された東京料理飲食組合をはじめ、七団体の接客業者が集まり、特殊慰安施設協会(Recreation and Amusement Association＝

ＲＡＡ）が立ち上げられた。運営資金として、民間の同協会が五〇〇〇万円を拠出し、同額の融資を政府が行うことも決められた。鏑木清一（当時ＲＡＡ情報課長）によると、このとき大蔵省の担当官だった主税局長池田勇人（のち、首相）は「たとえ一億円でも、それで日本女性の貞操が守れるなら安いもんだ」と、ポンと胸をたたいて五千万円の融資を引き受けた」という(2)。

ただちに警視庁公認のもとで銀座街頭に「新日本女性に告ぐ‼　戦後処理の国家的施設の一端として進駐軍慰安の大事業に参加する新日本女性の協力を求む。女事務員、年齢十八歳―二十五歳。宿舎、被服、食糧すべて支給」の大看板が銀座街頭に出され、敗戦直後の飢餓状況のなかで仕事の内容がわからないまま多数の女性たちが応募した(2)。

国土が廃墟となり、国民の大半が飢えに苦しんでいるにもかかわらず、一億円もの膨大な資金を使い占領軍のために性的慰安施設を提供する。その設置は「良家の子女」の「純潔」を守るためだから、警察当局はその点を地域住民の誤解のないよう「指導し」、慰安婦施設の「充実」に努めなくてはいけない。この国家的事業は、女の身体は売り買いすることができると見なす一方で、女が身体を売ることは公序良俗に反するといった戦前家《いえ》制度の女性観をそのまま占領下の政策にあてはめたものだった。

日本の家制度で女は家の長《おさ》である家父長に属する「動産」であり、ある者は保護の対象となり、ある者は売買の対象となった。ポツダム宣言を受諾し、軍ファシズムの跋扈する天皇制国家から民主主義国家へ「大転換」の道を選択した戦後日本の女性政策の起点が、ここにある。

売春禁止の占領政策と抜け道を用意した日本政府

一方で、戦前からの公娼制度や進駐軍を対象とした「性的慰安所」の設置は、女性解放、男女平等を目玉とする連合国軍最高司令官ダグラス・マッカーサーの日本民主化政策に真っ向から対立するものだった。一九四六年一月二一日にGHQ(連合国軍最高司令官総司令部)は、公娼の廃止に関する覚書(通称、マッカーサー覚書)を発表し、公娼制度はデモクラシーの理念に反するので廃止し、売淫業者の契約を無効にするよう指令した。

それを受け、半年前には国家的事業として占領軍用慰安所を計画した内務省は、二月二日に内務省警保局長が公娼制度廃止に関する通牒を出し、公娼制度を規定していた娼妓取締規則(一九〇〇年発布)を廃止し、前借金は雇用主が放棄するよう指示した。さらに三月一〇日、性病の蔓延に驚愕したGHQがRAAの慰安所への将兵の立ち入りを禁止した軍命令を出し、慰安所には「VD(性病)」地帯と書かれた「オフ・リミット」の看板が掛けられた。

これによってRAA慰安施設は表向き閉鎖され、「最盛時には七万人、閉鎖時にもなお五万五千人」(2)いたとされる女性たちの多くが街娼となり、彼女たちは進駐軍相手の私娼、「パンパン」と呼ばれた。マッカーサー覚書の九日前の一月一二日に警視庁保安部長が関係警察署長あてに、通達「公娼制度廃止に関する件」を出し、公娼制度は廃止しても私娼を認め、現行貸座敷指定地域をそのまま私娼黙認地域として認めることを指令していた(3)。その結果、表向き廃止されたRAAの施設は、「特殊飲食店」として営業を続け、そうした飲食店の集まった集娼地域は警察が地図の上で赤い線で囲ったため赤線地域と呼ばれた。

四六年一一月一四日、第一次吉田内閣の下で事務次官会議がもたれ、「私娼の取り締まり並びに発生の防止、保護対策」が審議された。同次官会議は、売春行為を「社会上已むを得ない悪として生じる」〔傍点筆者〕行為と認め、特殊飲食店の設置を「風致上支障のない地域に限定して集団的に認めるように措置すること」と決定した[4]。その一方で表向きにはＧＨＱの政策を遵守する政府は、翌四七年一月一五日に売春禁止に関する勅令第九号を公布した。同勅令は、女子に売春行為をさせるもの、売春行為をさせる契約を結んだもの、あるいはそれらを試みたものを処罰の対象とした。しかし、先の次官会議の決定が、勅令第九号のもとで赤線地域の売春を警察が黙認する根拠となり、占領下で事実上の「公娼」制度が続いた。

いかに女性の人権を守るか

戦前からの伝統的な女性観をそのまま引き継ぐ戦後社会で、婦選運動家市川が直面した問題は、いかに現行憲法の保障する女性の基本的人権を守るかという点にあった。男女の平等は、個々の人間としての尊厳——女性の基本的人権が男性と同等に守られることが第一義だった。戦後社会は、憲法によって女性を含むすべての人間の基本的人権と男女平等を保障した。しかし現実の社会は、戦前からの男女観をそのまま引きずり、女性の人権侵害にあたる慣習と慣行が横行した。

公娼制度の伝統を受け継ぐ戦後社会の男性観は、男性の性欲を本能に組み込まれた「抑えがたい」ものと容認し続けた。公娼制度は、国家が男性の「抑えがたい」性欲解消の「場」を提供することで公序良俗が維持できるとする考えに基づく。戦後三日目の内務省の地方長官あて指令が、その好個の例だ。そしてその男性観は、私娼を認めた一九四六年一月の警視庁保安部長の通達や、赤線地域の売春営業を「社会上已むを得ない悪」――必要悪とした同年一一月の次官会議の決定が依拠する価値観である。

男性の性欲を本能として認める一方で、女性には純潔を必須とする性の二重規範は、伝統的社会に典型的な女性観であり男性観だ。そうした社会では、公序良俗を維持するために女性の性を「売る」行為と「売らせる」行為を取締りの対象にするにとどまった。女性の身体を買うという男性の行為が、深刻な女性の人権侵害にあたるということは不問に付され続けた。

実際、勅令第九号は、女性に売春をさせたものを処罰の対象とするのにとどまり、女性の身体を買う男性の行為は処罰の対象にしなかった。この法律の抜け穴が先の次官会議の決定とあいまって、飲食店という名目で風俗営業許可をとり「売春」営業する赤線業者の存在を増殖させた。市川は、売春禁止法をつくって「まず売春は悪であり、禁止さるべきである」とする国家の意思を明確にすることが喫緊と考えた(5)。

はたして市川は、伝統的な女性観と男性観をもつ保守的社会で、「売春は悪である」という国家の宣言をどのように手にしようとしたのだろうか。以下、売春を禁止する法律の制定に向けて、どのように運動が展開され、その運動を通して何が達成されたか検証しよう。

(2) 売買春禁止への取組み

公娼制度復活反対協議会の結成

女性に売春行為をさせることを禁止した勅令第九号は、GHQの公娼廃止に関する覚書を受け公布されたものだった。市川は、戦前からの女性観をそのままもつ政府が、講和条約締結後に一連のポツダム政令を法制化する際、勅令第九号を含めるか憂慮した。そして「万一、このことがそのまま捨て置かれる場合は、公娼制度は復活され、人権蹂躙の重大事態」と恐れた(6)。

一九五一年一一月二日、市川は、戦前から売春禁止運動に取り組んでいた婦人矯風会のガントレット恒子、山本杉、久布白落実らに呼びかけ、「婦女売淫処罰の法制化促進」のための会合を開催した(6)。同所で講和条約発効後に勅令第九号を国内法とするため、公娼制度復活反対協議会が組織され、婦人矯風会の久布白が委員長に選任された。市川は、神近市子《かみちかいちこ》、阿部静枝らと世話人となった。同協議会には婦人矯風会、有権者同盟、主婦連、婦人平和協会、キリスト教女子青年会（以下、YWCA）、労働組合婦人部など、八〇にのぼる女性団体が参加した。同協議会は当初、勅令第九号の国内法化の議員提出を話し合った。しかし、まず政府の勅令法制化一括案に同勅令が含まれるかを確認し、そのあとで別途、売春を禁止するための法案を提出することが決まった。

五一年八月末の第一一国会参院で吉田首相は、日本社会党の蟹江邦彦の質問に対し、「公娼廃止の主旨は、個人の基本的人権を尊重する点にあるので、講和会議後も公娼制度を復活する考えはない」と明言した(7)。そして一一月末、講和条約制定後に「政令中存置すべきものを、一括してそのまま国内法とする」法律案を議会に上程することを閣議決定すると、そのなかに勅令第九号が含まれた。翌五二年三月二九日に勅令九号の法律案が衆院を、五月六日に参院を通過し国内法となった。

勅令第九号の国内法化を受けて公娼制度復活反対協議会は、五二年六月に純潔問題中央委員会と改称され、さらに一二月三日、売春禁止法の制定をめざす女性団体が集まった運動体として、売春禁止法制定促進委員会（以下、売禁法委員会。委員長は久布白落実）に改組された。

労働省婦人少年局、婦人問題会議を開催

一九五二年五月二九日、労働省婦人少年局が婦人問題会議を開催した。衆院議員神近市子を講師として、市川をはじめガントレット恒子、久布白落実、婦人民主クラブの石川すず、ＹＷＣＡの渡辺松子らが参加した。同会議は、婦人少年局課長の田中寿美子が国内法となった勅令第九号を、同局がどう活用するかを女性団体代表と討議するために開催した。同所で市川は、婦人の人権を守るという立場から公娼制度復活反対協議会を立ち上げたが、勅令第九号を通すために「表立った運動はしない方が良いということで」、世話人が協力した程度だったと、それまでの経緯を説明した。そのうえで、勅令第九号が国会を通過したので同協議会を解散し、今後は別途に売春禁止の新たな運動を展開すべきと主張した(8)。

労働省婦人少年局が開催したこの婦人問題会議は、売春問題に関して民間女性団体と関係省庁の官僚、そして女性議員が一堂に会した最初の機会だった。翌五月三〇日に、労相が婦人少年問題審議会に売春問題の対策について諮問した。同審議会は前日の婦人問題会議での討議をもとに一二月二七日に答申を出し、「売春取締の強化と売春禁止法の制定」を提言した(9)。

衆参婦人議員団の結成

一九五三年四月に市川が参院議員となった当時の女性議員は、衆院九人、参院一五人の総勢二四人だった。この年の秋市川は、自由党の参院女性議員から「同じ婦人議員でもほかの党派の人の顔も知らんし名前も知らん、何とか一ぺんみんなで集って話をするような機会」をつくってほしいと依頼された。衆院でも社会党右派の堤ツルヨから同院の女性議員も仲間に入れてほしいと要請され、市川は「衆議院の人がみんな入りたいというなら」という条件をだした(10)。

一一月中旬、目黒の参院議長公邸で、河井彌八《かわいやはち》参院議長主催の夕食会が開催された。その会には衆院から三人、参院から一二人の女性議員が参加した。さらに労働省婦人少年局から局長の、藤田たきと課長の田中寿美子が招待された。夕食会後、市川は、当日参加の女性議員たちと藤田、田中との懇談会をもった。赤松常子が議長となり、当時問題になっていた婦人少年局廃止の動きを阻止する運動を起こすことが話し合われ、さらに売春禁止法案を超党派女性議員で推進すること、全国婦人議員大会を開催することが決まった。

この機会をとらえ市川は、この会合を継続することを提案した。その結果、衆参婦人議員団（以下、婦議団）が結成され、衆院は堤ツルヨ、参院は市川が世話人となった。最終的に衆参婦人議員団には、市川の意図したとおり、自由党の中山マサが厚生政務次官のため参加を遠慮したほかは、すべての女性議員が参加した。

婦議団、売春禁止法の制定に取り組む

ただちに婦議団は、一九五三年一二月開院の第一九国会に向けて売春禁止法の立案に取りかかっ

た。この年の三月、宮城タマヨ、伊藤修ら参院法務委員会の有志が、議員立法として売春等処罰法案を第一五国会に上程したが、一四日の衆院解散で廃案となった。同法案は先の婦人問題会議での審議に基づいて作成され、赤線業者に対する売春取締りの強化を主張し、「売春をした者又はその相手方となった者」を処罰の対象とした。市川たちは、この法案をもとにして売春禁止法の策定に取りかかった。まず個人の売春を禁止し、売ったものも買ったものも罰することを明確にした。そのうえで「売春を斡旋した者」「売春をさせた業者」「売春施設を経営管理あるいは施設に資金提供した者」など売買春に関係したすべての人を処罰の対象とした。

一方で五三年一一月の第一八臨時国会参院本会議で、加藤シヅエらの売春問題に関する追及を受けた吉田内閣の犬養健法相が、売春問題を「このまま放置出来ない、黙認の限度に来ている、一九通常国会に法案を提出したい」と述べ、一二月中旬に売春問題対策協議会設置の閣議決定をした。しかし、翌五四年三月に同協議会から出された答申は、「売春を禁止する、女は保護処分とし、業者を厳罰に処する、赤線地区は認めない」とする基本ラインを打ち出すにとどまり、三月末に犬養法相は「今国会には提案出来ないかも知れない」と態度を後退させた。最終的に売春禁止法の政府案の第一九国会上程は、四月に造船疑獄で犬養法相が指揮権発動し突如辞任したため雲散霧消した。

会期末の五月一〇日に堤ツルヨほか一一人を提出者として婦議団が策定した売春等処罰法案が、第一九国会衆院に上程された。市川は、「勿論今会期間に成立する見込みはなく、継続審議となるであろう。(5)継続審議しても業者側の反対が強いので前途には幾多の困難があろう」と、覚悟を新たにした。実際、同法案は次の第二〇臨時国会に継続審議となったが、会期が短く審議未了となり、第二一国会にあらためて上程したが、衆院の解散で廃案となった。

婦議団、売春等処罰法案を第二二国会に上程

市川ら婦議団は、一九五五年三月開院の第二二国会に再び売春等処罰法案を提出することを決定した。当初、市川らは、第一九国会提出の売春等処罰法案に「婦人を罰しないで保安処分にする」修正案を衆院法制局に依頼した。しかし「立法技術上」困難とわかり、六月、「売春業者の処罰を重くした」法案を神近市子ほか六人の議員立法で衆院に提出した[11]。

市川によると、「この法案の提出はジャーナリズムで大きく取り上げられた[11]」。前年の五四年八月に、鹿児島県の松元荘で一五歳の中学生を含む高校生ら九人が、建設業を営む夫婦に学費を稼がせると説得され、制服のまま宴席に出され売春を強要される事件が起こった。同事件は、台風による災害復旧工事の指名入札にからむ贈収賄事件がきっかけとなって明らかとなり、制服の少女たちを買った地元名士に、県議、町長、県庁の土木関係の課長を含む公務員の多数いたことが判明した。通称、鹿児島松元事件といわれるこの事件は、新聞などでセンセーショナルに取り上げられ、性意識の混乱した戦後社会を背景に、一挙に売春禁止を要求する世論が大きなうねりとなっていった。

市川は、五五年六月一日から七日にかけて、この事件の調査と地元の婦人団体主催の売春禁止法制定促進大会に出席するため、同僚の参院議員藤原道子と鹿児島を訪問した。この事件では松元荘のマダムと女中が児童福祉法違反で、さらに土建関係者が瀆職罪で起訴された。市川は調査から明らかになったこととして、「児童福祉法違反の判決が非常に軽い」こと、「児童に淫行した男達がそ

のまま放置されている」ことがきわめて「不合理」と問題視した。(12)

活発化する、各界の女性たちの連携プレー

婦議団が売春等処罰法案の立案、上程に取りかかっていた一九五三年から五五年にかけて、当該行政機関の婦人少年局と五二年末に売春禁止法の制定を目的に民間女性団体が連携した売禁法委員会が立法化に向けての環境づくりと圧力行為を活発に展開した。

まず官のレベルで婦人少年局が、売春禁止法の制定に向けた環境整備に取りかかった。五三年七月に同局は、「集団売春組織」に関する世論の動向――「風紀に関する世論調査」を、五四年四月に山形・鹿児島両県の「売春婦親元調査結果」を発表した。さらに六月に「赤線・青線地帯」および基地周辺の売春の状況を調査し、それら一連の調査は、翌五五年七月に初の「売春白書」(「戦後新たに発生した集娼地域の売春の実情について」)として出版された。同白書は、全国に集娼地域が一九二一カ所あり、「公認」売春婦が五〇万人いると発表し、売春問題の深刻さを浮き彫りにした。(13)

この時期、民間で売禁法委員会が、売春禁止法の制定に向けて活発な草の根の圧力活動を展開した。同委員会は、五四年二月に売春禁止法制定期成全国婦人大会を開催した。同大会には、婦人矯風会、有権者同盟、全国婦人団体連絡協議会、ＹＷＣＡ、社会党右派婦人部など民間の二三の女性団体の代表約四〇〇人が参集した。大会宣言は、売春禁止法の早急な制定を望むと同時に、赤線地域を認めた四六年次官会議決定を撤回し、売春黙認制度を撤廃することを強く要請した。(14)

さらに売春等処罰法案が衆院に上程された五五年六月一〇日に、売禁法委員会主催の売春禁止法

制定促進関東大会が開催された。同大会には二五団体から五〇〇人が参加した。この大会決議も売春禁止法の今国会成立を強く要求すると同時に、「売春黙認制度の撤廃の為、昭和二一年の次官会議決定の撤回」を政府に要請した[15]。同所で売禁法委員会は売春問題に関する正しい世論を喚起するため、売春の記録映画を制作することを決めた。同員会が婦議団と協力して作成した売春防止のパンフレットには、冒頭に、民主主義社会で「一ばんだいじな人権を踏みにじられている人たちが売春婦です」と明記された。

婦議団上程の売春等処罰法案、廃案となる

婦議団上程の売春等処罰法案は、一九五五年六月一五日に衆院の法務委員会に付託され審議が開始した。同委員会は三〇人の委員で構成され、そのうち社会党右派と左派、さらに小会派の議員一一人の法案支持は確定していた。「あと四、五名の賛成者が民自両党委員から得られれば、委員会を通過する筈」だった。市川は、新聞の論調や投書欄などからみて法案支持が予想以上に高く、「望みなきに非ず」と感じた。しかし、世論の支持に危機感をもった赤線業者の「反対運動も強力になり、それが眼でみるように委員会の委員長及び保守系議員に反映」した[11]。

当初、自由党も日本民主党も、当該法案を自由問題として党議拘束をかけないことを決め、法案の提出者、賛成者となることを認めていた。しかし、赤線業者の巻き返しのなかで、まず、日本民主党が総務会で法案に反対し、法務委員会に決議案を提出することを決めた。その決議案は、現在審議中の法案に取って代わる別の法案を立案するため、審議会を新たに設置するというものだった。

自由党も最終的に日本民主党総務委員会の決定に同調し党議としたため、法務委員会で法案が否決され、日本民主党の出した決議案が採択された[16]。

五五年七月二一日、第二二国会の衆院本会議で法務委員会委員長が「法案否決、決議案賛成」の委員会報告を行い、法務委員会の決定が賛否四九票差で通過した。市川は第二二国会で「何といっても残念なのは」売春等処罰法案が「流産」してしまったことで、あと「二十五票獲得すれば法案は通過した」のにと無念を表した[11]。しかし、少なくとも日本民主党提案の決議案で、内閣に売春対策のための「強力な審議機関を設け」行政、立法、予算措置を講じることが勧告された。また、衆参両院の審議過程で花村四郎法相が、「次の通常国会に政府から法案を提出する」と明言した[17]。

売春等処罰法案――「売春は悪である」と国家が宣言すること

売春等処罰法案は、参院にも送付され参院法務委員会で予備審査が開始された。同委員会には、もとからの委員として宮城タマヨが、新たに藤原道子、赤松常子と市川が加わった。

一九五五年六月の参院法務委員会で市川は、鳩山内閣の花村四郎法務大臣に「戦前のいわゆる遊廓と同じ行為をやって」いる赤線地区がどのような法的根拠で存在しているのか質問した。花村法務大臣は即座に「あれは公然の秘密というものですかね」、法律上「違反しておる行為が相当多いと思いまするが、まあ要するに黙認をしておるということ」と答えた。市川は「法が禁止をしている、しかしそれを黙認してる、黙認している理由は言わない。売春問題だからそう言うんですか、一体ほかの法でもそういうことをしていいのですか」と詰問した[18]。

さらに翌七月の法務委員会で市川は、参考人の中川善之助東北大学教授に、売春等処罰法案の意味を確認した。[19] 衆院の法務委員会では売春を「悪ではないけれどもこれを処罰する」つまり「悪ではないけれども、これを行政的に……罰するんだ」という「行政犯」として議論されていた。その論議を受け市川は、婦議団が衆院に上程した売春等処罰法案は、あくまで「売春ということは悪である」という「自然犯」の上に立ち、売春にかかわった人すべてを処罰の対象にしていると指摘した。そして売春処罰は自然犯か行政犯か、専門家としての意見を問うた。

中川は、売春処罰は自然犯であると断言したうえで、「一番根本に女は売り買いできるものだという」考えがあり、「売り買いできるものだが、売り買いしちゃいかぬ」という立場があり、衆院法務委員会の議論がそれに当たると述べた。そしてもし売春等処罰法が制定されれば「女のからだを買うということはできないものだ、国家はそれを悪として否定するのだという宣言だけはこれは通ると思う」と答えた。

参考人には業者側代表として赤線業者の業界団体である全国性病予防自治会の理事長と副理事長が、衆参の法務委員会にそれぞれ召喚された。衆院法務委員会で理事長は、「自分達は死一歩手前の女達を救済しているのだ」と豪語し、彼女たちの生活権を主張する一方で、売春等処罰法が制定されると赤線業者は廃業することになり、「経済的損害」が「相当ある」、これに対する補償をすべきと主張した。その発言を受けて市川は、六月の法務委員会で花村法務大臣が赤線業者を黙認しているいると述べた点を確認し、「法律で認めてない、禁止しておる業種に対して補償ということはすべきであるか」と専門委員に質問を投げかけ、「法律的には何もそういう義務はない」という言質を引き出した。

同法務委員会で市川はさらに、赤線業者の団体である全国性病予防自治会が五〇〇万円を使って「売春等処罰法に反対する」資料づくりのため赤線業界で働いている女性たちの実態調査をはじめたこと、しかもその調査に最高裁家庭局の事務官が参加していることを暴露した。

新たな審議会設置に疑義

一九五五年七月二一日に婦議団上程の売春等処罰法案が衆院で否決されたとき、その廃案と引き換えに日本民主党の決議が採択された。同決議には、政府が独自に法案を提出するため、新たに審議会を設置することが提案されていた。七月一九日、売春問題対策協議会の女性委員久布白落実、村岡花子、平林たい子、山高しげりは鳩山首相あてに声明を出し、協議会に取って代わる審議会の新たな設置に抗議した。同抗議声明は、あくまでも政府が立案する売春禁止法が、協議会の答申に沿った「すべての売春を含む」禁止法であることを要請した。同日、売禁法委員会も同様の抗議の声明を出した[20]。

一方で市川も、同年一〇月の継続法務委員会で、日本民主党提案の審議会を新たに設置することに関して質問した。市川は、吉田内閣を引き継いだ鳩山内閣は、吉田内閣で設置された協議会の答申を継承すべきであり、その答申の実現に責任があると主張した。そして審議会の新たな設置は、「答申を出すまでに時間がかかることでもあり」、政府案を「それによってたな上げをする、引き伸ばしをする」ことが狙いなのかと切り込んだ[21]。

売春禁止法の制定に向けて、動きが活発化するなかで、一〇月七日に最高裁が「未成年者の人身売買のような公序良俗に反する契約の前借金は無効」とする判決を出した。

政府立案の売春防止法、第二四国会に上程

一九五五年一二月開院の第二四国会は、五五年体制成立後はじめての通常国会であり、会期後の五六年七月に第四回参院選挙が予定された。売春禁止に向けて世論が高まるなかで、政府の参院選に向けて女性票を意識した売春防止法(以下、売防法)制定への具体的な動きがはじまった。

まず、同年一〇月に政府は売春問題対策協議会を廃止し、売防法の立法化準備のため内閣に売春問題連絡協議会を設置した。さらに翌五六年三月には、先の日本民主党提案の衆院決議に基づいて内閣に売春対策審議会を設置した。同審議会は四月に答申を発表し、それを受け政府は売防法政府案を五月二日、衆院に、九日、参院にそれぞれ上程した。[22]

五月九日に市川は、参院本会議で質問の機会を得た。[23] 政府が法案上程を「たな上げ」あるいは「引き伸ばし」するのではと危惧していた市川には、自民党政府が売防法を提案した経緯について確認したいことがあった。まず、先の第二二国会で婦議団が上程した売春等処罰法案に対して、自由党、日本民主党が当初、議員が個人判断で自由に賛否を決めることができるとしていたにもかかわらず、「赤線業者の猛反対」によって、また新聞報道によると「その間に多少の金銭関係」もあって、当初の方針を覆し、反対の党議拘束をかけ否決するに至ったことを指摘した。にもかかわらず、今回、政府が売防法案を議会に提出しているのは、一年前のそうした強い反対が自民党内で解

消されてのことなのかを確認した。

市川は、先の第二二国会で法務委員の一人だった船田中《ふなだなか》防衛庁長官に、「考えを今日はお変えになっているか」「赤線業者の人たちとの今度の法案についてのお話し合いはもうちゃんとおできになって」いるか問いただした。当時船田は、市川ら女性団体の代表が賛同の依頼に出向いたとき、「自分は赤線業者から票をもらっておるから、売春処罰法には賛成できない」と断言していた。

売春防止法――「婦人の人権といいますか、それが目的の主要な部門」

こうした質問の背景に、政府提案の売防法が、売春は「悪ではないけれども、これを行政的に……罰するんだ」という「行政犯」の文脈から制定されることを、避けたいという強い想いがあった。売防法の制定には、女の身体を売ったり買ったりする行為を容認する社会的価値の転換が、とくに売防法を提出している自民党内の赤線業界支持の政治家たちの意識転換が重要だった。売防法は、女も男と同じ人格をもつ存在であり、女の人格を無視して女の身体を買うことは女の人権侵害であり、悪であると国家が宣言した「女の人権宣言」として意義づけられなければならなかった。

売防法案は五六年五月一五日に衆院を通過し、五月一八日に参院法務委員会に持ち込まれた。同委員会で市川は、この問題を取り扱う行政機構は「厚生省の所管」で、地方の「保護更生関係の部門」が担当することになるが、「厚生省はいわゆる花柳病予防という観点に立って、むしろ集娼を主張なさる」立場だったと指摘した。そして売防法は、「単に婦人の救済保護だけでなく、婦人の人権といいますか、それが目的の主要な部門」となっているのだから、法務省の「人権擁護局」あるいは「婦人の地位の向上の問題を取り扱っている」婦人少年局の婦人課が担当したほうが、「法の趣旨にはむしろかなう」と強調した(24)。

ここで市川は、政府提案の売防法の「内容で不満な点もいろいろある」と述べた。そしてとくに、「施行期日」に「二カ年間の猶予期間がある」が、「二年という期間が必要なのか」「二年たったら必ず……励行できるのか」、延期することはないのかと確認した。売防法は、この法務委員会の審議・採決をへて五月二一日に参院を通過し、二四日公布された。

制定された政府提案の売防法は、売春にかかわったすべての者を処罰の対象とする婦議団が提出した売春等処罰法案からは、ほど遠いものだった。同法は性を売る側を処罰の対象にしたが、買う側の行為は処罰の対象としなかった。そのためそれは「ザル法」「片罰法」などと批判された。しかし、政府提出の売防法には売春等処罰法案になかった保護更生が含まれた。市川は「二二国会で法案が否決になってわれわれは負けたわけですが一歩前進はあったのです」と評価した(25)。なによりも、不備であってもまず売防法で、国家が売春行為を悪と明確にしたことが肝心だった。問題は同法の施行が、今後どのようになされるかを監視し続けることにあった。

試行錯誤する売防法の施行

売防法の制定で、売春婦の保護更生の取組みが一九五七年四月から、赤線青線業自体の禁止――刑事処分は、その一年後の五八年四月から施行されることになった。しかし、当初から憂慮されたように、法律が成立すると赤線業者の自民党議員への法律撤回、あるいは施行延期の運動が激しさを増し、市川たちは売防法の完全施行にむけての監視・圧力活動を強化していった。

売防法制定後の五六年九月、政府の売春対策審議会が「売春防止法の円滑な施行を期するための行政措置」についての答申案を鳩山首相に提出した。(26) しかし、河野一郎農相、村上勇郵政相からの強い反対発言で答申案の採択が保留となり、その後一カ月をへても「放置されている状態」にあった。答申案のなかに「業者への補償は行わないこと、特別の政府融資はしないこと、旅館業、飲食店への転業については慎重に検討して許可すること」が含まれていた。市川は、答申案放置の原因がそこにある、と危惧した。(27)

一方、政府の答申案放置に勢いづいた赤線業者が翌一〇月に全国大会を開き、「転業対策と生活の確保委員会」を業界団体の全国性病予防自治連合会内に設置し、次の国会で働きかけることを決定した。売防法制定過程で草の根圧力団体として機能した売禁法委員会は、そうした「国家補償をつけさせようとする売春業者の動き」を阻止し、売防法の完全実施と取締りの監視を目的として、九月に売春対策国民協議会（会長は久白布落実。以下、売対協議会）に改組された。一〇月、同協議会は、売防法の完全施行に向けて世論の注意を喚起するため、売防法完全実施要求国民大会を開催した。(28)

五七年五月、売防法制定から一年がたち売春業者の転廃業に関する政府の計画が頓挫していた。前年末に出された政府の行政措置要綱のなかから「転廃業に関する明確な方針」が、自民党の意向で削除された。危機感を抱いた売春対策審議会が「売春業者の転廃業に関する政府の方針を立てるよう」岸首相に具申した。(29) その結果、政府は、厚生省社会局生活課に転業の窓口を置くことを閣議決定し、売春関係業者の転廃業の推進を図るため、臨時の売春対策推進委員の設置を決めた。(30)

売春対策懇談会の動きと売春汚職の発覚

一方、自民党は一九五七年五月、各地域の売春業者の転業問題、性病、従業婦対策を検討するため政務調査会に風紀衛生対策特別委員会(以下、風紀特別委員会)を設けた。市川は、売防法制定直後にその完全施行をめざし、政府委員として同法の形成にかかわった売春問題対策協議会や売春対策審議会の女性委員、さらに衆参の女性議員有志や民間有識者を参集し、売春対策懇談会を立ち上げていた。同懇談会は、自民党風紀特別委員会が実施期日の延期および売防法の再検討を、党三役に申し入れたニュースをキャッチした。ただちに懇談会が開催され、自民党風紀特別委員会の決定に抗議する「売春防止法実施延期反対の要望書」を作成、岸首相に面会申入れをした。しかし、面会申入れに対する首相の確答を得られず、八月、要望書を堀木鎌三厚生大臣に手交し、そこで政府として「断じて延期の意志はない」という言質を得た(31)。

自民党風紀特別委員会の策動に危機感を共有した女性団体もまた、八月に売対協議会の主催で売春防止法完全実施要求全国協議会を開催した。同全国協議会で売防法の完全実施に向けて「岸首相の断固たる決意表明」を要求する決議文と、申合せ事項――①業者とつながりのある議員は選ばない、②各県に、市民団体として売春対策協議会をつくる、③各県に売春対策委員を設置するよう、関係当局に要請すること――が採択された(32)。

こうした状況下の一〇月、全国性病予防自治連合会から自民党議員への贈賄容疑が発覚し、同連合会の理事長、副理事長が逮捕された。一〇月末、売対協議会は、売春汚職の徹底糾明を決定し、岸首相、法務省刑事局長らに申し入れを行った。市川もまた、婦議団の有志と最高検察庁に花井忠検事総長を訪問し、汚職の徹底糾明を要望した(33)。一〇月に自民党衆院議員の真鍋儀十《まなべぎじゅう》が、翌月、椎名隆、首藤新八《しゅとうしんぱち》が収賄容疑で逮捕された。市川は、第二七、第二八国会の参院予算委員会で岸首相、法務大臣らに売春汚職の捜査に政治的圧力をかけないよう、くり返し要請した(34)。

立法・行政・民間女性団体のネットワークの形成

売防法が形成・決定・施行される過程で市川たちは、保守的女性観をもつ社会で女性の人権を守る政策をどのように制定・施行させるか、基本的な戦略をつくり上げていった。同法制定過程で労働省婦人少年局、婦議団、そして売禁法委員会(のちに売対協議会)という行政、立法、民間の三つの社会領域の女性たちの連携が生まれた。三つの部局が一丸となって強力なネットワークをつくり上げ、売防法制定・施行過程で主要な政策推進主体として機能した。

さらに、同法形成過程で松元事件が起こり、世論の売春に対する危機意識が醸成され、当該政策支持の世論が形成され売防法制定の後押しをした。女性政策は通常、伝統的な女性観を否定し、新しい女性観を政策化する価値志向型の政策だ。そのため政策が形成・決定される過程で、こうした世論の危機意識をあおる事件が起こり当該政策支持の世論が形成されると、政策が制定に向けて大きく動く契機となる。さらに司法領域で、一九五五年一〇月、最高裁判所が「未成年者の人身売買のような公序良俗に反する契約の前借金は無効」とする判決を出し、売防法制定のはずみとなった。

婦人少年局局長の藤田たき、課長の田中寿美子、そして売禁法委員会委員長の久布白落実は、戦前、戦中の婦選運動を通して市川と緊密に共闘した仲間だった。女性観と女性運動の経験を共有した者たちが、立法、行政、民間の核にいたことが、三位一体のネットワークの形成を容易にした。実際、保守的社会の女性観に変容を迫る政策は、官界―女性官僚、政界―女性議員、民間―草の根女性組織の「鉄の三連携」を必要とする。この「鉄の三連携」は、七五年の国際婦人年とそれに続く国連女性の一〇年の国際的なジェンダー平等社会への取組みを受けて、日本で男女共同参画社会をめざす一連の新しい女性政策が制定される過程で、再び市川を軸に動きだすことになる。

婦人団体国会活動連絡委員会の立ち上げ

とまれ売防法が制定されると市川は、売禁法委員会のような婦議団が受け皿となり、有権者の声を効率よく女性政策に反映し、圧力団体となる女性団体の連携組織が必要と考えた。有権者と議員を結びつけ女性問題を効率よく政策に反映させるためには、さまざまな領域の自主的女性団体が横の連携をもち、国会でのロビー活動を展開する必要があった。市川は、売防法制定過程で婦議団と共闘した売禁法委員会のような民間の女性組織が集まった委員会を、争点ごとのアドホックなものではなく恒常的なものとして立ち上げることを模索した。

一九五七年四月、参院の市川の部屋に有権者同盟をはじめ婦人矯風会、全地婦連など「政党に中立」で「全国的組織」の七女性団体の代表が参集した。同所で婦人少年局局長を辞任し有権者同盟会長となった藤田たきが、婦人団体国会活動連絡委員会の設置を提案し、同委員会が発足した。市川は「こうした委員会の組織は米国及びその他の国で行われて居り、私もそれを勧奨して来た一人なので非常にうれしく思う」と述べ、「各派の有志婦人議員がこの委員会と連絡、内外相呼応して、婦人関係法案等の促進に努力すれば、婦人運動は一歩も二歩も前進する」と期待した。(35)

婦議団を衆参婦人議員懇談会へ改組

一九五八年七月二日、市川は、衆参の全女性議員の義務的組織だった婦議団を有志女性議員による衆参婦人議員懇談会(以下、婦議懇)へ改組し、再び世話人の一人となった。前年末に、社会党女性議員が「社会党婦人議員団」を結成し、高田なほ子が会長となった。当初市川は、売防法が制定され婦議団はその役割を終えたと判断し、「従来の全議員の義務的な組織は、はっきりと解消しよう」と考えていた。

五八年六月に参院の女性議員は、五月の第二八回衆院選で当選した衆院女性議員を招き、恒例の祝賀会を開催した。その祝賀会で市川は、出席した自・社両党の女性議員から婦議団を解散しないで「婦人や子供に関係のある超党派の問題に努力しよう」と提案された。その結果、有志の女性議員による婦議懇(現衆参女性議員懇談会)を発足させた。(36) 婦議懇は、市川没後も今日まで続き、二〇世紀最後の一〇年間に、再びDV防止法などの女性政策を成立させる原動力となった。

(3) 売防法の改正と沖縄の売買春問題

売防法改正の試み

売防法制定一〇周年に当たる一九六六年は、再び超党派女性議員と民間女性団体が連携し、時代状況に合った売防法の改正をする絶好の機会だった。紆余曲折を経て成立した政府提案の売防法は、管理売春の取締りを意図し、女性の身体を管理し性を売らせる行為を処罰するにとどまった。売買春の買う側の行為が処罰の対象にされない状況で、社会の変化に伴いトルコ風呂（のちに、ソープランド）などの新しいタイプの管理売春が台頭し、売防法の改正が喫緊の課題となっていた。市川はこの間、仲間の赤松常子らと第三八、四三、四六国会に売防法改正の法案を上程したが、いずれも廃案となった。

六六年三月市川は、婦人団体議会活動連絡委員会（婦人団体国会活動連絡委員会が改称）参加の七団体と会合を開き、関係官庁に提出した。「トルコ風呂、ヌードスタジオ、ボーリング場などの規制に関する要望書」の提出を決め、関係官庁に提出した。さらに同月末、会期中の第五一議会に、婦議懇の山高しげり、田中寿美子、加藤シヅエら一五人を発議者に、参院の社会、民社、公明、二院クラブの共同提案で「売春防止法の一部を改正する法律案」を提出した。同改正法案は、「売春の勧誘に応じた者（相手―男子）」、「売春の相手方（男子）になる目的で、売春の周旋に応じ」たり「周旋を依頼した」ものなど、あらゆるケースの売買春で、買春側の男子を処罰の対象に明記した。さらに「ヒモ」や「いかなる方法によるかを問わ」ない「新しい形態の管理売春」を処罰の対象とした[37]。

市川はまた、第五一国会参院の予算、法務、地方行政委員会などで、くり返しトルコ風呂、風俗営業取締法、公衆浴場法、売春対策などについて、現行の法律の不備を指摘し続けた。予算委員会で市川は、売防法がこの一〇年間「ざる法のままほうっておかれたので……新しい管理売春の形態」が広がっていると指摘した。そしてその結果、「赤線がすでに復活されている、あるいは復活して国営にしろといったような記事が、雑誌やあるいは週刊誌なんかに掲載され、社会の注目を引いて」いるが、政府に売防法改正の意図があるか問いただした。(38)

売春防止法制定一〇周年記念全国集会と弱まる女性たちの連携

一九六六年五月二四日、売防法制定一〇周年記念全国集会が開催された。同集会では、「みんなの手で売春のない社会を築きましょう」とともに、具体的な「売春の温床、トルコ風呂を規制しましょう」「売春防止法一部改正案を成立させましょう」が、スローガンに掲げられた。市川は、「私たちはなにをなすべきか」を発議し、「婦人の人権の尊重を規定している憲法」があり、「売春からの搾取禁止に関する国際条約を批准している」限り、公娼制度の復活はあり得ないが、政府は赤線の復活を「放っておくだけ」と指摘した。その結果、社会の変化に伴って新しい売春が蔓延しているると指摘した。そして時代状況に合わせた売防法の改正が求められていると指摘し、そのためには「それを支える世論の動き」が必要と強く訴えた。(39)

しかし、一〇年前の売防法制定過程で機能した婦議団、婦人少年局、売禁法委員会といった立法、行政、民間の女性たちの連携プレーは、時間の経過と共に弱体化していた。売防法制定一〇周年記念全国集会に自民党女性議員の参加はなく、自民党婦人局は集会を主催した実行委員会の構成団体に加わらなかった。また、関係行政府の婦人局長松山千恵子からは、参加の要請をしたが返答を得られなかった。(40)官民の女性たちの連携が強い圧力団体とならないなかで、第五一国会に上程された

「売春防止法の一部を改正する法案」は、再び審議未了となった。

沖縄の売買春問題に取り組む

一九七〇年三月、第六三国会の参院予算委員会で市川は、沖縄の売買春問題を取り上げた。はたして二年後の沖縄の本土復帰で売防法が沖縄でも適用されるか危惧された。

市川は、沖縄の売春婦の数が七四〇〇人にのぼり、しかもその数が過去五年間で倍増していること、そして「その九九％が平均五、六百ドルから、最高は四千ドルぐらいの前借金があって縛られ、まるで戦前の日本の遊郭の仕組みそのままが現在適用されている」と指摘した。そして彼女たちの四四％が子持ちであり、七七％が生活のために売春している事実を明らかにした。さらに、前年六月に沖縄立法院が売防法と同じ内容の法案を上程したが、反対が強硬で進捗していない事実を暴露し、沖縄が本土復帰したとき、同地の女性たちの人権が憲法で守られるよう、沖縄立法院は自民党が過半数を占めているのだから、「〔佐藤〕総理から総裁として」、立法院で成立するよう働きかけてほしいと強く要請した(41)。

同年九月市川は、四度目の沖縄訪問をした。本土復帰にむけての国政選挙で参院に立候補した喜屋武《きやん》真栄《しんえい》の後援会婦人部結成大会で講演するためだった。七月に沖縄立法院は売防法を制定し、一〇日に公布していた。三月の市川の国会での指摘を受け、四月に山高しげりも国会で取り上げ、山中総務長官と佐藤総理に確約させていたため、立法院の売防法制定は、「日本政府の圧力」によるものだった。そのため同地で、どの程度真剣に売防法の趣旨が実現されるかが危惧された。

実際、沖縄で制定された売防法は、内地と同様に保護更生、刑事処分、補導処分に一年半から二年の猶予期間を設けていた。市川は「この法の実施に対し消極的であろうことは予想していた」が、「前借りのことについてははっきり棒引と指導していない」など、「現地で各方面の人達にあってその実情を知り」驚いたという。[42]一〇月初頭、市川は、沖縄の有権者同盟をはじめ同地の婦人団体の代表を集め、売防法の内容について話し合い、沖縄売春対策協議会を立ち上げた。

七二年三月、社会党系女性団体の日本婦人会議は、本土復帰を二カ月後にひかえた沖縄の女性たちが置かれている状況を調査するため、婦人問題調査団を組織し団長に田中寿美子を選任した。同調査団に参加し、当時、田中の議員秘書だった清水澄子によると、調査後に調査団は、「前借金と暴力団にしばられている沖縄売春」の調査結果を持って、市川のところに行き相談したという。[43]三月に同調査団の報告会が開催され、田中寿美子の発案で四月に「沖縄の売春問題ととりくむ会」が結成され、矯風会に事務局が置かれた。市川は、山高、藤原道子とともに代表委員となった。

七二年四月の参院社会労働委員会で、市川と全国婦人保護施設連合会事務局長の山田弥平治が参考人となり、沖縄の売買春問題に関して社会党の田中寿美子と藤原道子が質問に立った。同所で警察庁が、前借金は無効の原則で業者を指導すること、さらに暴力団を取り締まることを確約した。

さらなる売買春問題——観光買春の台頭

復帰後の沖縄では、観光買春など売買春のあり方が多様化した。さらに政府が海洋博など経済発展を優先させたため、売春の取締りは生ぬるいものとなった。そうした状況下の一九七三年一月末、沖縄の売春問題と取り組む会と売春対策国民会議の代表が呼びかけ人となり、日本婦人会議、有権者同盟、全国地婦連、婦人矯風会など二二の全国的な女性団体が集まり売春問題と取り組む会が結成された。同会は、沖縄の売買春問題、トルコ風呂問題、売防法の改正などに取り組み、さらに七四、五年頃に急増した韓国への買春観光――キーセン観光に反対する運動を展開した。(44)

実際、男性の買春行為を禁止できないまま、高度経済成長を遂げ経済大国の一員となった七〇年代中葉の日本で、他国に例をみない買春観光が横行した。戦後三〇年近くを経ても、消去することのできない「女の身体は買うことが出来る」という男性の意識は、最も経済的な弱者であった韓国をはじめアジアの女性たちに向けられた。七六年五月二八日、売防法獲得二〇周年記念大会で採択された決議は、「観光買春の横行はアジアへの経済侵略と民族差別、性差別に基づくもの」と糾弾し、「日本男性の性侵略」を阻止する決意を表明した。(45)

2　第二波フェミニズム運動の流れに棹さして

（1）アメリカの第二波フェミニズム運動に学ぶ

女性の人権の新たな展望

一九七〇年秋、市川は四度目のアメリカ訪問をし、約一カ月かけて国連総会に参加し、中間選挙と六〇年代末に起こった第二波フェミニズム運動を視察した。当時アメリカで、戦前に市川たちが展開した女性参政権運動（第一波フェミニズム運動）とは異なる新しいフェミニズムの思想と運動の戦略をもつ第二波フェミニズム運動が興隆していた。

通称「ウーマン・リブ」といわれるその運動を通してアメリカの女性たちは、人類史上はじめて肉体的な男女の性差（セックス）とは異なる社会的・文化的につくられた性差があることを発見し、その性差をジェンダーと名づけた。そしてジェンダーは、固定的な性別役割分担に基づく男性優位社会を維持するため、男性が「意図的」につくり出した性差であり、「男らしさ」「女らしさ」崇拝の価値と行動に表象されると指摘した。

このジェンダーの発見は、女性たちが「女らしさ」に自己同一化する必要性を取り払い、伝統的社会でがんじがらめになっていた「女らしさ」の神話から女たちを解放した。ジェンダーの概念を手にしたことで、はじめて女性は男性と対等の主体的な個として、自らの特性に応じた自己アイデンティティをもつことが可能となった。

それは女性の人権の新たな展望を拓き、国際婦人年（七五年）と国連女性の一〇年（七六〜八五年）に開催された三回の世界女性会議に受け継がれ、あらゆる角度から女性の人権が守られた実質的男女平等社会をつくるためには、ジェンダーの慣習と慣行を除去した社会の構築が必須であるという、グローバルな認識と戦略の共有が生まれた。それは二〇世紀最後の四半世紀に国際社会で、男女の権威的関係を抜本的に改変し水平化していく契機となった。婦選運動家として実質的な男女平等を希求し続けた七七歳の市川が、人生最後の一〇年間に遭遇した新しいフェミニズム運動の展望だ。

帰国後市川は、『朝日新聞』に「婦人の地位――日本とアメリカ」を寄稿した。同紙で市川は、アメリカの女性たちが「提起した婦人の主体性の確立、真の男女平等の運動、それには社会の再編成を必要とするとの考え方は……これがやがてアメリカ社会の底流となるとしたら、この運動はきわめて重要な意義をもつものだと考えられる」と、運動がもつ社会的意義を高く評価した。そして、「日本でもこの際、婦人の欲求をはばむものを告発し、組織し、ＮＯＷ（全米女性組織）やリブのような運動が起ったらよい。否、起すべきだと思う」と主張し、ジェンダー（＝「婦人の欲求をはばむもの」）を告発したフェミニズム運動の勃興を期待した。(46)

女性の社会的地位の総合的調査を要望

一九六一年、アメリカでジョン・Ｆ・ケネディ大統領が、アメリカの女性の社会的地位に関する大統領諮問委員会を首都ワシントンと全米五〇の州に設置した。その結果、多数の有識、有職の女性たちが、それぞれの地域で女性たちが置かれていた社会的状況を分析するため動員された。同委員会は六三年に報告書『アメリカの女性』(47)を発表し、アメリカ社会には制度的にビルトインされた性差別――セクシズム――があることを実証し、警告した。この大統領諮問委員会に動員された女性たちを軸に、六六年にＮＯＷがつくられ、第二波フェミニズム運動を牽引した。

帰国後に市川は、日本でも同様のフェミニズム運動が起こるきっかけを模索し、女性参政権獲得二五周年の年にあたる七〇年の記念事業の一つとして、婦議懇を通して佐藤栄作首相に女性の現状調査を要望した。「これまで日本では各省、各局別の部分的な調査はあっても総合的な、全国的な調査はない。変動のはげしい現在の社会での婦人の実体を把握し、婦人対策を樹立してほしい」と、ケネディ大統領の下で行われた例を挙げて「佐藤総理を説得した」。「もっともそのアメリカでは調査の結果、婦人の地位が低下していることが発見され、リブ運動のきっかけになったことはいわなかった」と、市川はいう[48]。

七三年三月、市川らの要請を受け佐藤内閣に設置された婦人に関する諸問題調査会議が、田中角栄首相に答申「婦人に関する諸問題の総合調査報告書」を提出した。同答申は、日本の女性たちの現状を「妻として母としての役割意識が過剰な程強く、一人の女性としての意識をその中に埋没させている」と分析した。一方で働く女性の雇用状況も改善されておらず、「現在はその打破に努める段階にきている」と警告した。

七〇年代、世界は、性別役割分業を解消し、実質的な男女平等社会を目指して変貌を遂げつつあった。答申は、同時期の日本の女性たちが、家庭の内と外で高度経済成長の国家戦略に組み込まれ、男女の性別役割分業の制度と価値観にがんじがらめになっている現状を浮き彫りにした。

(2) 家庭科の男女共修運動をはじめる

家庭科——女子のみ必修の軌跡

池田首相の所得倍増政策を契機に加速した高度経済成長の国家戦略は、女性たちを企業戦士化した夫の「銃後」を支える「企業戦士の妻」と位置づけた。同時に、経済膨張を伴うその政策は、女性たちの雇用の場を拡大し、女性雇用者の雇用者総数に占める割合は、一九六〇年の約二〇%から七〇年には約三〇%へと、六〇年代に一〇%の伸びを示した。しかし女性の労働は、あくまでも家庭経済の補足的文脈でとらえられ、結婚退職、子育て退職は常態化し、女性労働の大半は子育て後のパートタイム労働だった。

高度経済成長が加速化されるなかで、初期占領政策の打ち立てた民主的な家庭科の男女共修がしだいに変容した。ひとつにそれは、経済界が経済発展を支える有能な人材（＝男性）の育成と人材を支える家庭基盤の充実を必要としたことにある。そしていまひとつは、良妻賢母の戦前型家庭を理想とする自民党政権の文教政策があった。

五八年の学習指導要領の改訂で、それまで文部省の単なる「著作」としてとらえられていた学習指導要領が「告示」となり、法的拘束力を強めた。同時にこの改訂で、家族生活の意義や民主的家族関係を第一に置く、占領期につくられた小学校の家庭科カリキュラムが後退し、中学校では「男子向き」、「女子向き」の家庭科に分けられた(49)。

さらに六〇年代以降、高度経済成長を支える有能な人材の育成を必要とする経済界の要求が強まると、しだいに男子と女子の異なる能力、適性が故意に浮き彫りにされ、戦後民主教育の特色の一つであった家庭科の男女共修の伝統が壊された。六二年には産業振興法（五一年制定）の下に設置された中央産業教育審議会が、「高等学校家庭科教育の振興方策」を答申し、男女の特性に応じた教育の必要性を強調した。さらに、この年の指導要領改訂で、中学校の家庭科は技術・家庭科となり、男子は技術、女子は家庭科をそれぞれ別学するようになった。

一方で自民党は、労働者としての女性の社会的活動が増大する対策として、六五年一月に「婦人憲章」を党大会で採択した。同憲章は、女性が「生命を産みそれを保育する天命を担っている」「母たる特性」をもつ者として、女性の家庭役割と「民族伝承の任務」を強調した(50)。市川は、自民党婦人憲章が、「人間としての婦人よりも母としての立場を強調」していると批判した。そして「政府及び自民党幹部の中には今尚婦人を蔑視し、婦人を妻として母として家庭に閉じ込めようとする封建的な考え方が根強く残って」いると慨嘆した(51)。

翌六六年、中央教育審議会が「期待される人間像」を発表した。ここでも「女子の特性に応じた教育的配慮」が強調され、高等学校の教育を「女子が将来……家庭生活において独特の役割をになうことを考え、その特性を生かすような履修の方法を考慮」すべきと提言した。女子に特化した家庭科教育の必要性は、さらに六八年に福田赳夫首相の諮問による家庭生活問題審議会が出した答申「期待される家庭像」へと引き継がれていった。

こうした流れの延長線で六九年、文部省の教育課程審議会は、答申「高等学校教育課程の改善について」を出し、「男女の特性に応じた教育」「〝男らしく〟」「〝女らしく〟」教育することを重視した。そして「女子の特性にかんがみ、明るく豊かな家庭生活を営む上に必要な基礎的能力を養うため、すべての女子に〝家庭一般〟を履修させるものとする」と提言した。翌七〇年、この答申にそって「高等学校学習指導要綱」で「「家庭一般」はすべての女子に履修させるもの」と明記され、七三年四月から、高等学校で家庭科の女子のみ四単位必修が実施されることになった。

「一生をかけて闘ってきた婦人解放を後退させる」

一九七〇年代初頭、塚本しう子は、市川が活動の拠点としていた財団法人婦選会館で、月刊誌『婦人展望』の編集に携わっていた。塚本は、家庭科の女子だけ必修に対するマスメディアの「光のあて方」が、「〝裏番組〟の男子の格技（柔道・相撲）の復古調に向けられて」いると感じていた。七三年二月、ＮＨＫテレビ番組「こんにちは奥さん」が同問題を真正面から取り上げ、「文部省担当官、評論家、主婦」の討論を放映した。討論に出席した主婦たちは一様に、家庭科の女子のみ必修に反対意見を述べた。塚本によると、市川は番組を見て、「戦前の〝良妻賢母〟教育の復活ともみられる」と指摘し、この問題に強い関心を示したという(52)。

女子に特化した家庭科教育は、肉体的な性差に基づく男女の役割分担を、社会化の過程で子どもたちに価値づけすることを意味した。それは、実質的男女平等を達成するためには、社会制度にさまざまな形で組み込まれている性別役割分担の価値観と慣行の解消が必要と主張した第二波フェミニズム運動に逆行するものだった。それはまた、市川が女性の社会的地位の向上を目指す運動の過程で、常にぶち当たった良妻賢母の高い壁を再生産することを意味した。ただちに市川は、自らが編集責任をもつ『婦人展望』でこの問題を「継続的に取り上げる」ことを提案した。

そうした状況下の八月、都庁参与室に、熊本県から二人の高等学校家庭科教師が市川を訪問した。二年前の七一年参院選挙で落選した市川は、このとき美濃部都政の参与をつとめていた。その訪問は、婦選運動を通して市川と戦前に親交のあった、熊本県出身の教育家河口愛子についての聞き取りをするためだった。同県の十数人の家庭科の教師が、河口をはじめ同地出身の教育家嘉悦孝子、社会運動家久布白落実、女性史研究家高群逸枝の調査に取り組んでいた。

市川は、調査の理由を聞いて驚愕した。女生徒たちが、「「女はお嫁に行くもの」ときめ込んで」いて、いくら人間として「職業をしっかり身につけておいた方が、結婚した後でも幸になれる」と、教師が言っても受けつけようとしなかった。調査は、「熊本からもこんなに立派な婦人が出ていることを知らせ、子供たちを奮起させたい」ためだった。

家庭科の教師たちは、女性としての自意識が目覚めるこの時期の女子だけの家庭科教育が、男女の「役割や女性の家事、育児の責任をしらずしらずの間に自覚させ、家庭づくりのイメージを定着させている」と指摘した。市川は、中学・高等学校での「女子だけの家庭科の強制」は、自らが「一生をかけて闘ってきた婦人解放を後退させ、特に若い婦人、団地の若い主婦の政治への無関心の原因がここにあるのではないか」という想いを抱いた[53]。

「家庭科の男女共修をすすめる会」の立ち上げ

市川は家庭科の問題について、「女子のみの家庭科は望ましくないと思いながら」、議員時代に「他の問題に忙殺され」取り組んでこなかったことを悔やんだ。「今からではおそいが、然しこの状態を黙視することは出来ない[53]」と、婦人問題懇和会の梶谷典子と塚本しうことの三人で、一九七三年一一月下旬に会をもち、その場で「今年中に公開の討論会」を開催することを提案した。一二月初旬、現場の家庭科教諭の立場で和田典子、元家庭科教諭で当時、月刊誌『家庭科教育』の編集主任だった半田たつ子、文部省職業教育課教科調査官の小笠原ゆりを講師に、「家庭科教育検討会」が開催された。同会には予想外の一〇〇人近い人が参加した。

検討会後、主婦、ジャーナリスト、高校教師など、一三人を世話人として市民団体を結成することが話し合われた。その結果、「家庭科を男女共修にしよう」という「一点に共鳴する者の集まり」

として「家庭科の男女共修をすすめる会」の結成がきまった。

翌七四年一月二六日、「家庭科の男女共修をすすめる会」の発会式が行われ、婦選会館に事務局が置かれた。発会式で市川が挨拶し、「女子だけに必修の家庭科を私は婦人問題としてとらえる。この運動をあたらしい婦人解放運動の出発点としたい」と抱負を語った(54)。かくして、すべての女性差別の根源に男女の性別役割分担があると指摘した第二派フェミニズム運動の実際的運動が、日本で家庭科の男女共修を進める運動として始動した。運動を立ち上げた市川は八一歳になっていた。

七五年三月、前年の参院選で国会に復帰した市川は、第七五国会参院予算委員会で「婦人に関する諸問題の総合調査報告書」が、「結論の一つとして、現在の日本婦人は、妻として母としての役割り意識過剰」であると指摘している点を取り上げた。そして、その原因の一つが「中学、高等学校においてはっきりと女子のみに家庭科を必修科目とし」「女は家庭だけ、男は家庭なんか関係ないという……ふうな考え方を与えてしまっている」と指摘した。市川は永井道雄文部大臣に、その悪影響を勘案して、文部省が高等学校の家庭科の履修方法を変える意思があるか問いただした(55)。

それから五年後、国連女性の一〇年中間年の一九八〇年に第二回世界女性会議がコペンハーゲンで開催され、前年の国連総会で採択された、「女子に対するあらゆる形態の差別の撤廃に関する条約」(通称、女性差別撤廃条約)の署名式が行われた。同条約の前文は、国際的公文書としてはじめて、子どもの養育義務や家族の介護義務が女性だけにあるのではなく、「男女及び社会全体がともに責任を負うことが必要」と明示にした。そして「男女の完全な平等」を達成するためには、「社会及び家庭における男性の伝統的役割を女性の役割とともに変更することが必要」と強調した。

（3）「新しい解放のリブ運動」の模索と国際婦人年日本大会

「国際婦人年をきっかけとして行動を起こす女たちの会」

一九七四年六月の雑誌『婦人公論』に市川は、随筆「リブ運動」を掲載した。そこで市川は、日本の女性たちが置かれている状況を、「〔戦後〕二十七年を経過した今日、婦人の地位は向上するどころか、憲法制定の直後よりもむしろ低下し、戦争前に逆戻りしている状況」であると警告した。同誌で市川は、戦後女性たちが、有権者同盟、主婦連などのように特定の社会的争点に焦点を当てた女性運動を展開してきた一方で、女性の地位向上全体に焦点をあてた運動がなかったと指摘した。そして「今こそ……新しい婦人解放のリブ運動を開始してほしいのである」と訴えた(48)。

七四年夏、市川と田中寿美子は、翌七五年の国際婦人年をきっかけに、女性の地位向上を目的とする運動を広く民間の女性たちから起こることを模索していた。二人は戦前の婦選運動時代からの仲間である。とくに戦後は、田中が労働省婦人少年局の課長時代に売防法の制定に、参院議員の市川と共闘した。当時、田中は社会党の参院議員であり、市川も七四年七月の第一〇回参院選で議員に返り咲いていた。八月末、市川と田中は、婦選会館で「国際婦人年をチャンスに女が行動を起こす準備会（仮称）話し合い」の会を開催した(56)。

この準備会は、第二波フェミニズム運動の影響を受け、七〇年以降日本でも台頭しつつあった、草の根の個々の女性や女性グループが一堂に会する格好の場となった。「個人で参加する新しい女の運動を待ち望んでいた人たちは、すぐさま会の結成に取り組み」、翌七五年一月に「国際婦人年をきっかけとして行動を起こす女たちの会」が生まれた。「くすぶっていた怒りに火がついたのである。合い言葉は「行動」。長い名前だが、ずばり会の内容を表していた[57]」。

樋口恵子の証言——触媒役割として

二〇一三年一一月二五日、市川生誕一二〇年記念連続講演会で演者のひとり、評論家の樋口恵子は、このとき、田中寿美子からの電話を受けたことを証言した。「あなたたちの世代の女性が立ち上がらなきゃいけないんじゃないの？」と説得され、樋口は同世代の「俵萠子さんと吉武輝子さんと中島通子さんに電話した。後は芋づる式に集まった」と述べた。そして、「これが「国際婦人年をきっかけとして行動を起こす女たちの会」の始まりであり、おふたりの先達の言葉がなかったら、生まれないか、生まれてももっと違った形のものになっただろう」と評価した[58]。

アメリカのラディカル・フェミニズムの戦略にならい、運動は、基本的に自己資金で、運動の新しい争点を思いついた人がすぐに行動に移すというスタイルを取った。同会が取り扱った問題は、教育、マスコミ、家庭・主婦、中高年、女性の身体など多岐にわたり、個々の分会がそれぞれの関心に沿って独立して活動した。しかし、運動に参加した女性たちは、性別役割分担が固定化された社会に対する疑問を共有していた。彼女たちは、ハウス食品の「私作る人、僕食べる人」のCMに異議申し立てをし、マスメディアが性別役割分担の価値と慣行を再生産していることに世論の注意を喚起した。またNHKのアナウンサーが男性中心であることを糾弾し、ニュースキャスターのあり方に一石を投じた。一九九〇年には『ポルノウォッチング——メディアの中の女の性』を出版し、メディアを通して再生産される伝統的な女性観を批判した[59]。

そうした一連の新しいフェミニズムの運動に市川は、可能な限りかかわっていった。とくに「家庭科の男女共修をすすめる会」に、新しいフェミニズム運動の展望を見出し、運動の重要な後ろ盾となった。樋口は、市川が師範学校を卒業し、元教員であった点を指摘し「世の中を変えていく根底のところでは教育が変わらねばならぬ、ということが強い信念であったと思う」と指摘する[58]。

一年かけて準備した国際婦人年日本大会

市川はまた、台頭しつつあったリブ運動のグループと共に、既存の女性団体が国際婦人年を契機に再び大きく連携することを企画した。一九七五年の国際婦人年は、女性に参政権が与えられて三〇年の節目の年でもあった。市川は、「この機会に、婦人参政権と婦人の地位向上の関係を検討し、如何にしたら婦人の一票を婦人の地位向上のために役立たせ得るか」究めることを企画した[60]。

七四年一一月、国連NGO国内婦人委員会委員長の市川は、イデオロギーを超えた六一の全国的規模の民間女性団体と労働組合女性部に国際婦人年の民間大会開催を呼びかけた。一二月一八日にはじめての会合が持たれ、「都内の各種婦人団体、労組婦人部三二団体」が集まり、翌年の秋に国際婦人年日本大会の開催を決定した。大会に向けて、各参加団体から一人の代表で構成される準備委員会が設置され、市川が実行委員長に選出された[61]。

メキシコの首都メキシコシティで開催された国際婦人年の第一回世界女性会議のテーマは、「平和、平等、開発」だった。しかし当時、国際社会は米ソの冷戦の真っただ中にあり、女性組織も無所属に限らず社会、自民、共産などの政党によって分かれていた。市川によると、平和をテーマにすると、それぞれの団体のイデオロギーの違いで分裂する危険性があった。そこで大会では「平等」がテーマに置かれ、「なくそう男女の差別、つよめよう婦人の力」のスローガンが決められた。さらに「政治、教育、労働、家庭、福祉」の五分野に分かれ、それぞれの団体が一分野を選択し、分野ごとに集まった女性団体の代表が一年間をかけて討議し、決議案をまとめあげた。

七五年一一月二二日に開催された国際婦人年日本大会には、主だった四一の女性団体が参加し、それに「行動を起こす会」や一般の女性たちが加わった。これは日本の女性運動史上はじめてのことであり、その政治的効果は大きかった。市川は、この一年間の討議で、「価値観の相違、政治的信条の違い」から、しばしば「白熱した論議」が交わされたが、その討議を通して「各団体間の主張の相違を認識」し、「日本の婦人の現状を集中して考える機会」となったことは、「今までにかつてなかった経験交流の場となった」と評価した(62)。

女性たちに猛省をうながす

大会で基調報告をした市川は、大会準備過程の討議を通して女性たちは、男女平等の「法の建前と実態の格差が著しくなっているというきびしい現実」を共有したと述べた。

政治面で女性は、「ほとんど政策決定機関からしめだされ」、労働分野では「男女不平等の根源と集約が、働く婦人に最も明確に表れ」、社会的には、「男性中心の家父長的な観念が依然として根強く温存」されている現実があり、それらは「婦人問題の原点」であると指摘した。そして、そうした「婦人の政治的、経済的、社会的地位の低さがそのまま社会福祉」で「婦人に不利に働いて」いると強調した。さらに、「女は弱いもの、男に従属しているといった差別の社会風潮は、マスメディアによって更に喧伝され増幅されている」と警告した。

一方で市川は、そうした「社会的状況に挑戦し、後退を阻止して前進しえなかった責任の一部」が女性自身にあると「認めざるを得」ないと述べた。そして女性たちに猛省をうながし、女性がまず「差別や不平等に強い怒りを持つべき」であると呼びかけた。

この年の六月から七月にかけて開催された、第一回世界女性会議は世界行動計画を採択し、参加国に、女性問題を総合的に取り扱う部署として内閣直属の推進本部の設置を要請した。それを受け設置された婦人問題企画推進本部（以下、推進本部）は、三木首相が本部長、総務長官が副本部長を担当し、関係省庁の事務次官を本部員とする総勢一一人で全員男性だった。市川たちは日本大会の「最大公約数的要望」として、推進本部に女性の副部長を加えることを、さらにその諮問機関である婦人問題企画推進会議（以下、推進会議）の委員に、民間の女性団体、労働組合女性部の代表や学識経験者を任命することを要望した。(62)

（4）国連女性の一〇年の取り組み

男性だけで決める女性政策への抗議

婦選運動家として市川は、戦前、戦時期を通して、男性だけで策定される女性政策が女性の価値や利益を反映しないと厳しく批判していた。国際婦人年をきっかけに行われる女性政策の形成・決定プロセスには、少しでも多くの女性たちが参加することが不可欠だった。一九七六年六月、第七七国会の参院決算委員会で市川は、女性問題を総合的に取り扱う推進本部のメンバーが、全員男性で構成されていることを問題視した[63]。同本部が設置された当初、三木首相に会いメンバーが男性だけになるが、「男の方々で婦人の問題わかりますか」と注意を喚起し、三木は、「ああそうでしたな」と答えていた。しかし、実際に女性が推進本部に組み入れられることはなく、三木は、市川らの要請を受けて、推進本部に女性を含む四人の参与を導入したにとどまっていた。

国際婦人年世界女性会議の行動綱領にそって七五年九月に設置された推進本部は、閣議決定による口頭了解で、設置法によるものではなかった。市川は、その事実を逆手に取って、法的裏づけのない推進本部に女性を入れる意思があるなら、労働省の婦人少年局長を本部員に入れることは簡単にできる、と労働大臣に詰め寄った。同時に設置法の裏づけのない推進本部が、国際婦人年が終わったから「もう用が済んだというんで、なくなる」と、国際的にも大変問題になると警告した。

七六年四月、推進本部は、行動計画概案を発表した。この行動計画概案は、推進本部の諮問機関である推進会議の答申を受け、「男だけの推進本部」で作成されたものだった。推進会議は民間から男女三二人の委員で構成されていた。

同年一〇月の第七八国会参院決算委員会で市川は、推進会議の答申に比べて、同概案が「骨抜き」「抽象的」になっていて、「非常な不満で、私ども初め一般婦人たちから植木〔光教〕長官に強い抗議をした」と述べた[64]。さらに翌七七年四月の第八〇国会参院予算委員会でも取り上げ、推進本部が前年に決めた「行動計画そのものに対して私どもは不満がたくさんある」と強調した。そして、

「男の方ばかりでお決めになったというか、あるいは事務次官の中にはやっぱりまだ……昔の良妻賢母主義でおいでになる方があって、だから女に対する考え方が私どもとは相当違う」と指摘した。そのうえで福田内閣では、三木内閣と同様に男子だけで推進本部をやっていくのではなく、「二、三人女の人をそこへ入れたらどうですか」と提案した(65)。

平等か保護かではなく、平等と保護が必要

男性だけでつくられる政策に女性が参加し、女性の視点から女性政策をつくることで、実質的な男女平等社会を実現できる。この政治手法は、一九七五年の国際婦人年とその後に続く国連女性の一〇年に開催された世界女性会議が確認した男女平等政策の実現化に向けてのグローバル基準だ。それは、婦選運動時代から市川が一貫して追究し続けた政治手法にほかならない。

男性の視座からつくられた政策は、いまひとつの性である女性の視座から見直すと、ときとして真逆の姿を現す。その一例が労働政策にみられた。七六年六月の参院決算委員会で市川は、労働基準法の問題を取り上げ、男女平等と母性保護の問題にひとつの提言をした(66)。同委員会で市川は、労働基準法の第三条が、男女の賃金の平等を規定しているが、第四条の均等待遇に女性が含まれていないことを問題視した。その結果たとえば、「婦人だけ非常に若くてやめなきゃならぬという」「定年制の問題」があり、この問題を訴訟すると、現在は、憲法第一四条の「法の下の平等」で「婦人の方が勝っている場合がほとんど大部分」であると指摘した。

従来、女子労働者に対する労働政策は母性保護を優先させ、男女同等の社会的取扱いは等閑に付

されてきた。男女の機会均等と同等の社会的取扱いを求める男女平等の主張は、女性の性に対する特別な取扱いを要求する母性保護の主張と自家撞着していると単線的にとらえられた。女性が男性と同等の機会と取扱いを要求したうえに、さらに女性だけの特別の保護も要求するのかという、「男性目線」の問題提起が投げかけられ、男性がつくった労働基準法もこの考えを反映した。

市川は、ジュネーブのＩＬＯ総会で働く婦人のための宣言と行動綱領が採択され、「母性保護というのはそれによって差別をつけられるべきではないのだと。これは働く婦人自身の問題ではなく、社会国家のむしろ問題」とされていると指摘した。そして、労働基準法ができたころとは「工場の施設もすっかり変わってきている」のだから、第三条、第四条は、「一遍見直し」をするべきであると主張し、具体的に「必要のない保護のものは削っちゃったらいいのだと、そしてどうしても削れない重要な問題だけを……保護としていく」ことを提案した。さらに、あくまでもその見直しが「企業の側から」ではなく、「働く婦人の人たちの立場からの提案」であるべきと念をおした。

七八年一一月、労働大臣の私的諮問機関である労働基準法研究会が報告書を発表し、男女平等法を制定し、それに合わせて労働基準法の女子保護規定を出産に関する規定を除いて全面的に廃止する改正を提案した。市川は、同報告書が、男女平等法の「交換条件として、きわめて重要な女子保護条項の廃止を提案している」と強く反発した。その一つに、「深夜業禁止、時間外労働制限」の全面廃止が挙げられていた。

市川は、女性労働が多様化し、仕事柄、深夜業務や残業を伴う専門職、管理職に就く女性もいるが、それは現行法規の「スチュワーデス〔キャビンアテンダント〕、ＴＶプロデューサーのような適用除外の扱いによって解決できる」と主張した。そして「労基法の改正に際して、まず手をつけるべきことは、男子の深夜業、時間外労働の規制」であり、男女同等の取扱いのもとで女性を現行の「非人間的な労働条件に引下げようとするのは……本末転倒」で「使用者側を一方的に利するのみで、保護立法の趣旨を真向から否定するもの」と強く抗議した[67]。

翌七九年三月二二日、市川を含む各界の八七人の女性たちが呼びかけ人となり、「労働基準法の女子保護条項廃止反対についてのアッピール」が出された。さらに八〇年一一月に開催された国連女性の一〇年中間年日本大会の決議に、この主張が盛り込まれ、①労働基準法第三条に「性による差別待遇の禁止を明記すること」と、男女労働者の労働時間の短縮、週休二日制の確立、有給休暇の増加が提案された[68]。

推進本部長の大平正芳首相の女性観を問う

一九八〇年四月、市川は『婦人展望』に「国際婦人年の行動計画と家庭」を掲載し、「政府の中には〝女は家庭〟という意識がこびりついている」と批判した。二年前の七八年一二月に誕生した大平正芳内閣は、「家庭基盤の充実の強化[69]」を強調し、それに基づいて自民党内に「家庭基盤充実に関する特別委員会」が設置され、その対策要綱に「子どもは家庭で育てる。老人は家庭で世話をする」と明記されていた。大平自身、第八七国会の施政演説で、「ゆとりある風格のある家庭の実現」を説き、「充実した家庭は、日本型福祉社会の基礎である」と強調した。それは、子育て、介護を一方的に家庭の主婦役割とする特殊日本的な「福祉社会」の構築をうたったものだった。

七九年一月に市川は、同国会参院本会議で大平の施政演説を批判した[70]。まず「家庭外で雇用労働者として働く」女性の数が、六〇年頃は約三〇〇万人だったのが、七八年九月末には史上最高の一二八四万人へと四倍強の伸びとなっていること、そのうちの三分の二が既婚者で、しかもそのなかの八四％が母親であることを指摘した。さらに現在、家庭にいるが就職希望の女性が六三〇万人いることを挙げ、それらを加えると、いわゆる専業主婦は三分の一弱となると指摘した。そして「はなはだしい変貌を来した家庭の実情のもとで、どうして充実した家庭を築くのか」、具体的方法は何なのかを問い、さらに「家庭基盤充実」政策に予算措置が全くなされていないと詰問した。

同所で市川は、大平の娘の森田芳子が同年二月の『婦人公論』に「父大平正芳のアとウの間」を掲載し、「父は昔から口癖のように「おなごは勉強せんでいい、可愛い女になれ、そして早くお嫁に行きなさい」」と書いているのを読み上げた。そして「もしそうだとしたら」、歴代首相が担当して来た女性問題企画推進本部長の「資格はたりない、落第だ」と、大平の女性観を糾弾した。

（５）女性差別撤廃条約の署名に向けて

女性差別撤廃条約に対する政府の本音

一九七九年国連総会は、「女子に対するあらゆる形態の差別の撤廃に関する条約」（通称、女性差別撤廃条約）を全会一致で採択した。翌八〇年にコペンハーゲンで開催される第二回世界女性会議で、同条約の署名式が予定された。同条約は世界中でさまざまな形で表出する女性差別は、その根底にジェンダーの役割分担があり、その「慣習と慣行」の解消が実質的男女平等に必須であると強調し、各国政府に、男女の役割分担の意識、慣行、制度を撤廃するための政策をとることを勧告した。日本に対しても、その趣旨にそって家庭科の男女共修、父系主義の国籍法の改正、男女雇用機会均等法の制定などの法整備が勧告された。

しかし「家庭基盤の充実」を掲げる大平内閣の政策決定者たちにとって、女性差別撤廃条約の提言は同意できるものではなかった。七九年国連総会で日本もまた、近代国家の態様を保つため女性差別撤廃条約に賛成の挙手をした。しかし政府の本音は、翌八〇年の第二回世界女性会議の条約の署名式に参加することは避けたいというところにあった。署名すれば条約批准に向けて家庭科の男女共修、父系主義の国籍法の改正、男女雇用機会均等法制定などの法整備が避けられないことだったからである。

女性差別撤廃条約の署名に向けて、再び三位一体の連携プレー

一九八〇年六月七日付『朝日新聞』は、一面トップで「婦人差別撤廃条約署名見送り」「法改正メド立たず」というスクープ記事を掲載した[71]。同記事には「条約に合わせるよう国内法改正のメドが立ち、近い将来批准できるという見通しもなしに署名はできない。……デンマーク会議には間に合わない」といった外務省国連局企画調査課の談話が載せられた。のちに、当時総理府の婦人問題担当室長だった柴田知子は、「日にちは正確には覚えていませんが、外務省の担当審議官が総理府の審議室長のところへ、「署名できない」と正式に言いに来られたことがあります」と述べている。このスクープ記事が女性に与えた衝撃は大きく、柴田は「いろいろなところがそれで動き出しまし

た」と回顧する[72]。

スクープ記事翌々日の六月九日、日本婦人団体連合会は大平首相に署名式参加の要望書を提出した。短期間に全国的規模の女性組織が稼働し、膨大な数の署名が政府に提出された。さらに一週間後の六月一四日に行動する女たちの会が「八〇年女の集会パートⅠ」を開催し、署名式見送りに抗議する決議文を採択し、外務省、推進本部などに送付した。

翌六月一五日、国立婦人教育会館（現国立女性教育会館。略称ヌエック）館長の縫田《ぬいた》曄子《ようこ》は、参院選挙真最中の市川に会った。当時の縫田は、婦人問題企画推進本部の諮問機関として民間の有識者で構成された婦人問題企画推進会議のメンバーだった。縫田は、政府筋から「大変難しい状況だが、政府は女性団体の動きを見ている。何か動きがあれば、必ずしも署名は不可能ではない」という情報を得ていた[72]。

縫田の話を受け市川は、翌一六日に四八の民間女性組織が参加する国連婦人の一〇年中間年日本大会実行委員会の代表と外務省の賀陽《かや》治憲《はるのり》国連局長に面会した。そして、日本政府が条約に署名しないことが新聞報道されたことに強く抗議し、「国内法との問題は一時、留保しても、同条約の署名に必ず参加するよう」強く要望した[73]。

三省合同文書の作成から持ち回り閣議の決定まで

スクープ記事一〇日後の六月一七日、総理官邸で推進会議の総会が開催された。外務省の国連局長は「慎重にせざるを得ない」と主張した。婦人問題担当室長の柴田知子は、条約署名への多数の要望があること、国会議員やＮＧＯの女性組織が連日「日本は署名するのでしょうね」と問合せが殺到していることを説明した[72]。婦人問題担当室は、推進本部の事務業務を扱う部署として各省庁の調整や総合的女性政策の立案を任務としていた。

小渕恵三総務長官は「日本政府のこうした問題に対する対応というのは、非常に慎重である」「すべての国内法とも十分整合性をしっかり踏まえて対応する、対応した態度については、今後法治国家として責任を果たしていくというのが、明治以来の我が国の基本的考え方」であり、条約署名に関しては目下「各省庁の間で、十分検討して」いるが、ここで「政府の考え方をご披露できない」と述べた[74]。署名式を一カ月後に控えたこの時点で、条約署名は絶望的にみえた。

先に述べたが市川は、三木首相に総合的女性政策を担当する推進本部のメンバーが全員男性であることを指摘し、女性を参加させるよう要求、その結果参与制がつくられ、民間から四人の参与が選ばれていた。そのうちの一人、日本電電公社（現ＮＴＴ）経営調査室調査役の影山裕子は、六月一七日の推進会議総会で外務省が署名に最も強硬に反対していることを小渕総務長官から聞いた。影山は帰宅するとただちに、旧知の大来佐《おおきたさ》武《ぶ》郎《ろう》外務大臣に電話した。そして三省が合意した場合、外務省も署名賛成の態度をとるよう外務次官、条約局長を説得してほしいと依頼した。大来は条約署名に理解を示し、支持することを約束した[74]。

一方で柴田婦人問題担当室長は、条約署名へ向けて流れを変えようと必死だった。柴田は条約署名の突破口をつくるため、推進本部と各省との打合せ窓口となっている関係省庁の課長レベルの連絡会をもった。その会で最も難色を示すと思われた法務省が国籍法改正に同意した。法務省がやるなら文部省、労働省も反対できないという雰囲気ができ上がり、三省が消極的にせよ、法律の改正に賛成した(72)。

六月二七日、柴田は推進本部の会議で、この口頭合意を文書化するため「条約批准のため関係法令を整備します」という文言の書かれた申合せ案の作成を議題に挙げた。すでに三省課長レベルの合意ができていたので、その議題は比較的容易に通った。会議前日の二六日には、参院選全国区でトップ当選した市川が、小渕総務長官、柴田総理府婦人問題担当室長、小西外務省国連企画調整課長、筧栄一《かけいえいいち》法務省大臣官房長を訪ね「「署名式に参加しないで帰ってきたら、全国的な運動をしますよ」とこわ談判し」、すでに大来外務大臣から指令を受けていた小西は再検討を約束した(75)。そのためこの会議で三省の合意文書ができると、外務省もまた署名に賛成した。

七月一日付『読売新聞』は、「「婦人差別撤廃条約」署名へ」という記事を掲載し、「婦人団体や参院議員の市川房枝さんらを中心に、「婦人の地位向上のため、この際、是非とも署名すべきだ」という声が高まり、全国各地から関係各省に抗議が殺到したため、政府の態度が軟化し、署名式に間に合わせることになった」と報じた(76)。最終的に政府は七月一五日に、持ち回り閣議で女性差別撤廃条約署名の決定をした。七月一七日の条約署名式、二日前の決定だった。

持ち回り閣議では各省の担当官が、大臣の決裁をもらうのに苦労した。たとえば谷垣専一文部大臣は「日本古来の婦人の美徳がなくなる。女性はしっかり家庭を守ることが大事だ。女性が家庭を振り向かなくなったら日本の国は衰退する」と述べ、「同意の決裁はできない」と強硬に反対した。最終的に谷垣は、「文部省だけが閣議決定の決裁をしない」と署名はできないので責任問題となると説得され、決裁に応じた(74)。

かくして当初、不可能にみえた第二回世界女性会議での女性差別撤廃条約の署名は、推進会議の有識女性委員と国際婦人年連絡会(国際婦人年日本大会の決議を実現するための連絡会の略称)、行動を起こす女たちの会など草の根の女性組織と女性議員、そして婦人問題担当室の女性行政官といった民間、立法、行政の三つの立場の女性たちの三位一体の連携プレーで、短期間に閣議決定に持ち込んでいった。

谷垣文部大臣が固執したような伝統的女性観を色濃くもつ社会で、新しいジェンダー平等を模索する女性政策を制定するためには、当該政策を積極的に推進する主体として価値観を共有する民間、行政、立法の三極の女性たちの存在と連携プレーが必要だった。女性差別撤廃条約署名の政策課題は、二五年前に売防法が制定されたときと同じ軌跡を描いて閣議決定に帰結した。その中核に、再び市川房枝がいた。

第3章

自主独立の道を模索する
――恒久平和の希求

1965年12月11日．臨時国会参議院本会議．日韓条約反対の弁を述べる市川．

1　戦前型体制の復活に抗い、改憲の動きを阻止する

（1）戦後市川の決意

戦時下の婦選の選択は、人間として恥じることなのか

戦後市川は、自らの戦時中の活動に関して次のように語っている[1]。

　敗戦後私自身は戦争協力者として三年七カ月間追放になりましたが、ある程度戦争に協力したことは事実ですからね。その責任は感じています。しかしそれを不名誉とは思いません。……私はあの時代のああいう状況の下において国民の一人である以上、当然とはいわないまでも恥とは思わないというんですが、間違っているでしょうかね。

　一五年間におよぶ先の大戦を自らの信念に忠実に「婦選の灯」をともし続け、戦後公職追放を経験した市川の、戦争経験をもたない戦後世代への率直な問いかけである。ここでいわんとしていることは、戦争という国民の命をかけた国家存亡の危機的状況で、生き延びようとする限り、戦争協力という形で戦争に巻き込まれざるを得ない、ということである。「女、子どもの生活を守る」ことを戦時下の婦選の主軸にすえ活動し続けたその選択を、人間として恥じることなのか、と問いかけている。

市川は本来、「国際紛争を解決する為に、武力を用うる事は、如何にしても賛成する事が出来ない」と主張する非戦論の立場にあった。そのため満州事変の勃発を厳しく批判し、中国大陸での関東軍の暴走を容易に追認した男性政治家たちを糾弾した。市川はまた「婦人は生来平和を愛する」性、と位置づけ、平和志向の均衡のとれた政治を行うために女性の政治参画が必須であると主張した。そして準戦時期には、平和が女性たちの意思であることを示すため、議会の会期ごとに婦選大会を開催し、反戦、反軍拡、反ファシズムの決議を採択し、関係閣僚に決議文を手交した。

自責の念――「戦争反対を民間として起しえなかった」

しかし戦後、準戦時期のそうした活動が十分でなかったと、次のように自戒する。(1)

……アメリカなんかでは戦争反対者は、はっきり戦争反対といって別の仕事をさせられる。……日本は全然そういうものは認めていないわけだから、全体にそういう戦争反対を民間として起しえなかったということです。しかしこれに対しては、私は少し反省しています。このつぎそういう場合になったら、一生懸命反対しようと……

戦後市川は、いったん戦争がはじまったら、いかに戦争を終息させることが困難であるかを熟知したものとして、戦争は、はじまる前に止めるものと強調した。そして自分は、「このつぎそういう場合になったら、一生懸命反対しようと」思うと述べ、強い決意で戦争につながる一切の戦前型体制への回帰政策に反対した。不本意であったにしろ非戦の立場を貫き通すことのできなかった戦時期の蹉跌は、人権と平和が保証された戦後憲法をなんとしても守り通すという強い想いとなって戦後市川の活動を支えた。

(2) 再軍備化に反対し、全面講和の独立を要望

市川の公職追放と占領政策の逆コース化

市川が公職追放された一九四七年三月から五〇年一〇月の追放解除までの三年七カ月は、占領初期の民主化政策が反転し、日本が戦前型社会にむけての「逆コース」の道を歩みはじめた時期に重なる。

四七年元旦、吉田首相は年頭の辞を述べ、当時、破竹の勢いで増大していた労働組合が、挙国一致の経済復興を脅かす「不逞の輩」であると発言し、反発した労働組合が一斉ストライキを二月一日に計画した。この二・一ゼネストは、GHQ総司令官ダグラス・マッカーサーの中止命令で不履行に終わった。しかし、それを契機に占領政策は、右翼を取り締まる初期の政策から共産主義者を中心とした、左翼の取締り強化へと保守化していった。

四九年に中華人民共和国が成立し、朝鮮半島で戦争の危機が迫った五〇年六月、マッカーサー司令部は徳田球一ら共産党幹部を公職追放した。さらに同月末に朝鮮半島を二分する戦争が勃発すると、共産主義の防波堤として日本の戦略的重要性が高まり、八月にGHQは、日本政府に警察予備隊の設置を指令した。それによって日本は、再軍備の道を歩みはじめることになった。

再軍備反対の女性たちの動き

一九五一年元旦、追放を解除された市川は四年ぶりにラジオのマイクの前に立ち、冒頭、「お隣の国ではげしい戦争が行われている事や各国が一生懸命に戦争の準備をしている事等を考えますと、日本の将来が心配になり、新年を迎えても心たのしくは御座いません」と述べた(2)。同日マッカーサーが、「〔昭和〕五一年が講和の年である事を希望する」と声明を出し、日本の再軍備化を示唆した。一月二五日には講和促進のためジョン・フォスター・ダレス特使が来日し、安保条約と米軍の日本駐留が講和の条件と表明した。アジアの緊張が高まるなかで、再軍備を独立の条件とする選択肢が抜き差しならない現実のものとなっていった。

追放が解除され社会的活動が自由になった市川の最初に取りかかった活動が、占領政策の逆コースのなかで進展していた安保条約と再軍備化に反対することだった。五一年二月五日、市川が会長に復帰した有権者同盟は、講和の条件として日米間の安全保障条約ではなく、すべての連合国と同時に講和を結ぶことを、そして、平和機構としての国際連合に期待し再軍備に反対することを記した要望書を来日中のダレスに提出することを決定した。同月八日、平塚らいてう、ガントレット恒子、上代《じょうだい》タノ、野上弥生子《のがみやえこ》、植村環が発起人となり、有権者同盟、婦人平和協会、大学婦人協会、民主婦人連盟、婦人矯風会、ＹＷＣＡの六つの女性団体の有志が協議を重ね、まとめ上げた「講和問題に関する日本女性の希望要項」が、ダレスに手交された。

平塚ら五人の発起人は、前年六月にも朝鮮戦争勃発直前の同半島を視察途中に日本へ立ち寄ったダレスに、「非武装国日本女性の講和問題についての希望」を提出した。当時、追放中の身で署名を遠慮した市川は、平塚が起草した同アピール文に朱を入れ、直接ダレスに届ける役割を担った。

有権者同盟は、五月に衆参両院の女性議員に対する講和問題に関するアンケート調査を行い、八月には「再び非武装国日本女性の平和声明」を発表し、英訳した声明を世界の女性団体に送付した。同盟の機関紙『婦人有権者』によると、同盟は、九月にこの声明を支持するアメリカ西部の女性四〇〇人の署名の入った手紙を受け取った(3)。

再軍備反対婦人委員会の立ち上げ

一九五一年九月四日、サンフランシスコで対日講和会議が開催され、八日に吉田茂首相は対日講和条約と安保条約に調印した。翌一〇月、両条約は批准のため衆院に上程された。

市川は、国会で審議中の安保条約に対して「どの程度の米軍がいつまで駐留し、どの程度の治外法権を保持するのか」「内容は全く不明で」「少なからず不安」と述べた。そして「講和条約によって自主権を回復、独立国となり得る事はうれしい」が、「米軍の駐留、日本の再軍備」によって「日本は植民地乃至は保護国に転落した」と慨嘆した。しかし「真の平和な独立国としての日本建設の道は遠く、困難ではあろうが、私共は決してあきらめてはならない」と決意を新たにした(4)。

一一月一八日に対日講和・安保両条約が参院を通過、成立すると市川は、両条約に反対した参院議員の高良《こうら》とみ(緑風会)、高田なほ子(社会党。以下、社)、山崎道子(社)、衆院議員の福田昌子(社)と懇談会をもち、再軍備反対の女性委員会の組織化を検討した。その結果、一二月二二日に市川、上代タノ、平塚らいてうを世話人に再軍備反対婦人委員会(会長は平塚らいてう)が立ち上げられた。

翌五二年一月八日、同委員会は、両条約を審議中の上院議員九六人に、アピール「非武装国日本女性より米国上院議員諸氏に訴う」を送付した。同アピールは、対日講和と日米安保の二つの条約は日本国民の真意を反映したものではなく、議会は「三年前の選挙で選出されたもの」であり、女性、若者の間で反対が強いことを訴え、都下の一八大学で九〇〇〇人におよぶ学生を対象としたアンケート調査を添付した。それによると対日講和条約に反対六六%強、安保条約反対七五%強、再軍備反対八一%だった。(5)

市川は、「講和条約調印前に総選挙を行い、国民の意志をきくべきであった」「それが民主主義政治のルールでもある」と政府を批判した。(6)講和条約が発効し日本が独立した五二年四月二八日、再軍備反対婦人委員会は声明文「講和条約発効の日を迎え、女性は再軍備に反対する」を発表し、女性たちがあくまでも平和憲法を擁護し、逆コースに反対することを訴えた。

独立に臨み、けじめとしての「天皇退位」の勧め

四月に独立が予定された一九五二年初頭に市川は、有権者同盟の機関紙『婦人有権者』で「一つの提案」をした。(7)独立国家として再生するけじめとして、天皇が「自発的に退位」することを勧めたものだ。その冒頭で「象徴としての現在の天皇制に反対」ではないが、「多数の将兵を殺し、日本をして今日の状態に転落せしめた天皇の道徳的責任を黙殺する事は出来ない」と記した。そして日本の独立は「天皇がその責任を自覚して自発的に退位される」「最後の機会」であると強調した。

市川は、独立をきっかけに「日本を戦争に追い込んだ政治家達も大手をふってカムバック」し、「かつての右翼反動団体も盛んに巷にビラをはっている」現状を指摘し、このままでは再び「軍国主義に復帰するのに、あまり時はかからなさそうに見える」と憂慮した。そして「国民の道義心を振起すると共に、戦争中の軍国主義への復帰を阻止する」ためにも成人に達している「青年皇太子を象徴とする平和日本、独立日本の再建」を図るべきと主張した。

「独立日本を迎える私達の心は重い」

日本の独立が、対日講和条約と安保条約の対で達成されたことを、市川は危惧した。そして「自主権を得た日本の将来は、愈々逆コースに拍車をかけるのではないか」「これ等を考えると、独立日本を迎える私達の心は重い」と、真情を吐露した。[8] そして警察予備隊を、「いくら総理や閣僚が軍隊ではないといっても、おたまじゃくしは必ず蛙になる」と指摘し、その帰趨は「平和条約及びそれと不可分の安保条約に調印し批准した以上、当然の結果」となると批判した。[9]

市川は、ダレスが来日し講和が「話題となり始めた昨年春あたりから」「復古調、逆コース」の論調が目立ちはじめ、「最近では毎日の新聞紙上に取り上げられる事のすべてがそうだといい度い程である」と慨嘆した。[8] そして「〔警察〕予備隊の強化」「再軍備」は、「国際情勢の緊迫が説かれ」「国の戸締まりとして軍備が必要」という文脈で主張されているが、「「あぶないあぶないといわなければ、仕方がないといわないから」強いてそれを誇張している」と指摘し、「戦時中の新聞やラジオその他多くの講演者達が、いかにうそを私達についていたかを想起せばわかる事」と警告した。

さらに、「あぶないという相手はいう迄もなくソ連の侵略を指しているが」、ソ連のやり方は軍隊で侵入するのではなく、「国内に共産主義政権を打ち樹《ママ》てて鉄のカーテンの中に引き入れる」ことを意図しているのだから、軍隊で防衛しようとしても無意味である。つまるところ、「国民が食えるように国民が議会政治に信頼を持つようにし、共産主義に乗ぜられないようにする事が一番肝要」と、国防の基本は軍備ではなく、生活の安定を維持することにあると強調した。市川は女たちに、「女は馬鹿だ、わからずやだと罵られてもかまわない」、ともかく「自分が産み育てた子供を兵隊にとられる事はいやだ」と率直に主張する「勇気を持」つよう呼びかけた。「だまされて夫や子供をとられた悔いを、二度と再びくり返さないために」と。(9)

（3）戦前型社会への回帰政策に徹底抗戦

戦前型社会への回帰政策のはじまり――破壊活動防止法の成立

市川は女性たちがアメリカとの単独講和ではなく、連合国全部との全面講和によって恒久平和を願っていると訴え続けた。女性団体を束ね平和を望む女性たちの意思を背景に憲法を護持し、戦争に帰着する政策を阻止することに懸命だった。その活動は、改憲につながる戦前型社会への回帰政策の一切を阻止することに向けられた。

戦前型社会を模索する動きは、戦前の治安維持法の復活ともいわれた破壊活動防止法（以下、破防法）の制定に顕現した。一九五二年三月二七日、吉田内閣はポツダム政令の一つ、団体等規正令（四六年、勅令第一〇一号）を引き継ぐため公安保障法案の要綱を発表した。有権者同盟会長の市川は、要綱発表一週間前に婦人矯風会、婦人平和協会、大学婦人協会、ＹＷＣＡに呼びかけ、五女性団体の共同で「近く国会に提案予定の破防法案に反対」する声明を出し、破防法反対の婦人団体統一行動を開始した(10)。

五二年四月一七日に同法案が衆院に上程されると吉田首相は、「この法案に反対するものは暴力団体を教唆し、煽動するものである」と述べた。当時、自由党は参院で過半数の議席をもたず、吉田内閣は、左右両派の社会党と、共産党などの激しい反対のなかで「強制捜査」など、いくつかの原案の修正と法案の名称を破防法案に改称することを余議なくされた。しかしその結果、七月三日にまず参院本会議を、翌四日に衆院本会議を通過し、同法は成立した。

国会で激しい審議が行われていた五月、市川は有権者同盟をはじめ婦人矯風会、婦人平和協会など五女性団体の代表と何とか参院で法案を阻止するために参院の各政党、会派、議員に向けて法案阻止の陳情を行った。しかし結果は、「自由党並びに参議院の自由党系である民主クラブ、緑風会の大部分」の賛成で法案が参院を通過した。政党に属さない無所属議員の集まりだった緑風会がキャスティング・ボートを握った。市川は、「此の度の参議院に対する破防法反対運動を通じて」「参議院の性格、参議院内の政党、議員の質等について、いくつかの疑問に当面した」と述べ、党利党略が優先する衆院の議決をチェックすべき、「良識の府」としての参院に問題があると指摘した(11)。

そして、破防法が成立したら「将来この法律の廃案、修正の為に努力」しなければならないが、同時に「自ら信ずる所は断固として主張し、民主主義を護らなくてはならない」と強調した。戦前治安維持法のもとで、ほとんどの知識人が言論を自己規制し、戦争反対の声を挙げることができなかったことを熟知していたからである。

独立後初の衆院選――女性たちへの呼びかけと市川の憂慮

破防法の成立した一九五二年八月末、吉田首相は突如、内閣を解散し、独立後初の衆院選を一〇月一日に設定した。市川は、有権者同盟の仲間に、「破防法に賛成した人達には投票しない事にしたいものである」と勧告した[11]。そして、女性たちに「再軍備及び平和憲法改正に反対の政党、候補者に投票しよう」と呼びかけ、「投票は秘密で、誰が誰に入れたか決してわかりはしない」のだから、「婦人としての母としての立場から、私共が今最も重大だと考える政策に賛成する」「勇気を持つべき」と主張した[12]。

選挙前に長野県のある地域で行った世論調査で、再軍備反対と答えた女性が八〇％で、大多数の女性が戦争への道を拒絶していた。しかし、米の統制撤廃についても六〇％の女性が不賛成だったにもかかわらず、女性たちは「自由党支持が圧倒的に多く四〇パーセント」だった。市川は「米の統制撤廃や、再軍備はいやだといいながら、そういうことを計画している自由党を支持している」と指摘し、女性たちに「原因と結果とを見通して、判断して行くという能力が少ないようです」と憂慮した。そして婦人会などが、「講演会、討論会、読書会、などをなるべくたくさん開いてお互いに啓蒙しあ」うことが必要と説いた[13]。

「家」制度復活の動きと家族制度復活反対協議会の立上げ

吉田茂の娘の麻生和子は「承知しました。パパに伝えましょう。パパはフェミィニィスト《ママ》なんですよ」と市川に語った。占領政策が逆コースの流れの中で保守化し、占領初期に設置された労働省婦人少年局が行政改革の波を受け、一九五一年六月、山川菊栄初代局長の辞任を機に廃止される危機に直面した。有権者同盟をはじめ女性団体は共同で反対運動を展開したが、市川は最終手段として首相の吉田家を訪問した。吉田が不在で代わりに出た娘に訪問の趣旨を述べると、和子は即座にこう答えたという[14]。実際、このとき吉田の「支持」で婦人少年局は廃止の難を逃れた。他方でその「フェミィニィスト」の吉田は、講和条約調印直前の九月、これからの日本社会のあり方として「家を重視し、これが国家意識の出発点となすべき」と強調していた[15]。

五四年三月、吉田内閣の下で自由党は岸信介を会長に憲法調査会を設置し、一一月五日に「日本国憲法改正要綱」を公表した。同要綱の「国民の権利及び義務」の項は、「旧来の封建的家族制度の復活は否定する」としながらも、「夫婦親子を中心とする血族的共同体を保護尊重し親の子に対する扶養および教育の義務、子の親に対する孝養の義務を規定する」とした[16]。それは、現行憲法第二四条が明記した男女の平等な人権に基づく家族のあり方を、根底から覆す危険性を内包していた。

現行憲法は、欧米の憲法に例をみない、通称、結婚条項といわれる第二四条項で、「婚姻は、両性の合意のみに基いて成立し、夫婦が同等の権利を有することを基本として、相互の協力により、維持されなければならない」と明記した。戦前日本の結婚が、成人した男女の個としての自由意思によるものでなく、家と家の「取り決め」としたものであったため、憲法の人権条項(第一三条)、平等条項（第一四条）に加えて、あえて結婚条項をいれ、民主主義社会の基本が男女個々人の平等の人格の上に成り立つことを確認する必要があったからである。[17]「市川はよく、頼まれた色紙に「憲法二十四条　夫婦同権」と勢いよく書いた」という。[15]

市川は、独立直後に澎湃《ほうはい》として起こった女性の人権を再び侵す危険性のある憲法改正の動きを憂慮し、五四年九月、婦人人権擁護同盟代表理事の田辺繁子と会い、反対運動を組織することを提案した。その結果、自由党の憲法改正要項が発表された直後の一一月一三日に婦人人権擁護同盟と婦人法律家協会の共催で家族制度復活反対連絡協議会結成大会が開催され、会長に田辺が選ばれた。大会には、二五の労働組合婦人部、有権者同盟、主婦連、全地婦連などの婦人団体が参加し、開会前には「家族制度復活反対」のデモ行進を行った。大会は最後に、「憲法に保障された基本的人権と男女の平等の地位を守るためにすべての力を結集します」「美名の下になされる家族制度復活の企て」に反対する、と明記された決議文を採択した。[15]

五五年体制下、戦前型社会への回帰はまず教育行政の保守化から

一九五五年末、保革合同し日本社会党と自主憲法を党是とする自由民主党が誕生した。自民党与党・社会党万年野党の五五年体制のはじまりである。それは、後期占領政策の逆コースの流れを戦後政治の本流に押し上げる契機となった。五五年一二月末、五五年体制成立後はじめての第二四通常国会が開院すると、憲法調査会法案、小選挙区制法案、教育三法案など日本社会の保守的趨勢を決定づける重要法案が一挙に上程された。

戦前型社会を目指す自民党の政策は、まず民主的市民づくりの基本となる教育行政の保守化からはじまった。自民党は五六年一月、結党後はじめてのこの通常国会で教科書法案、臨時教育審議会設置法案、新教育委員会法案の通称教育三法案を上程した。市川はこの三法案が、「戦後日本にうち樹《ママ》てられた教育行政の地方分権化と民主的運営を圧しつぶし教育の中央集権化を目指し、軍国主義の国家統制へ持ってゆくのがねらい」と、厳しく批判した(18)。

教育三法案のうち前者の二法案は、自社の対立が激化するなかで審議未了となり廃案となった。しかし三法案のうち市川が「特に問題」という新教育委員会法案(「地方教育行政の組織及び運営に関する法律」案)は、自民党が多数で押しきり衆参両院を可決し、六月公布、一〇月実施に移された。

同法の狙いは、占領初期に日本民主化政策の一環で導入された教育委員会委員の公選を廃止することにあった。同制度は、各市町村でそれぞれ教育委員を選出し、地域住民の意思が反映した形の教育行政を可能とし、教育の地方分権、教育と政治の分離を意図した画期的な民主化政策の一つだった。しかし新教育委員会法の制定により、教育行政が、従来の「国民の選んだ教育委員会」によるものではなく、任命制の委員会によるものとなった。市川は「こどもの教育の上に保守と革新の何れを問わず、偏った政治的圧力が加わりかねない」と憂慮した。

さらに同法は、「文部大臣の「措置要求」をはじめ、都道府県教育長の任命に文部大臣の承認を必要」とした。その結果、「文部大臣の発言権が強化拡大され全国の教育行政に中央政府の考えを画一的に押しつけられる道が開けた」と、市川は警告した。そして「多くの学者たちがこの法律に強く反対した」のは、「教育の国家統制、中央集権が復活するのをおそれたから」と指摘した。また、これまで教育委員会がもっていた「予算原案送付権と予算執行権」が奪われたことを指摘し、「地方財政の赤字を理由に、教育予算が不当に圧迫される事態が起こらないとも限」らないと危惧した。

第二四国会で憲法調査会法案が成立、小選挙区制法案は否決

第二四国会ではまた、一九五六年一月に鳩山一郎首相が、軍備をもたない現行憲法に反対と、参院で答弁し、のちに取消し釈明を余儀なくされた。鳩山は前年三月の第二二国会の衆院予算委員会で、改憲を表明していた。この第二四国会で同政権は、岸信介らを代表に憲法調査会設置のための法案を上程し、三月に衆院、五月に参院を可決し成立させた。

市川は、二五年間におよぶ議員活動を通して憲法改正につながる反動的政策に立ち向かうため、選挙のたびに警鐘を鳴らし続けた。たとえば五二年一〇月に施行された独立後初の衆院選では、「今度の選挙の結果は、日本の将来を決定するものである」と強調した。そして「日本を再び軍国主義ファッショに後戻りさせるか、又は平和な民主主義国としてふみ留まらせるかどうか、その分れ目となるのは再軍備及び憲法改正の問題である」と指摘し、「はっきりと再軍備及び平和憲法改正に反対の政党、候補者に投票しよう」と、有権者同盟の仲間に呼びかけた(12)。実際に市川は、衆参選挙のたびに憲法改正阻止に必要な野党の三分の一議席の確保に必死だった。のちに、改憲反対の候補のために「自分の選挙〔理想選挙〕の時にもしなかった街頭演説もやったし、頭も下げた」「それは憲法改正反対者を一人でも多く出す為」と語っている(19)。

さらに第二四国会では、五六年三月に小選挙区制法案が国会に上程された。市川は小選挙区制導入の狙いが、「自民党の議席を絶対多数にして憲法改正を促進するのがねらい」と危機感を募らせた。[18] なによりも小選挙区制は、地盤、看板(知名度)、カバン(資金)をもたない女性候補に最も不利な制度だった。四月初頭、市川は、五二年一〇月に再軍備、平和憲法改正に反対するため組織した五団体連絡委員会(有権者同盟、YWCA、大学婦人協会、婦人平和協会、婦人矯風会)を軸に一二の女性団体を連携させ、小選挙区制反対婦人連絡協議会を結成した。同法案に対して社会党を中心に労働組合など広範な反対運動が起こり、四月末に小選挙区反対国民大会が挙行された。最終的に法案は、審議未了となり第二四国会で廃案となった。

岸首相の公約無視と市川の評価

一九五七年二月に病気で退陣した石橋湛山《いしばしたんざん》首相の後継首班指名を受け、石橋内閣の外相だった岸信介が新首相に就任した。市川は、岸が首相に就任すると『朝日新聞』の「声」欄に「婦人大臣つくる岸氏の公約」を投稿した。[20] 前年末市川は、YWCA会長の植村環や有権者同盟、婦人矯風会、大学婦人協会の代表らと国連総会への日本代表に女性を加えるよう石橋首相に陳情に行った。石橋とは戦前の婦選運動の時代から、男性の婦選理解者の一人として知己の仲だった。

「今は婦人を大臣にして下さいとは申しません。然し国連代表には婦人の適任者が何人もいられます」と陳情する市川に石橋は、「国連の問題は岸君の所管だから岸君にも話して」下さいと忠告した。市川たちは数日後、岸外務大臣に陳情に行くと、開口一番に、「私はフェミニストですよ。

石橋内閣に婦人の大臣を加えなかったのはおかしい、私が組閣する時には必ず婦人大臣を加えますよ」と、述べたという。想定外の岸発言に「眼をパチクリ」させた市川は、「言質をとりましたよ、お忘れにならないで」と念を押した。先の朝日新聞には、「一般の方々にもそれを知っていて貰いたい」ため投稿したという。[21]しかし岸は、第一次、第二次内閣で閣僚に女性を任命することはなかった。

のちに市川は、岸を「実に利巧でソツがなくて、うまい答弁をするけれど、前の時と後とで違う。信念がない。理想がない典型的な官僚です」と批判し、「ああいう人を総理にいただくことは不幸です」と不満を露わにした。[22]

岸内閣の反動的二法案

一九五八年一〇月、岸内閣は突如第三〇国会に「警察官職務執行法改正案」と「社会教育法改正案」の二つの反動的法案を提出した。前者は警察官の権限を拡大し、戦前型「警察国家」再現の危険性を孕んでいた。ただちに「警職法改悪反対国民会議」や「人権を守る婦人協議会」が組織され、市川は「人権を守る婦人協議会」結成大会で、山川菊栄と共に戦前の治安維持法下での体験を語った。[23]同改正案は、反対運動の高まりの中で撤回を余儀なくされた。

市川はまた「社会教育法改正案」が、社会教育主事の養成を文部省が行い社会教育関係団体への補助金を可能にすることで、民間の自主的組織の「政党からの中立性、官庁からの独立自主性」を侵す「民主主義を逆行させる」ものと危機感を募らせた。そして婦人団体がそうした認識をもたず、

「日教組も社会党もこれを放置」していると憂慮した。[24] 一一月市川は、山高しげり、田中寿美子、秋山ちえこら知人に呼びかけ「社会教育法に関する婦人研究懇談会」を立ち上げ、社会教育法改悪反対声明書を文部大臣、自民・社会両党の文教委員長に手交した。[25]

2 他国の戦争に巻き込まれず、「紛争の原因」をつくらない

(1) 日米安保条約の改定に反対

改定安保法案に反対

一九五九年末から翌六〇年七月中旬にかけて開会された第三四国会の最大の課題は、日米安保条約改定の承認問題だった。会期中の六〇年一月に同問題の対応をめぐって社会党が分裂し、社会党右派が民主社会党(西尾末広委員長)を結成した。五九年参院選で二度目の当選をはたした市川は、国会での発言の機会をもつため「自分の立場、行動に何の拘束も受けない」ことを条件に、無所属クラブに参加した。[26]

再軍備に反対し平和憲法護持、日本の自主独立を公約に挙げる市川は、安保条約の改定で日本が戦争に巻き込まれる危険性があると反対だった。改定のポイントは、「日本の施政下にある地域に対し外部から武力攻撃が加えられた場合、米国は日本を防衛する義務を負う事を明記したが、同時に日本にある米国の基地が攻撃された場合、日本も亦米国を援けてこれが防衛にあたる義務を負う事」とした点にあった。[27]

何よりも市川は、同問題が国会で十分審議され、正当な議会手続きを踏むことを望んだ。しかし、条約の批准に政治生命をかけた岸首相の議会操作は、世論はもとより議会審議を無視し、抜き打ち方式による数の論理で押し切るものに終始した。

改定安保法案、衆院通過の手練手管

第三四国会は開会すると、ただちに衆参両院に安保特別委員会が設置され、まず、早々と予算案を成立させた。衆院の安保特別委員会では連日活発な審議が行われ、院外では安保阻止国民会議の激しい陳情デモが展開した。当時、市川の議員秘書だった山口みつ子によると、無所属参院議員の市川のところに民間からの安保条約改定反対の「山積みの請願署名が集まった」という。[28]

市川は、改定安保条約の衆院可決がどのような状況で行われたか、「夕方から最後迄国会に残りその実情を目撃[29]」し、その一部始終を『婦人有権者』で報告した。[22] 市川によると一九六〇年五月一九日、社会党による審議阻止の座り込み排除という名目で、突然、五〇〇人の警官が国会に導入された。傍聴席には「暴力団の松葉会、義人党らしい背の高い色目がねの人達が居り、夜半だというのに……〔彼らで〕いっぱい」だった、という。

夜になって一〇時二五分、衆院本会議の開催を告げる予鈴が突如鳴った。このとき市川は衆院二階の廊下にいた。しばらくすると三階で突然拍手が聞こえ、人ががやがやと本会議室に向けて降りて来たのを確認している。

三階では、本会議の予鈴が鳴ると、その日の正午から休憩に入っていた衆院安保特別委員会が、委員長宣言で突然、開会された。不意を突かれた社会党委員がかけつけ、委員長不信任案を提出するが拒否され、喧騒のなかで自民党委員たちが市川の耳にした拍手をし、「それで〔衆院安保特別〕委員会は安保条約、行政協定、関係法案全部の質疑を打ち切り、討論を省略し、多数で可決」した。

一方、自民党議員だけが議場に入った本会議では、まず議長が会期延長をはかり、即座に決定され、その後五分の休憩がもたれた。休憩後に再開された本会議では、安保条約承認の緊急動議が出され安保特別委員会委員長の報告がなされ、それが終わると討論なしで全員起立、満場一致で決定した。市川は「この間たった十五分！」と慨嘆する。

本会議が会期延長を決定し五分間の休憩をとっている間に、三階では本会議の予鈴と同時に昼から休憩に入っていた安保特別委員会が、急遽開催され「安保条約、行政協定、関係法案全部」の採択を自民党議員だけの拍手で済ませていた。その結果、本会議で五分間の休会後に改定安保法案の緊急動議をだすことが可能となり、安保特別委員会委員長の委員会決議報告がなされると、審議なしで自民党議員だけで安保採択ができた。市川は「自民党は二正面作戦に実に巧みに勝った訳です」と悔しがる。

市川の批判――自民党は「公党ではなく私党……一つの政権争奪株式会社」

この抜き打ち的な政策決定のやり口は、「自民党でも岸さん他ホンの少しの人しか知らなかったようです」と市川は指摘する。そして「五百人もの警官がとりまいている中で、反対党なしで議事をやるなら議会はなくてよい事になります」と怒りを露わにし、「議会政治は多数決というけど、少数意見を尊重した上での多数決であって、少数を無視しガムシャラに数でおさえるのは暴力で民主主義ではありません」と厳しく批判した[22]。

この安保強行採決に、自民党反主流派の河野一郎、三木武夫、松村謙三、石橋湛山ら二〇人が参加しなかった。市川は、そうした自民党反主流派が「保守第二党を結成し、今の自民党の絶対多数を壊すことが、現在の日本の政治をよくする一つの方策だと思うのですが、どうも腰が弱くてはがゆいですね」と批判した。そして自民党は「公党ではなく私党、内輪げんか、派閥争いで甘い汁を吸おうとしている一つの政権争奪株式会社」であると糾弾し、「民主主義の上に立った保守党に脱皮してもらわなければ、困ります」と苦言を呈した。

手段を問わない世論弾圧と超法規的な改定安保関連法案の参院通過

改定安保法案の衆院強行採決は、国民の議会制民主主義への危機感を増幅し、国会を幾重にもとり囲んだ安保反対の連日のデモは次第に反米、反政府へと激化していった。警察と右翼支援団体では抑えられないと判断した岸首相は、『ファー・イースタン・イコノミック・レビュー』誌によると、「博徒、恐喝屋、テキヤ、暗黒街のリーダー達を説得し」「効果的な反対勢力」を組織し、彼らに約八億円（二三〇万ドル）の「活動資金」を供与したという。六月一五日、暴力団と右翼団体がデモ隊を襲撃し、機動隊が国会議事堂正門前でデモ隊と衝突、多数の負傷者がでた。この衝突で議事堂正門前のデモに参加していた東京大学学生の樺美智子《かんばみちこ》が圧死した。

国家予算と条約は、憲法規定により衆院を通過して三〇日がたつと自然成立する。参院不要論が出ることを憂慮した参院自民党は、単独審議の批判を避けるため、参院同志会と市川の所属する無所属クラブに「実に執拗に審議参加をよびかけて」きたと、市川は記している。[30] しかし、同志会、無所属クラブも社会党、民社党とともに安保審議に参加しないことを決めたため、参院自民党は、条約が自然発効する前日の六月一八日に強行採決に踏み切ろうとした。社会党はそれを阻止するため、安保特別委員会室の外に座り込みをはじめた。国会の外では、安保阻止を叫ぶ三三万人が議事堂の周辺を埋め尽くしていた。

市川は、「参院における新安保条約の単独審議には絶対反対」であり「新安保条約の衆院通過は法的に有効であるとは認めがたい」と考えていた。しかし、一方で自民党が議歩するにも限界があると判断し、当初条約が自然成立する一八日以前に衆院を解散するように求めた。しかし、参院自民党が一八日に強行採決を決めたため、市川たち無所属クラブは、「少なくとも、参議院の中だけでも暴力沙汰のないように」するため自民党に働きかけることを民社、同志会に提案し、三派で参院自民党に強行採決取りやめを要請した。結果、参院自民党は強行採決をあきらめ、安保条約改正案は自然成立となった。

条約は自然成立しても、条約関連法案が議会で可決されなければ成立しない。この時点で社会党は、関連法案を全力で阻止することを意図していた。六月二〇日、衆院の安保特別委員会と本会議が午前一〇時から予定された。市川によるとそれらは「定刻に開いたことはまずありません。それで、社会党初め皆知らなかった」という。しかし、ここでも自民党は当日の朝八時半に議員を招集し、一〇時きっかりに自民党議員だけで安保特別委員会を開き、それまで本会議でまったく審議してこなかった「安保条約の締結に伴う関係法令の整理に関する法律案」を一分で可決し、本会議に上程、再び自民党議員だけで五分で可決した。

祖父岸信介から孫安倍晋三へ——戦争のできる国家へ時空を超えた連携プレー

かくかくしかじか岸首相は、国会審議を無視した超法規的アプローチで改定安保法案を成立に導いていった。さらに連日、国会を何重にも取り巻いた安保反対の国民の意思を、巨額の金で雇った無頼漢で弾圧し、「国会周辺は騒がしいが、銀座や後楽園球場はいつも通りである。私には「声なき声」（サイレント・マジョリティ）が聞こえる」と、弾圧と馬耳東風で世論を無視した。

岸首相が超法規的国会操作と弾圧と馬耳東風で「政治信念」をかけて通した改定安保のポイントは、「日本にある米国の基地が攻撃された場合、日本も亦米国を援けてこれが防衛にあたる」点にあった。市川はこの点を問題視し、日本が再び戦争に巻き込まれることを憂慮し同条約に反対した。

五五年後の日本において、孫の安倍晋三首相は、祖父の六〇年安保をさらに拡大し、アメリカ（他国）が行う戦争で究極的に日本が攻撃される可能性（国家存立の危機）があると想定できる戦争に、自衛隊は「日本防衛」のため米軍と共闘できるとする安保法制を閣議決定した。しかもその閣議決定は、究極的に日本攻撃につながると想定される、アメリカの戦争に対する判断を、時の内閣総理大臣に委ねる内容を含んでいた。

国会審議に持ち込まれた同法案は、多くの憲法学者の安保法制違憲の指摘を無視し、「平和と生活者のための政党」を標榜する公明党の助けを借りて衆院を通過させた。参院特別委員会では、議長席に幾重にも覆いかぶさった議員たちがテレビ放映されるなか、誰もが、いつ、どのように採決されたのかわからず、議事録の記載もないままでの採決となった。雨のなか、国会周辺を埋めつくした世代を超えた安保法制反対の国民には、ゆっくり時間をかけて理解していただけばよいと、孫の首相もまた世論を無視した。

かくして山口県出身の一家族の祖父から孫への時空を超えた一本の糸（意図）は、日本を再び戦争のできる国へ変貌させた。「前来た道」を進ませないと、徹頭徹尾、反動的な戦後政治に立ち向かい続けた市川没後三四年目の現実である。

（2）日韓基本条約に反対し、沖縄の「核抜き、即時返還」を要望

世論を欺く佐藤首相の外交政策

一九六四年六月、池田首相は病気を理由に退陣を表明し、オリンピック終了後の一一月、池田裁定で岸元首相の実弟の佐藤栄作が首相に就任した。六〇年代前半に、池田内閣がとった所得倍増経済成長政策は六〇年代後半着実に効果を上げ、六八年に日本はＧＤＰでアメリカに次ぐ世界第二の経済大国となった。当初池田の所得倍増に反対していた佐藤は、その恩恵のもとで七二年七月までの七年八カ月間におよぶ歴代最長内閣の首相をつとめた。

外交面で佐藤は、日韓基本条約の批准、非核三原則の提唱、安保条約の存続、そして「核抜き本土なみ」の沖縄返還を実現し、岸外交の延長線で日米安保体制を盤石にしていった。その「功績」は七四年のノーベル平和賞の受賞につながったが、沖縄返還交渉時に密使をつとめた京都産業大学

教授の若泉敬が、佐藤没後の九四年に『他策ナカリシヲ信ゼムト欲ス』を上梓し、有事の沖縄への核持ち込みを認めた密約（「合意議事録」）の存在を暴露した。[31] さらに二〇〇九年一二月には、リチャード・ニクソン大統領と佐藤首相の署名のある密約の合意文書が佐藤家に保管されていたことがわかった。[32]

また六七年一二月の衆院予算委員会での佐藤首相の答弁――「核兵器を持たず、作らず、持ちこませず」の通称、非核三原則の提唱がノーベル平和賞の受賞理由でもあったが、その二年前の六五年日米首脳会談で佐藤首相は、リンドン・ジョンソン大統領とロバート・マクナマラ国務長官から、それぞれ日本がアメリカの核の傘下にあることの確約を取っていたことが、後年、アメリカの外交文書から明らかとなった。

日韓基本条約の参院本会議上程――「案件は成立していない」

もとより市川は、世論を欺くこうした外交政策背後の事実を知らなかった。しかし、憲法を守り平和を維持する立場から、佐藤政権下で批准された日韓基本条約に真っ向から反対した。一九六五年一二月に市川は、第五〇国会の参院本会議で日韓基本条約批准反対の討論を行い、冒頭「第一の反対の理由は、この案件の審議が、議会政治のルールによっていない」点にあると指摘した。そして、参院の日韓基本条約特別委員会で「何らの採決も行なわれなかったことを、私は自分の目で見ております」と告発した。同委員会の寺尾豊委員長が「公文書を偽造して」本会議で報告し、参院「議長もそのことをよく承知しながら承認をして、議長職権でこの本会議に上程」したと述べ、「全くルール無視もはなはだしく、私の議員生活十二年間で初めてのこと」と糾弾した(33)。

興味深いことに、岸政権の安保国会と同様に、弟の佐藤内閣でも日韓基本条約批准の国会で、「超法規的」議会運営をした。市川はさらに「先ほど草葉〔隆円〕委員長代理は委員会の報告で、採決したとおっしゃったのですが、これは偽りであります」と述べ、「ルール無視で審議された案件」は、「内容のいかんを問わず、反対」であり、「いや、今度の場合は、案件は成立していない」「ここまで持ってくるのが間違っている」と、断言した。そして、「多数党である自民党」は、「大政党としての襟度《きんど》を持って忍耐をして、少数党の意見を十分に聞く、その上での多数決」が「民主主義のルールである」のに、「何を急いであんなに無理をなさるのか」と詰問した。

日韓基本条約反対の理由

市川は、条約の是非を決める国会の手続きに疑義を唱えただけではなく、その内容にも多くの疑問の点があると強調した(33)。まず、同条約の解釈が日韓で著しく異なる点をあげ、その意見の齟齬が必ずや将来の両国の「紛争の原因」になると危惧した。日韓の意見の違いは、第一に、条約の管轄権に関して日本側が韓国としているのに対し、韓国は全朝鮮を含めると主張している点、第二に、李承晩《りしょうばん》が講和条約締結後に一方的にひいた排他的経済水域――李承晩ラインを日本側は廃止として いるのに対し韓国側は存続とし、第三に、竹島を両国が領有権を主張している点にあった。

反対の第二の理由には、日韓基本条約がＮＥＡＴＯ（北東アジア条約機構。一九五四年アメリカが提唱した日本、韓国、中華民国、アメリカの集団安全保障構想）の軍事条約につながっていくのではないかという危惧があった。そして第三に韓国内で条約に反対する強い世論があることを挙げ、最後に国内の韓国系の在日朝鮮人を優遇する政策が、これまで以上に国内で南と北の朝鮮人を分断してしまう危険性を挙げた。市川は、こうした不一致を抱えての条約締結について、「批准後トラブルが起こるのは必至」であり、「この状態でなぜ急ぐのか、〔条約制定までに〕十四年もかかったのだから今一、二年かかっても了解点に達する迄努力すべき」と主張した(34)。

参院本会議で最終的に採決がとられ、社会、公明、共産、二院クラブが退場し、自民・民社の賛成多数で可決した。市川は、「自民党の採決のしかたに対してプロテストする意味において」採決に参加しなかった。

「私は日米安保条約の廃棄を願う」

一九六九年九月、市川は有権者同盟の機関紙『婦人有権者』に「私は日米安保条約の廃棄を願う――日本の安全と世界の平和のために(35)」を寄稿し、岸内閣の下で締結された安保条約の一〇カ年期限が七〇年六月二二日に切れ、その一カ年前の通告でいつでも破棄できることに一縷の望みをつないだ。きたる六九年一二月二七日の衆院選では、安保存続を主張する自民党が勝利するだろうから、そう簡単に破棄は期待できないとしながらも、「五年先の昭和五十年頃には、財界自身再検討を要するといっているし、自民党の実力者の一人、中曽根氏も五年間位で廃棄が望ましいといっているようである」と、期待を膨らませた。

先の大戦を生き抜いたものとして市川は、戦争はいったん起こったらいかに終わらせることが困難かを熟知していた。そのため戦争は起こる前に止めるものであり、「他国の戦争に巻き込まれたり」、また将来の「紛争の原因」となる条約は結ぶべきではない。この想いに貫かれて、平和憲法護持、日米安保破棄は戦後の一貫した強い政治主張だった。

市川は、「基地を提供し、米軍の駐留を認め、もし日本にある米軍の基地が攻撃された時には米軍と共に戦うことを約束している現条約は明らかに軍事条約であり、日本を戦争にまき込むおそれがある」と指摘した。そして日本は、「あの悲惨な戦争に敗けた後で制定した現憲法に於いて、二度と再び〔戦争を〕繰り返さない」ことを「世界に向かって宣明した」と述べ、「どうかこの憲法の前文及び第九条を今一度よく読み返してほしい。すれば結論は当然安保条約廃棄につながる筈である」と呼びかけた。

さらに「米軍が戦争抑止力となって」日本が「経済的に繁栄を続けてきた」という「言い分」はあやまりであり、米軍は「米国のアジア政策の一環として駐留しているのである」と断言した。そして「武力がいかにむなしいかをベトナム戦争でつぶさに見聞した」以上、「自衛隊は二十五万を超すに至った」が、「どれだけ軍備したら自分の国が守れるのか」と疑問をなげかけ、武力による平和ではなく「自由主義国と共に共産主義国とも仲良く」する外交を主張した。

沖縄の「即時、無条件返還」を要望

一九六九年一一月、佐藤首相はアメリカの大統領リチャード・ニクソンと共同声明を出し、日米安保条約の自動延長と引き換えに沖縄の「核なし本土並み」の返還を発表した。戦後市川は沖縄を

三度訪問していた。そして四半世紀にわたり、「沖縄の同胞が」「異民族の占領下に置かれ、どんなに苦労して来られたかをつぶさにみて来た」。それだけに沖縄の「即時、無条件返還を強く要望する次第である」と、主張した(36)。

同時に、「核なし本土並み」の沖縄返還が、実際には容易でないとも考えていた。もとより沖縄返還をめぐる日米間の「密約」の存在は知るよしもなかった。しかし「沖縄には現在原子核メースB(核ミサイル)があることは周知」のことであり、「たとえその撤去に賛成しても米国の法律上の規定でその存在をはっきりすることは出来ない」から共同コミュニケに明記されないだろうし、またそもそも「米軍部には核抜きに強い反対がある」と指摘した。

さらに、安保条約のもとでの沖縄の「本土並み返還」となると当然、沖縄の基地における「米軍隊の異動等については事前協議の規定が適用」されることになるが、アメリカは従来どおり「自由発進」を望んでいると指摘した。そして「本土並み」の希望が全面的に受け入れられなくても「主張すべきは主張し、総理の言動を監視しようではないか」と呼びかけた。

「政治は数」の論理に物申す――議会制民主主義にも再検討を加うべき時期

一九六九年五月二三日、佐藤内閣は第六一国会の会期延長を、社会党など野党の反対を押し切って強行採決した。その会期延長は、政府提案の防衛二法の改正(防衛庁設置法及び自衛隊法の一部を改正する法律)や、大学の運営に関する臨時措置法などを会期中に成立させるためだった。前者は、沖縄の本土返還を機に自衛隊を強化することを意図し、後者も、東京教育大学を筑波大学に再編成するなど大学の国家管理化が意図された。市川は、この二つの法案に反対した。とくに「大学法」に関して、「大学の自治、学問の自由に権力の介入する道を開く悪法」と糾弾し、「法律を審議未了とするため野党連合に参加」し、はじめて「五月雨《さみだれ》牛歩」に加わった。

会期延長が決まった直後の六月初旬、市川は『婦人有権者』に、「国会会期の大幅延長について――議会制民主主義のあり方[37]」を掲載し、「現在の議会制民主主義に於いて少数党が望ましくないと考える案件を阻止するためには、定められたる会期内〔に〕……これを審議未了に追い込むより他に途はない」と指摘した。そして「多数党は少数党の意見を無視し、これを成立させるため、勝手に大幅に会期を延長」するのは「議会制民主主義の多数決制を悪用するもの」と批判した。

自民党与党の五五年体制のもとで市川は、自民党が推進する憲法改正につらなる戦前型社会回帰の政策に無所属議員の立場から一貫して反対し続けた。しかし、少数の意見がほとんど反映されない形で、多数党である自民党の政策が強行採決によって成立され続けた。世論を二分した六〇年安保、日韓基本条約は、ともに国家が再び戦争に巻き込まれる危険性をはらんだ重要法案だった。世論の強硬な反対があったにもかかわらず、岸・佐藤兄弟の両内閣は、それぞれ超法規的な議会操作を使い多数党の力で強行採決に持ち込んだ。

市川は、自民党が少数派の意見に耳を傾け、妥協できるところは妥協する、「民主主義の上に立った保守党に脱皮」すべきと、自民党の政治姿勢を正し続けた。そして現在の国会が、「国民不在の対立、妥協、抗争に終始」し、「少数意見も尊重、審議を十分尽くした上、最後に多数決による」議会制民主主義の「精神を全く顧みない形骸化」したものとなっている以上、その制度の「再検討」の必要なときが来ていると警鐘を鳴らした。

（3）終焉の時に向かって——「前来た道」を進ませない

到達した地点と変わらない現実

一九八〇年、市川は四半世紀におよぶ議員生活の頂きにいた。同年六月の第一二回参院選に全国区から出馬し、二七八万票をゆうに超える高得票でトップ当選を果たした。その前年の一〇月衆院選挙では「ストップ・ザ・汚職議員」の国民的運動を巻き起こし、熊本県で松野頼三を落選に追い込んだ。また、当選はしたが新潟県の田中角栄の票を三万票近く激減させた。二五年におよぶ金権選挙と金権政治に対する市川の闘いは着実に選挙民を啓蒙し、政治と「カネ」の癒着に対する国民の批判票を動かすことに成功した。

一方で、史上初の衆参同日選だった八〇年参院選は、一〇日前に大平正芳首相の急死に遭遇した自民党が一致団結して選挙に臨み、両院で圧勝した。その結果、自民党は衆院で安定多数を維持し、参院では七四年参院選以来、六年間続いた自民党与党とその他の野党との保革伯仲が崩れ、再び安定多数の地位を取りもどした。自民党政権の続く五五年体制の金権体質に一撃を加え、何とか政権交代を実現し議会制民主主義を機能させようとしていた市川は、選挙後、新聞記者にトップ当選の感想を問われ、自民圧勝の選挙結果に「残念です」と無念さを露わにした[38]。

実際、現実には市川が「政治資金奨励法」という三木政権下の改正政治資金規正法の「保護」の下で、自民党の金権体質に変化の兆しはみえなかった。ダグラス・グラマン事件でゆれた七九年には税理士法の改正に絡んだ献金問題が、さらには官界と政界を巻き込んだＫＤＤ〔国際電信電話株式会社〕の交際費の贈収賄事件が新たに起こった。

最後まで立ち向かい続けて

一九八〇年春、第九一国会参院の各種委員会に、自民党の金権選挙と政治を舌鋒鋭く批判し続ける八七歳の老いた市川の姿があった。[39] 三月初旬、市川は大蔵委員会で、再び改正政治資金規正法の欠陥を取り上げ、政治献金の課税が不徹底であると指摘した。そして、国民にはどんなわずかな収入でも課税する一方で、政治家に対するこの「優遇」に対し、国民は納得していないと強調した。

同月末の予算委員会では、前年一〇月の衆院選挙での選挙違反を取り上げ、自治大臣の後藤田正晴に質問した。後藤田の選挙区の徳島県では、「選挙が済んでからほぼ一月ぐらいで……徳島の県警の本部を解散ーし、「その後で〔後藤田派の違反が〕続々買収犯だのいろいろなものが出て」いると、新聞報道をもとに指摘した。そして新聞の「読者としては、やっぱりあなたが大臣におなりになってから、敬意を表してというのか、遠慮をして、そして〔県警本部を〕早く解散しちゃったんだと」「こういう印象を与える」と述べた。続けて市川は「〔昭和〕四十九年の参議院の選挙のときに、やはり選挙違反はずいぶんあったんですが、あのとき地方区としては徳島でのあなた、後藤田さんと、それから全国区としてはこの間判決が一応あった糸山〔英太郎〕さん、そのお二人が一般の国民に非常に印象づけられている」と指摘した。そして「だからもう〔後藤田自治〕大臣が一生懸命になって、……一般の国民に、きれいな選挙、正しい選挙、民主主義政治の基本は選挙だとおっしゃって下すっても、通じないんですよ」と糾弾した。

さらに五月の航空機輸入に関する調査特別委員会では、前年一〇月の衆院選挙を通して「有権者によって松野氏は裁かれ、落選されました」と述べ、それに対する法務大臣の感想をただした。そして昨年から今年にかけて「税理士政治連盟による税理士法改正についての政界への贈賄事件、ＫＤＤによる莫大な交際費の官界や政界への贈与事件」が国民の周知するところになったが、「両事件とも政官界への摘発には及ばず、国民はまたかということで非常な不満を持」ち「政治不信はますます強くなって」いると警告した。

批判に応えて――政治家としての立ち位置

一九八〇年の九月から一一月にかけて開院された第九三国会は、市川が登院した最後の国会となった。同国会参院法務委員会で市川は、冨士見産婦人科病院の乱診乱療問題と徳島ラジオ商殺しの冤罪事件をとりあげて質問した。これらは共に女性の人権にかかわる問題だった。とくに後者の徳島冤罪事件には、六四年に容疑者の冨士茂子の仮出所請願に署名して以来、「冨士さんの無実を明らかにする市民の会」の中心メンバーとして再審請求運動に積極的にかかわった。同事件は、七九年一二月に徳島地裁が再審を決定したが、検察が即時抗告した。

市川は、その「再審開始決定の受領に立ち会って」「その後、検事総長に……即時抗告をしないように陳情」した。フジテレビの「キャスターの某氏」が「ニュースレポートの時間」に、これを取り上げ、「立法府の立場にある者が現在進行中の案件に対し圧力をかけた、こんなことがあってよいのか」とコメントした。市川は、このコメントに対し「国民の声を代表して裁判についても、あるいは検察に対しても疑問があればこれを国会で伺い、あるいは院外でそのための運動を展開する」ことは議員として「当然」のことと反論した。[40]

国民から選ばれた代議人として立法府にあるものが、国民の利益と価値にそって自らが正しいと思う院外の活動をし、それをもとに国会発言をする。これは選挙人と政治をつなぐ議員としての当たり前の役割ではないのか、と市川は法務大臣に確認した。実際、四半世紀におよぶ政治家市川の活動は、直面した政治課題にそって市民組織を立ち上げ、その活動をもとに国民の視座から国会発言をし続けたことに、際立った特色があった。党利党略を唾棄し、国民主体の議会制民主主義を追求しつづけた市川の根幹となる政治スタンスだ。

危惧――「前来た道……戦争への方向に向かって……進んでいくのではないか」

市川がその最晩年に最も憂慮したのは、五五年体制が続く中で、多数党の力で自民党が再び戦争のできる戦前型の体制づくりを強引に押し進めることにあった。

一九七九年に元号法が成立し、(天皇)一世一元の制度が明文化された。それによって国民は、公文書の記載で元号使用が強制されることになった。同年六月の第八七国会参院内閣委員会で、市川は委員外発言を許可された。[41] 同所で市川が問題としたことは第一に、元号法の政府提案が、総理府の世論調査に基づき、「国民の多数が賛成している」ことを背景になされた点だった。市川は総理府の調査が、「元号を存在したい」かを聞いたもので、元号を「法定化する」かを聞いたものではないと指摘した。そして七八年七月の『読売新聞』の調査をもとに、「法制化した方がよい」が、一五・一%で、「元号はあった方がよいが、法制化するほどのことはない」が六四・五%であると指摘し、「八〇%は賛成しているから……といって〔そう〕おっしゃるのは少し違うのじゃないか」と述べた。

第二に市川は、元号を支持している団体に、「いわゆる天皇制を支持」し、憲法改正、自衛隊の合法化、有事立法の必要性を主張する団体が多いと指摘した。そして「そうなると、元号の法制化、天皇一世一代ということから将来のまた前来た道、いわゆる戦争への方向に向かってこれが突破口となって、そしてそっちへ進んでいくのではないか」「いままでの歴史、自分の体験を通して私は非常な心配をしておる一人」と強い憂慮を示した。

元号法成立前年の七八年には、東條英機元首相ら一四人の戦犯が靖国神社に、「昭和殉教者」として秘密裏に合祀され、翌七九年四月の新聞報道で国民の知るところとなった。そうした状況下、大平首相の弔い合戦として闘われた八〇年の衆参同日選挙で自民党が圧勝したことを背景に、鈴木善幸首相と一八閣僚が大挙して靖国神社を参拝し、政治家の靖国公式参拝の環境を整えていった。

他方で七〇年代は、日本企業の海外投資、多国籍化が本格化し、経済大国として台頭した日本に対し、アメリカは応分の軍事的責任を求めるようになった。アメリカの経済力が相対的に弱まるなかで取り決められた、七八年の「日米防衛協力のための指針」(ガイドライン)は、米軍基地経費の一部を日本が負担する「思いやり予算」を大幅拡大し、アジアの安全保障をめぐる集団的自衛権体制と有事における自衛隊の役割を明確にした。

翌七九年七月、防衛庁は「中期業務見積り」を発表して軍備増強をはかり、八〇年二月、海上自衛隊が環太平洋合同演習にはじめて参加した。同年八月、奥野誠亮《おくのせいすけ》法相が、衆院法務委員会で自主憲法について「そういう空気が国民の間から生まれてくれれば望ましい」と発言した。八〇年四月、第九一国会参院予算委員会で市川は、防衛問題を取り上げた。(39) 同所で「アメリカから日本の防衛の増強の申し入れがあったり、あるいは財界からは徴兵制度の創設とかあるいは武器の海外輸出等が提案されて」いることを取り上げた。そして「何となくきな臭いようなにおいが少ししてきたように国民は受け取っております」と述べ、「戦争に引っ張り込まれるようなことがないよう」大平首相が「努力」することを強く要望した。

最後のメッセージ――「平和なくして平等なく、平等なくして平和はない」

日本の軍事化が加速するなかで一九八〇年一一月、国連女性の一〇年中間年日本大会が開催された。同大会で基調報告をした大会実行委員長の市川は、国連女性の一〇年前半に、「強力な国際キャンペーン」と、それに「呼応する政府、自治体……民間の婦人活動」で、「男女平等への社会的風潮は幾分広が」ったと指摘した。他方で国際社会では、中近東の戦争や中越戦争が勃発し、その結果生じる難民問題、開発の遅れから来る貧困、さらに人種差別などの緊張が高まっていると述べた。そして、「平和の達成と貧しさからの解放なくして婦人の地位向上等はあり得ない」と述べ、国連女性の一〇年が標榜する「平等、発展、平和」が三位一体であることを強調した。

市川は、国際的緊張が高まるなかで、男女平等を実現するために日本の女性たちの役割はなにかを問いかけ、日本は、「このところ、軍備増強をめぐり改憲論議等、戦争へのきなくさいにおいがただよって」いると、女性たちの注意を喚起した。また、「真に民主的な社会は、婦人が社会的経済的開発の成果を男子と平等に受けられる権利が保障されること」にあり、社会の「あらゆる分野、あらゆるレベル」に女性が「全面的に参加すること」が喫緊と強く主張した。そして、その達成のために、なによりも「平和と平等を国際的な連帯で実現」しなくてはならないと強調した。「平和なくして平等なく、平等なくして平和はない」。市川は、女性たちが「このことを心に銘記して」、国連女性の一〇年「後半期にとりくむべき」と強く訴えた[42]。平和と平等を一枚のコインの裏表にとらえ、そのいずれが欠けても平和も平等も達成できない——想いを共有する女性たちに残した最後のメッセージだ。

戦争の記憶をどうつなげるか

一九八一年一月一六日、市川は、心筋梗塞で日赤医療センターに緊急入院した。一進一退をくり返し、二月一一日、永眠。亡くなる直前まで、日本が戦争への道を再び進むのではないか危惧し続けていた。戦争への道を阻止するためには、なんとしても平和憲法を守り抜くことにつきた。

この年の冒頭市川は、『婦人有権者』の「五六年の年頭にあたって」や『婦人展望』の「一九八一年の新年を迎えて」で、くり返し「ますますきなくさくなって」「右旋回」する社会に、仲間の注意を喚起し、憲法改悪を阻止し、平和憲法を守ることを呼びかけた[43]。入院前々日と前日に、憲法学者の針生誠吉(都立大学教授)は、市川から憲法問題の相談を受けた。「憲法改正、平和への危機に対し先生は非常に鋭い問題を出され、……目の前の先生のすさまじい迫力に改めて驚いた」と証言する。[44]

入院前々日の一月一四日に市川は、映画試写会で「子どものころ戦争があった」(原作・日本児童文学者協会編『語りつぐ戦争体験』)をみた。試写会後、宣伝用の一文を依頼され次のように記した。[45]絶筆である。

しみじみと、戦争がきらいになるうつくしい映画です。戦後派のお母さんたちも、子供と一緒に是非みて下さい。

一五年におよぶ先の大戦で、ファッショ反対、中国大陸の戦争の早期終息を要求した婦選の主張と活動は、戦争末期に大政翼賛の波に飲みこまれていった。戦後市川は、戦争はいったん起こしたら、終わらせることがいかに困難か、どんなに戦争に反対であっても戦争遂行の渦に巻き込まれざるを得ないことを、くり返し語った。そして、戦争は起こす前に止めるものと強く主張した。二度と再び戦争への道を進ませない——戦後市川の活動を突き動かした信念だった。しかし戦争の経験のない若い世代に、戦争の記憶をどうつなげていけるのか。深い憂慮を抱きつつ市川は、鬼籍の人となった。

終章

市川レガシーを読み解く
——歴史の教訓

1980 年 5 月 15 日．満 87 歳の誕生日．前列右から 2 人目が市川．

1　五五年体制の崩壊――「政治は生活」が浮上するとき

市川没後三七年の現実――憲法改正の目指す「この国のかたち」

二〇一八年冒頭、安倍首相は、この年を憲法改正の年にすると言明した。一月二二日の国会開院直前に開かれた自民党両院議員総会で、自民党結党以来の党是である憲法改正について、「長い間議論を重ねてきた」と述べ、「いよいよ実現する時を迎えている」「私たちは政治家であり、それを実現していく大きな責任がある」「責任を果たしていこう」と呼びかけた(1)。

具体的に、ここで目指す改憲とは、戦争放棄した憲法九条の第一項、二項をそのまま残し、それに自衛隊の根拠規定を加える九条の改正を意図している。すでに自衛隊は、一五年に制定された安保法制によって、首相の「裁量」で「他国〔アメリカ〕」の行う戦争に参加できる潜在的「交戦権」を手にしている。そのうえで憲法に自衛隊を明記し合法化することは、あらゆる戦いを「自衛」と、首相が「裁量」することで、戦後七三年間の平和国家としての「この国のかたち」を、戦争のできる国家へと大転換することを意味する。

一方、一二年に発表された憲法改正自民党案は、前文で、「日本国は、長い歴史と固有の文化を持ち、国民統合の象徴である天皇を戴く国家」と謳いあげ、さらに現行憲法の二四条項(結婚条項)に、「家族は、社会の自然かつ基礎的な単位」と明記した。それは、民主国家の基盤を男女個々人の平等な基本的人権に置く現行憲法を反転させ、「家」を社会の基礎に置く、天皇制国家の戦前型社会への回帰を意味している。それはまた、第三章で指摘したように岸信介憲法改正調査会会長（当時、自由党）のもとで、一九五四年に最初の「日本国憲法改正要項」を提示して以来、自民党が一貫して追求しつづけてきた「この国のかたち」でもある。

つまるところ、こうした〝戦争のできる国家〟と〝国家の単位を個人ではなく、「家」に置く〟、自民党憲法改正案が目指す二つのベクトルは、相互に切り離すことのできない戦前型社会の枠組みであり、覇権型国家の再構築を意図するものである。そして、本書で検証したように、その戦前型覇権国家の再構築を阻止することは、市川が、四半世紀の議員生活を通して政治生命をかけて闘ってきたことにほかならない。

市川没後三七年の今日、日本社会は、いったいどのような政治状況をへて、安倍首相のいう、憲法改正を「実現する時を迎えている」のだろうか。そして、五五年体制下の自民党政権に対峙し、追求し続けた市川の「政治は生活」の政治理念と実践は、憲法改正を阻止し、戦後手にした平和憲法が補償する人権と平等の守られた民主的体制を維持するために、どのような歴史の教訓をわれわれに示しているのだろうか。

五五年体制の崩壊——二つの政変

議会制民主主義が、多様な国民の意思と利益の反映した本来の形で健全に機能するためには、政権交代が可能な政治状況が必須だ。盤石な五五年体制のもとで市川が、理想選挙を編み出し、その普及につとめ、公職選挙法と政治資金規正法の改正に政治生命をかけ、議員定数是正訴訟に挑み続けたのは、まさに、戦前から連綿として続くこの国の保守的政治風土に、政権交代の可能な民主的政治システムと価値を植えつけるためだった。「政治は生活」を標榜して市川が展開した、そうした政治実践は、戦前の覇権型国家の政治に対峙するものにほかならない。

翻って市川没後の政治状況をみると、日本の政治が変化に向けて大きく動くとき、この「政治は生活」の主張が浮上する。一九九三年七月の衆院選の結果、新生党や新党さきがけなどの新党ブームをバックに、日本新党代表の細川護熙が非自民・非共産勢力を束ねて八党派連立の政権を誕生させ、自民党が与党の座を降りた。この選挙では、五五年体制下の最大野党であり続けた社会党も議席を激減させ、五五年体制は事実上崩壊した。その政変は、与野党を問わず、既存の政治のあり方に対する国民の強い拒否感を表したものだった。

細川は、前年の九二年五月、月刊誌『文藝春秋』に「「自由社会連合」結党宣言」を発表し、同月末に日本新党を立ち上げた。その宣言で、自民党支配下の政治と異なる新しい政治目標の一つに掲げたのが、「生活者主権の確立」だ。同誌で細川は、「これまでのような生産者・供給者側優先の政治、経済、社会の仕組みを改革して、生活者・消費者・需給者側を優先する経済体制への構造転換を図る」と述べ、「生活者革命をめざす」と宣言した。(2)

国民の自民党政権に対する不満は、さらに二〇〇九年八月の第四五回衆院選で爆発した。この選挙で民主党(現国民民主党)が圧倒的多数の三〇八議席を得て政権党に就いた。一方、自民党は、公示前議席を一八一減らし一一九議席となり、一九五五年の結党後、はじめて衆院第一党の座を降りた。「民主国家」日本ではじめての本格的な政権交代だ。

この二〇〇九年衆院選で、民主党がマニフェスト冒頭に掲げたのが「国民の生活が第一。」だった。(3) 五五年体制の崩壊をもたらした一九九三年選挙――第一の政変と、戦後史上はじめて自民党とは異なる政党が、単独で政権党となった二〇〇九年の選挙――第二の政変で、ともに新しい政治の目的として、「生活者主権」や「生活が第一」という宣言がなされた。日本の政治世界で、「政治は生活」の政治メッセージが、変化を起こす契機となる証左だ。はたして二つの政変は、どのような「政治は生活」を体現する政策を、保守的日本の政治世界に導入し、それらは、生活者の意思と利益を第一に守る政治システムの構築につながっていったのだろうか。

第一の政変――企業献金を国民(生活者)負担に変えた政党交付金の導入

自民党政権と異なる政治を標榜し、非自民を掲げ成立した細川連立内閣にとって、自民党政権で達成できなかった政治資金規正法の強化、中選挙区制の改革などの政治改革が、まず問われた政治課題だった。同内閣は一九九四年に、政治改革四法――公職選挙法の一部を改正する法律、政治資金規正法の一部を改正する法律、政党助成法、衆議院議員選挙区画定審議会設置法を一挙に成立させた。一連の政治改革は、政党交付金と小選挙区比例代表並立制を新たに導入した点に特色がある。

政治改革四法の、政治資金規正法の一部を改正する法律は、企業・団体からの寄付の対象を政治家の資金管理団体に限定し、その額を年間五〇万円と制限した。政党助成法は、汚職につながる政治家や政党への政治献金を制限する代わりに制定された法律だ。国民一人あたり二五〇円を、国勢調査による総人口にかけ、その総額を年間の政党交付金として算出する。そして、その半額分を政党の所属議員数に応じて、残りの半分を直近の国政選挙の得票率に応じて、政党に交付することを決めた法律である。

この法律によって、たとえば二〇一五年度の政党交付金は、総額三二〇億一四〇〇万円を超え、このうち自民党は約一七〇億四九〇〇万円、民主党（当時）は約七六億六八〇〇万円の交付を受けた。共産党以外のすべての政党が政党交付金を受け取っている。[4] 巨額な政党交付金は、政党の常時の政治活動費や選挙時に使う膨大な選挙資金を、国民の税金でまかなうことを可能にした。

本来、議会制民主主義の制度で政党は、政治観、政策などを共有する者たちの集まりであり、政党が政治活動をするために必要な資金は、その政党の政策、政治観に共鳴する者たちが自主的に出した個人の寄付や党費によるべきものだ。第一章で検証したように、市川が希求した政治資金規正法の改正は、企業、労働組合などからの献金を一切禁止し、個人の寄付によることを軸とした。国家が、乳幼児など未成年者も含むすべての国民から一律調達した金（税金）を主権者の支持政党を問うこともなく政党に配分することは、「生活者主権の確立」の観点からもっとも乖離した生活者無視の政策といえる。

その政治改革は、まずその前提に、「政治は、カネがかかるものである」という、自民党政権下で根強い金権政治の「政治的常識」がある。生活者主権の確立をめざす政治なら、その「政治的常識」を生活者目線で見直し、カネのかからない選挙と政治へ改革することこそが、政治改革の第一歩だったはずだ。

「生活者主権」ではなく党利党略の優先した選挙制度改革

細川政権のいま一つの重要な政治改革である小選挙区比例代表並立制の導入は、戦後四〇年近く続いた自民党与党の五五年体制に風穴をあけ、政権交代が可能な制度を組み立てることを意図していた。「生活者主権の確立」の公約を実現するためには、多様な国民の利益と価値が少しでも多く反映される選挙制度の構築が喫緊だった。

しかし五五年体制下と同じ、すさまじい党利党略の政治的駆け引きで決定された八党派連立政権が導入した小選挙区比例代表並立制は、強固な伝統的地盤をもつ自民党に有利な小選挙区三〇〇議席、比例代表二〇〇議席の衆院議席配分と、全国区ではなく地域ブロックによる比例代表の選出方法に決着した。

本来、「生活者主権の確立」を目指す選挙制度の改革であるなら、この時点で最も重要な課題は、選挙に具現される生活者主権（＝一票の重さ）の平等を問うことこそが、第一義であったはずである。たとえばこのとき、共産党は、当時施行されていた中選挙区制を維持したうえで、定数是正の選挙区制度見直しを提案した。しかし、非自民非共産の八党派連立の細川政権の政治改革で、議員定数是正を改革の根幹に据えることはなかった。現職議員がそれぞれの地盤を確保している状況で、定数を是正するため選挙区を新たに線引きすることは、その当落を左右し、ひいては各党の覇権をかけての激しい闘いになることが危惧された。その結果、党利党略による八党派連立政権の思惑が、生活者主権の確立を目指すという国民との約束に優先した。

第二の政変――「国民の生活が第一。」の政党が模索した、「もう一つの政治」

第二の政変を起こした民主党は、日本の憲政史上で、「国民の生活が第一。」を公的に宣言したはじめての政党だ。その初代首相の鳩山由紀夫は、二〇〇九年マニフェスト『政権交代』冒頭の「暮らしのための政治を。」で、民主党の政権交代が目指す目的を二点明示した。ひとつは、国民一人ひとりの「生命を大切にする」こと、そしていまひとつが「税金のムダづかいを徹底的になくし、国民生活の立て直しに使う」ことだ。

鳩山は、この二つの政治目標を「当たり前のことかもしれません」という。[3] しかしそれは、まさに政治が本来目指すことであり、「政治は生活」を標榜する市川が依拠する政治理念だ。主権者の国民は、与えられた一票を、みずからの命を守ってくれる、そして人間としての尊厳を維持できる生活環境を保障してくれる政治家に託している。

もとよりこの政治理念は、自民党政権下の政策の抜本的な改変を要請した。その改変は大別、国民の〝命を守る〟ための外交政策の見直しと、〝生活を守る〟ための予算の使い方の見直しに収斂される。

アメリカ偏重の外交政策からの離脱

一九九九年に小渕恵三内閣で日米新ガイドラインが制定され、自衛隊の米軍後方支援が可能となった。それは、将来、アメリカの戦う戦争に日本が巻き込まれることを現実化させ、戦争を放棄した平和憲法に抵触するものにほかならなかった。一方で七八年に、当時、防衛庁長官の金丸信《かねまるしん》が提唱し、米軍基地の日本人労働者の経費の一部負担からはじまった対米「思いやり予算」は、米軍基地職員の賃金から基地施設の光熱費、訓練移転費、施設建設費へ増大し続けていた。その結果、日米新ガイドラインが制定された九九年には、七八年当時の六二億円から二七五六億円へと最高額に達した。

国民の「生命を大切にする」「暮らしのための政治」を公約した民主党の政策は、こうした自民党政権が一貫してとり続けた、アメリカ第一主義の外交に沿ってアメリカの意向に追随する政策が、本当に国民の命と生活を守ることにつながるかを見直すことを意味した。二〇〇九年九月、民主党は、アフガニスタンで戦う米軍の後方支援としてインド洋上で給油活動を行う海上自衛隊を翌一〇年一月までに撤退させ、その代わりにアフガニスタン本土での人道復興支援を強化することを決めた。さらに、同年一一月に二〇一〇年度予算の見直しがなされ、思いやり予算は初めて二〇〇〇億円台を切り、一八八一億円まで削減された[5]。

五二年、独立当時に市川は、対日講和条約と安保条約の同時制定によって、「日本は〔アメリカの〕植民地乃至は保護国に転落した」と慨嘆し、「真の平和な独立国としての日本建設の道は遠く、困難ではあろうが、私共は決してあきらめてはならない」と決意を記した[6]。かくして、独立後半世紀を経てはじめて、「国民の生活が第一」を宣言した政党による、「真の平和な独立国」への模索が始動した。

しかし、鳩山の提唱する東アジア共同体構想や沖縄の普天間基地の移設問題、北朝鮮への対応、「日米核持ち込み問題」の調査など、これまでの外交との不連続性にアメリカは危機感を抱いた。

二〇〇九年一〇月二二日付米紙『ワシントン・ポスト』は、バラク・オバマ政権のアジア政策について「現時点で〔アメリカにとって〕最も困難なのは中国ではなくて日本だ」という国務省高官の発言を紹介し、「アジアにおける日本の立場を変えようとしている鳩山政権に対する懸念が米政府内で強まっている」と報じた。(7)

生活者目線の予算編成の模索

第二の「税金のムダづかいを徹底的になくし、国民生活の立て直しに使う」公約は、まず二〇〇九年一一月に実施された行政刷新会議による二〇一〇年度予算削減のための事業仕分けで始動した。同仕分けではまず、予算に計上された事業の担当官僚が事業の概要、実績、予算計上の根拠を、とりまとめ役の国会議員が当該事業を選定した理由をそれぞれ説明する。これに対し、民間有識者の評価者が質問、議論し、最終的に事業とりまとめ役の議員が評価を発表する方法をとった。当初、三兆円を削減目標としていたが、結果は一・六兆円が国庫返済と評価され、評価が実際の二〇一〇年度概算要求に反映されると、約九七〇〇億円の「税のムダづかい」が削減された。(8)

事業仕分けはさらに、翌一〇年四月、高級官僚の天下り先として自民党政権下で次々に組織された独立行政法人や政府系公益法人について行われ、最後に一〇月、仕分け判定後の実施状況の判定が試みられた。公開の場で行われたこれらの事業仕分けは、憲政史上はじめて予算編成過程に国民(生活者)の目線をとり入れ、税金がどのように使われるか、事業予算の額、優先事業を審査し、その実施状況を監督するものとなった。それは、利権と結びついた政・官主導の従来の予算編成のあり方を、生活者目線の反映した政治主導に改めることを意図した。

「国民の生活の立て直し」の公約はまた、公約通りの実施には至らなかったにしろ、子ども手当や、高校授業料無償化・就学支援金支給制度などの、財の再分配をめざす政策を曲がりなりにも実施した。

変わらない「政治とカネ」の問題

一方で「国民の生活が第一」を掲げた鳩山内閣で、首相を含む閣僚や民主党首脳の「政治とカネ」の問題が浮上した。原口一博総務大臣の政治資金収支報告書の記載もれ、首相の株売買所得の税務申告もれや、鳩山家の資産管理会社「六幸商会」の偽装献金問題、さらに、菅直人副総理や小沢一郎民主党幹事長の資金管理団体の、後援会費偽装疑惑が相次いで発覚した。[9] 小沢はさらに不正蓄財疑惑が週刊誌で暴露され、二〇一〇年一月には小沢の秘書が、二〇億円を超す政治資金規正法の虚偽記載で逮捕された。

自民党政権時代と何ら変わらない政治家とカネの問題が露呈し、鳩山内閣の支持率は短期間で急降下した。〇九年九月の発足当時の同内閣支持率は、歴代一位の七七％で、そのうち約八割が、支持する理由を「政治のあり方が変わりそうだから」と答えていた。[10] しかし、同年末には支持率五六％、不支持率三四％、さらに翌一〇年五月に支持率は二一％までに下降したのだ。[11]

「国民の生活が第一。」の政治の変節――菅直人首相の国家安全保障観

とまれ、民主党政権の第一代鳩山内閣は、「国民の生活が第一。」を標榜する政党が、生活者の命と生活を守るためにとるべき政治の展望を提示した。しかし、その新しい政治志向は、その後の政権に継承されず、民主党は迷走した。

二〇一〇年六月、第二代首相の菅直人は、就任演説冒頭で自らの政治家としての出発点を、一九七一年参院選で落選した市川房枝を仲間の若者たちと担ぎ出し、再選させた七四年参院選に置いた。菅はそのときの選挙応援を通して「一票の力が政治を変える」「政治は国民の力で変えられる」と確信したと述べ、鳩山政権を引き継ぐ自らの政権が、「「草の根」からの取組」であることを強調した[12]。そして市川の追求した「政治は生活」の理念を引き継ぐ者として、「国民の生活が第一。」をマニフェストに掲げた民主党にふさわしい党首であることを内外に印象づけた。

他方で菅は、就任演説で自らの外交・安全保障観について、「この国をどういう国にしたいのか、時には自国のために代償を払う覚悟ができるか。国民一人ひとりがこうした責任を自覚し、それを背景に行われるのが外交である」と語った。国民が国家のために、まず自らの命と生活の「代償を払う覚悟」をすることが、外交の前提条件と主張する菅のこの国家安全保障観は、鳩山が国民一人ひとりの「生命を大切にする」ことを「生活が第一」の政治が目指す筆頭に挙げていた考えと真逆にある[12]。

また、その菅の外交観は、先の大戦を生きた者の一人として、外交は国際紛争を解決する手段として国民の命と生活の犠牲の上に立つ戦争を回避するために、為政者が責任をもって行うあらゆる

方策、とする市川の外交観に対峙する。

菅は同所で続けて「「現実主義」を基調とした外交を推進」し、「日米同盟を外交の基軸とし」「今後も同盟関係を着実に深化させます」と述べた。(12) それは基本的に従来の自民党政権の外交政策への回帰を意味した。外交軸を日米同盟強化に置いた菅政権は、前政権で大幅に減少させた一八八一億円の二〇一〇年度「思いやり予算」を執行する見返りに、以後五年間、同予算を減少させないことをアメリカ政府に約束し、一一年に特別協定をアメリカ政府と結んだ。

生活者目線の経済政策からの乖離

「草の根」からの取組」を主張する菅内閣の経済政策もまた、自民党政権の企業優先型の経済成長第一主義の政策と同一線を走るものとなった。

菅は二〇一〇年参院選の民主党マニフェストで「元気な日本を復活させる」を掲げ、自らの経済政策が、「公共事業中心」で「市場原理主義に基づく」自民党政権の経済政策とは異なる、「第三の道」を選択すると言明し、それは、「強い経済」(=「経済の拡大」)、「強い財政」(=「財政の再建」)、「強い社会保障」(=「社会保障の充実」)の三位一体で構成されると説明した。(13)

具体的に「強い経済」を目指す政策として同マニフェストで、中小企業向けの法人税率を一八%から一一%へひき下げるとし、さらに一〇年六月の組閣直後に閣議決定された「新成長戦略」では、日本企業の国際競争力を強化するため、現行の約四〇%の法人税を段階的に二五%にまで引き下げることを提案した。その一方で、〇九年衆院選のマニフェストで約束した衆院議員任期の四年間、消費税を上げないとした民主党方針を大きく変更した。その変更は、消費税率の目標を自民党が提案する一〇％とし、超党派で協議し早い時期に決着するというものだった。

この路線に沿って一二年八月、第三代首相の野田佳彦は、社会福祉・税一体改革関連法の主軸として消費税増税法案を成立させた。その結果、消費税は一四年の四月に五％から八％へ、さらに一五年一〇月に一〇％へと二段階をへて上げられることになった。

「国民の生活を第一」にするのなら、宝石や高級車などのいわゆる贅沢品により高い税率をかけ、命と生活をまもるための医療品や生活必需品の税率は低く抑える、イギリス、ドイツ、フランスなどで導入している軽減税率を組み入れる方法もあったはずだ。しかし、自民党と異なる政治を模索したはずの民主党政権で、自民党が提案した一律増税方式の消費税法が成立した。

自民党政権とは異なる「もう一つの政治」に対する国民の期待は、見事に裏切られた。「国民の生活が第一」の政党に対する国民の期待はずれは、政治的選択肢のない状況に国民を陥れた。深刻な政治不信と政治的混迷を背景に一二年一二月の総選挙で、再起不可能と考えられていた自民党政権が再浮上し、安倍晋三内閣が再び誕生した。今日に続く安倍一強支配のはじまりだ。

2　選挙と世論が政治をつくる――追求し続けた政治教育

政治閉塞の根源――民意を反映しない選挙制度

もとより、議会制民主主義が本来の趣旨に沿って健全に機能するためには、国民の意思と利益を反映させる選挙制度を具備することが第一義だ。主権者の意思と利益を反映すべく制度化されている議会制民主主義で、政治は、選挙民の政治的選択を基盤としている。国民は、与えられた選挙権を通してどのような政策を標榜する政治家と政党を選ぶか、自らの生活に直結する統治の内容を選択する権利をもつ。市川が、「選挙は政治のはじまり」と主張し、選挙を政党や候補者の意のままにするのではなく、選挙民の手に取りもどすため「出たいひとより、出したいひと」を掲げ、理想選挙の推進に政治生命をかけた由縁だ。

一方で近年、細川内閣の政治改革で導入された小選挙区比例代表並立制の選挙の下で、民意を反映しない選挙が続いている。まず、自民党再浮上・安倍政権再登場を可能とした二〇一二年総選挙で自民党は、小選区で得票率約四三%に対し八〇%近くの小選挙区議席を手にした。この選挙で投票率は、戦後最低の五九・三二%に落ち込んだ。その投票率は、民主党を政権党に選んだ〇九年総選挙を一〇%強、下回ったものだ。

さらに一四年選挙でも自民党は、小選挙区得票率、約四八%に対し、約七五%の議席占有率を、一七年総選挙では約四八%の得票率に対し、約七四%の議席占有率を得た。安倍政権の二年間を問う一四年選挙で投票率は、最低投票率をさらに更新した五二・六六%、一七年選挙でも五三・六八%と、選挙民のほぼ半数の投票に終始した。つまるところ、半数の選挙民の約半数の選挙民の支持で自民党は、小選挙区議席の七割から八割近くを占有している現実が浮かび上がる。いかに小選挙区制度の導入が、強固な伝統的地盤をもつ自民党に有利か自明だ。

換言すると、この先、小選挙区の議席が比例区の議席を大きく優位する現行の小選挙区比例代表並立制の選挙制度が続く限り、五五年体制と同じように自民党の与党の座は担保されていることになる。実際、政権交代の見えない安倍一強支配の続く今日の政治閉塞の根源が、民意を反映しない現行の選挙制度にある。

「世論が政治を変える」――代議員のつとめ

主権者の意思と利益が反映すべく制度化されている議会制民主主義の政治はまた、世論が、国民の意思と利益を反映しない政策を阻止する力をもつ。そのため国民は、生活の現場から遠く離れたところで展開する政治の実態を知る権利をもっている。戦前の覇権型国家を目指す安倍首相が再浮上したとき、成立後まず強行採決した秘密保護法は、その政治の現場で行われていることで、国民に知らせることと知らせないことを内閣が判断するとしたものである。それは、政権党が主体で政治を動かすために必須の世論操作の手段にほかならない。

選挙で選ばれた代議員の重要な責務は、政治の現場で行われていることを、選挙民に知らせることにある。普及会の「議員会員の誓い」は、選挙時の公約を守ること、議員歳費の透明性をはかることに加えて、議会の情報を有権者に逐一知らせることを三大義務とした。

市川は、「世論が政治を変える」を信条に、その実践を追求し続けた政治家だ。政治の現場にいる者として、議会の情報を選挙民に伝え、生活に不都合な政治に異議を唱える世論を喚起する契機となることを模索し続けた。無所属の議員個人としてできる四つの公約のひとつに、「議員と有権者のつながりをつけたい」を挙げ、争点ごとに市民組織を立ち上げ、また既存の市民組織の連携体をはかり、議会と草の根市民の連携の役割を果たした[14]。

その実践は、小選挙区制反対婦人連絡協議会、売禁法委員会、普及会、選協会、政治資金規正協議会など枚挙にいとまがない。市川のかかわったこうした一連の市民運動は、有権者同盟を軸に集まったさまざまな女性組織が核となった。戦前婦選運動を市川と共闘した山高しげりの率いた全地婦連や、戦後奥むめおの立ち上げた主婦連、あるいは一九五二年に平和憲法護持、家族制度復活反対を掲げて連携した婦人平和協会、大学婦人協会、婦人矯風会、ＹＷＣＡ、有権者同盟の五団体連絡委員会など同時代の主だった女性組織や政党女性部の女性たちが、女性問題はもとより平和憲法護持、金権選挙と金権政治に反対する運動などの民主化運動を市川と共に戦った。

草の根の政治教育の趣旨――「選挙や政治は数である」

戦前の婦選運動家、戦後の参院議員として市川が一貫して追求したのが、女性たちへの政治教育だった。本来、民主国家で政治教育は、議会制民主主義に価値を置く主権者としての市民教育を、国家の公的機関で推進されるべきものだ。しかし、五五年体制下で自民党政府は、国民に「真の政治のあり方を解らせたり、批判力を養わせたりしなかった」「徒《いたず》らに有権者が利口になったら自分たちは落選する恐れがあるからである」と市川はいう[15]。そして、その「愚民政策」の結果が「現在の政治の腐敗、国民の不幸となっている」と指摘し、有権者同盟は、「敢えて政治と生活と選挙のつながりを国民大衆――特に大衆婦人によびかけたいと考え、そのために努力している訳です」と述べる[16]。

政治に無関心な草の根の有権者たちに、政治は生活から乖離した遠い存在のものではなく、自らの生活を守るためにあることに気づいてもらう。政治教育の基本は、政治は生活（台所）に密接に結びついたものであるということを、選挙民に気づいてもらうことにあり、選挙民がそう気づけば「もうしめたものである」と市川は語る(17)。そのため有権者同盟は、団地や屋外の特定の場所で特定の時間に人を集めた青空演説会や、「会員でない近所の人達の小集会を同盟の役員又は会員の自宅で開いて、〝生活と政治と選挙〟の関係を実例で話合う」、最寄会の政治啓発の手法を編み出した(18)。

つまるところ、「選挙や政治は数である」と、市川は強調する。その意図は、「少数の人だけがりこうになってもだめで、過半数がならなければ」議会制民主主義は健全に機能しないということだ(18)。議会制民主主義で政治を動かすのは、多数決という「政治は数」の論理である。しかし、その議会の「数」を構成する代議人は、選挙で多数票を得た者たちである。選挙民の多数が政治的に啓発され高い政治意識をもてば、選ばれる代議人の質もおのずからよくなり、また代議人の政治行動にも規制がかかる。そうすれば代議人の数の論理で動く政治もよくなる。「有権者の過半数の自覚と勇気がなくては、よい議員が当選出来ないし、従って、よい政治は望めません」と、市川は断言する(19)。

3　終わりに代えて——女性と政治参画の意味を問う

生活者としての女性の政治参画で政治を変える

女性の政治参画は、生活者の視座を政治に組み入れることで、男性を中心に構築された既存の利権追求型の権力政治を国民主体の政治へ改変することにつながる。婦選運動家として参院議員として市川は、生涯を通してこのアポリアに挑戦しつづけた政治家だった。

市川は、「政治は社会生活を営む人たちが、ともに幸福に生きることができるように、かぎりあるものを正しく配分し、人びとの生活を調整すること」〔傍点筆者〕と定義する。[20] この市川が提示する「政治は生活」の政治観は、現代政治学の父ともいえるアメリカの政治学者デイヴィッド・イーストンが政治を「権力と富の権威的配分」あるいは「希少価値の権威的配分」と定義する政治観と真逆にある。[21] 男性を中心に展開した五五年体制下の利権追求型保守政治は、このイーストンの政治観に沿ったものだ。

生活の場の知恵は、さまざまな立場、年齢、性、利益をもつ家庭のメンバーが、「ともに幸福に生きる」ため「かぎりあるものを正しく配分」することを要請する。そこでの行動原理は共生であり、今日の言葉でいうなら「ノン・ゼロサム」の価値と行動様式だ。それは、強い力をもつ者も、弱い者も、ともに人間らしく生きられるくらしと社会のあり方を、さまざまな「くらしの知恵」を行使し模索する共生型政治を編み出す。他方で、イーストンのように政治を「希少価値の権威的配分」ととらえると、政治は、「かぎりあるもの＝利権」をめぐる力のせめぎ合い、つまるところ権力政治に堕し、それは、「ゼロ・サム」ゲームにほかならない。

もし、イーストンの政治の定義に基づいて、あるときは「数の論理」で、またあるときは「武器の力」で、強い力をもつ者（政権党や覇権国家）の利益と価値観が、常に政治的意思とされる政治を追求するとしたら、それは、国民（生活者）主体の議会制民主主義の終焉を意味する。そうした政治的場に「日常生活の常識」――共生の価値を組み入れ、戦争に帰結する覇権型権力政治と異なるいま一つの政治の処方をつくりだすことが、市川の希求した「政治は生活」の目標である。

生活の場に根を下ろした女性たちが、男性と同等に政治に組み入れられたとき、覇権型権力政治の核が壊され、政治は新しい相貌をみせるはずだ。その信念に支えられ市川は、戦前、戦中期に編み出した婦選のメッセージを、戦後、女性たちの政治参画に希求した。「婦人には、婦人の特性」があり、婦選運動は、その特性を「政治に反映せしむるために、政治への婦人の参加を要求したのであった」、だから戦後の女性たちの政治参画はその婦選運動の延長線上にあり、「婦人の特性」を政治に反映させることが肝要である、と市川は強調した(22)。

歴史的に、生活の場をあずかってきた性として女性たちが培ってきた、生活者としての価値観や行動様式――「婦人の特性」が、政治に組み入れられれば、究極的に戦争につながる覇権型の利権追求政治を、国民の命を守り生活の充実をはかる共生型の政治への改変につながる。また歴史的に政治的権力の外に置かれていた女性たちの政治世界への参入は、ほかの政治的弱者の組入れにつながり、多様な国民の価値が反映した国民主体の公明正大な議会制民主主義をもたらす契機になる。

金権政治が跋扈し、「国民の日常生活がおろそかにされている現在の国会」で、「婦人が政治に進出する理由」は、「生活を中心とした国民の日常生活の問題を取り上げ、国民からの信頼の回復」をはかることにある、と市川は強調した。「只、数に加わり、党からの指示で採決の際、立ったり坐ったり……しているだけでは無意味である」と述べ、女性の政治参画が男性の行う政治への「同化」となることを、何よりも憂慮し、女性議員としての「主体性」をもつことを強く要望した(23)。

「小池旋風」失速が表徴すること

反復するが、戦後七〇年をへた今日、日本の政治は議会制民主主義が機能不全に陥っている。「安倍一強支配」の政治は、民意の反映しない小選挙区中心の選挙制度を基盤に、自由な民意の発露をも断つ政治構造をつくりあげた。

かつてない政治閉塞状況のもとで施行された二〇一七年七月の都議会選挙で、前年の都知事選で、自民党候補に圧勝した小池百合子知事の立ち上げた地域政党、都民ファーストの会が、「しがらみ政治」からの脱却を訴え圧勝し、自民党は歴史的大敗に帰した。既存の政治とは異なる政治が求められたこの選挙ではまた、女性議員が躍進し、全議員の三〇％弱を占めるに至った。都知事選以来自民党政治に鋭く対峙する小池知事の政治スタンスが、戦後連綿として続く「自民党」型政治と異なる「もう一つの政治」を期待する世論の支持を得て、「小池旋風」が吹き荒れた結果だ。

しかし、その「小池旋風」は、三カ月後の衆院総選挙で再び吹くことはなかった。同年一〇月の総選挙でも小池都知事は、希望の党を立ち上げ安倍自民党政権に対峙する姿勢を明確にした。しかし、「開かれた都政」を標榜する一方で、上意下達の都民ファーストの執行部人事や、希望の党公認候補の選定過程での入党希望の民進党（現国民民主党）一部議員に対する「排除」発言が、世論無視の安倍自民党政権の政治手法となんら変わらない強権的小池政治の実態を暴露した。さらに、その「排除」の軸に設定したのが安倍政権下で制定された安保法制合憲や改憲支持の政策綱領であり、それが、自民党保守の政治的価値と重複し、「もう一つの政治」を期待して吹くはずだった小池旋風が大きく失速した。

こうした一六年の都知事選から一七年総選挙に至る過程で「小池旋風」が描いた軌跡は、男性が展開する既成の権力政治に同化して政治的力を模索する限り、女性の政治参画は、「もう一つの政治」を生みだす契機になり得ないことを表している。戦後民主主義の下で続く男性中心の利権追求型政治に対峙し、市川が追求した「政治は生活」の政治理念と実践を、「もう一つの政治」として、この国の保守的政治風土に植えつけるためには、なによりも生活者としての主体性を維持した女性たちの政治参画が必須だ。そうした女性たちの政治参画こそが、「安倍一強支配」の反民主的な政治的現状に風穴をあけ、平和憲法を守り、公明正大な議会制民主主義を未来の世代へつなげる着実な一歩にほかならない。

あとがき

さる五月一六日、首相の政治私物化で紛糾する国会審議の合間をぬって、超党派議員立法で「政治分野における男女共同参画推進法」が成立し、男女候補者の「できるだけ均等」な擁立が、政党の努力義務となった。しかし、衆院で九割、参院で八割近くを男性議員が占め、男性が政治的既得権を独占した状況で、どの程度の女性議員を増やせるのか。また男性目線で擁立された女性議員が、忖度政治に象徴される政治閉塞の変革の契機となりうるか。「新しい」政治資源として女性の政治的代表の増大は、より多くの国民の意思と利益を反映すべく制度化されている議会制民主主義を、その本来の姿で機能させることにつながるのか。いま、女性の政治参画のあり方が、種々問われている。

本書でわたしは、今日と同様に、政権交代の見えない自民党与党の五五年体制下で、自民党の覇権型政治にことごとく対峙し、憲法護持と議会制民主主義の確立に政治生命をかけた、市川房枝の政治的取組みを検証した。戦前、戦時期の婦選運動を通して市川が到達した「政治は生活」を標榜する政治理念と実践を、利権追求型の自民党政治と異なる、戦後政治のいま一つの潮流として位置づけるためである。また、その市川の政治実績が、女性の政治参画の一つのモデルとなることを提示するためである。

市川は、満州事変以降一五年続いた先の大戦で、「反戦」「反軍拡」「反ファシズム」を掲げて婦選を牽引した。しかし、その当初の主張を、戦争最終盤には「生残り」をかけた「戦争協力」の婦選活動へ変節することを余儀なくされた(序章)。戦時期の婦選活動のこの蹉跌は、戦後市川が展開した「政治は生活を守るためにある」と主張する一連の政治実践の原点である。具体的にその活動は、戦前からの政治文化を引きつぐ自民党の金権政治に対峙し、理想選挙と政治浄化にかけた政治活動(第一章)、男尊女卑の伝統的女性観を色濃くもつ自民党の女性政策を批判し、女性の人権を守るため売春防止法の制定や女性差別撤廃条約の署名に向けて、女性政治家、女性官僚、民間女性組織を束ね、展開した圧力活動(第二章)、恒久平和と自主独立を求め、戦後手にした平和憲法を守り抜くための院内、院外の活動(第三章)に集約される。

つまるところ市川は、政治は「かぎりあるものを正しく配分し、人びとの生活を調整すること」(終章)という。「政治は生活」の、この政治観は、政治を「権力と富の権威的配分」あるいは「希少価値の権威的配分」ととらえる既存の政治のあり方に真っ向から対峙する。伝統的に家事、育児を担ってきた女性たちの生活の場での経験と価値が、政治に組み入れられてはじめて、力(ときとして武力)で富の配分を決める覇権型政治が帰着する戦争への道を回避することができる。女性の政治参画の市川が描く軌跡である。

「政治は男のもの」と考え続ける政治文化のなかで、戦後政治史に一画期をつくった政治家市川房枝に関する研究は未踏の領域といえる。本来「政治は、金のかかるものではない」、政治は、特殊なものではなく「日常の常識が通用すべきものである」と主張し、「政治は国民のいのちと生活を守るためにある」ことを実践で示した政治家市川を通して、戦後政治史を脈々と流れる、自民党型政治と異なるいま一つの政治の可能性を確認していただけたら嬉しい。それは、三〇〇億円をゆうに超える政党助成金を、国民が支払う一方で、国の借金が一〇六〇兆円を超し、国民一人あたりの借金が約八四〇万円にのぼる超借金国家を生み出した「金権政治」の帰趨が、「ふたたび戦争のできる国家」への道に通底する現実を阻止するための、確かな方策を示すはずである。

本書を書き上げたいま、「あきらめたらダメ！」「勇気を持たなければいい政治はできません」という市川のエールが墓から聞こえてくる。

本書は、岩波書店の編集者の力添えがなかったら、このような形で完成することはできなかった。戦前、戦時期の婦選活動を序章に加えることを強く提案された吉田浩一編集長、いま、なぜ市川を取り上げるのか、その意義を明確にすることを主張され、草稿を丁寧に見てくださった猿山直美さん、親しみやすい本のタイトルを討議してくださった編集部の方がた、そして、厳密な校正に感謝いたします。

二〇一八年水無月

進藤久美子

進藤久美子

1945年生れ．ペンシルヴァニア州立大学大学院歴史学研究科修士課程修了(M.A.)，立教大学大学院文学研究科博士課程満期退学．元東洋英和女学院大学国際社会学部教授．法学博士．専攻はアメリカ史，ジェンダー・スタディーズ．著書に『市川房枝と「大東亜戦争」──フェミニストは戦争をどう生きたか』(法政大学出版局)，『ジェンダー・ポリティックス──変革期アメリカの政治と女性』(新評論)，『ジェンダーで読む日本政治──歴史と政策』(有斐閣)，訳書に『世紀末のフェミニズム──四つの国の女たち』(田畑書店)，『世界女性史年表』(共訳，明石書店)，『国際関係論とジェンダー──安全保障のフェミニズムの見方』(共訳，岩波書店)などがある．

闘うフェミニスト政治家 市川房枝

2018年8月8日　第1刷発行

著　者　進藤久美子《しんどうくみこ》

発行者　岡本　厚

発行所　株式会社 岩波書店
〒101-8002 東京都千代田区一ツ橋 2-5-5
電話案内 03-5210-4000
http://www.iwanami.co.jp/

印刷・三秀舎　カバー・半七印刷　製本・松岳社

ISBN 978-4-00-061288-3　　Printed in Japan

註と文献

はじめに

(1)　板垣まさる「死を悼む配信一、二四〇行」「市川房枝というひと」刊行会編『一〇〇人の回想 市川房枝というひと』新宿書房，1982 年，284 頁.
(2)　児玉勝子『覚書 戦後の市川房枝』新宿書房，1985 年，299 頁.
(3)　「歴史評論」編集部編『近代日本女性史への証言』ドメス出版，1979 年，67-70 頁.
(4)　市川房枝(以下，市川)「婦選魂」『婦選』1934 年 1 月，54-55 頁.
(5)　『東京新聞』2017 年 5 月 22 日.
(6)　『中日新聞』2014 年 2 月 24 日.
(7)　『女性参政 60 周年記念 女性参政関係資料集』市川房枝記念会出版部，2006 年，9 頁，13 頁.

序章　婦選運動と戦争

(1)　大内光枝，和多壽也「婦選今昔物語」『婦選』1934 年 12 月，14-15 頁.
(2)　市川『市川房枝自伝』(以下，市川『自伝』)新宿書房，1974 年，144-145 頁.
(3)　市川「支部巡り」『婦選』1931 年 7 月，41 頁.
(4)　児玉勝子『十六年の春秋』ドメス出版，1990 年，16 頁.
(5)　市川『自伝』155-156 頁.
(6)　市川「最近に於ける米国婦人運動の方向(下)」『読売新聞』1922 年 2 月 4 日.
(7)　『読売新聞』1924 年 1 月 23 日.
(8)　普選達成婦人委員会・東京連合婦人会「ビラ」1938 年 2 月，マイクロ(以下，M)30 巻(市川房枝記念会女性と政治センター所蔵のマイクロフィルム化された戦前の資料．マイクロフィルム・リール番号で記載，市川房枝記念会出版部編・発行『婦人参政関係史資料 I(1918-1946)目録』(2010 年)がある).
(9)　『東京朝日新聞』1928 年 2 月 27 日.
(10)　市川「共同戦線を張らねば駄目」『東京朝日新聞』1928 年 3 月 5 日.
(11)　『東京朝日新聞』1928 年 3 月 8 日.
(12)　「関東婦人同盟メッセージ」1928 年 3 月 4 日，M30 巻.
(13)　婦選獲得共同委員会「婦選獲得共同委員会声明書」1928 年 3 月 12 日，市

川資料(市川房枝記念会女性と政治センター所蔵の未発表資料．以下，市川・未)2808.

(14) XYZ「婦選獲得共同委員会から」『婦選』1928年6月，9頁.

(15) 婦選獲得共同委員会「婦選獲得共同委員会解散決定声明通知」1929年12月19日，M30巻.

(16) 市川「婦人の社会運動」石川六郎編『婦人問題講演集』第2輯，民友社，1921年，106頁.

(17) 市川『自伝』183頁.

(18) 市川「総選挙と婦人」『婦選』1932年2月，5頁.

(19) 「婦選獲得同盟東京市会選挙に起つ」『婦選』1929年1月，7頁.

(20) 市川『自伝』202-208頁.

(21) 「婦人界展望」『婦選』1929年11月，41頁.

(22) 市川「昭和五年と婦選」『婦選』1930年1月，8頁.

(23) 婦選獲得同盟「総選挙に対する声明書」1930年1月21日，M2巻.

(24) 市川『自伝』176頁.

(25) 市川「総選挙了る」『婦選』1930年3月，4頁.

(26) 婦選獲得同盟「総選挙に婦人は何をなすべきか」リーフレット2号，1930年2月，M20巻.

(27) 市川「政府並に政友会提案の婦人公民権に対する私共の態度」『婦選』1931年2月，6頁.

(28) 「新聞と公民権政府案」『婦選』1930年9月，9-12頁.

(29) 安達謙蔵「公民権拡張の理由」市川『自伝』254頁.

(30) 婦選獲得同盟「制限公民権案否決に対する声明書」1931年3月24日，M20巻.

(31) 市川『自伝』271頁.

(32) 市川「国際平和と婦選」『婦選』1931年11月，2-3頁.

(33) 市川「内閣総辞職と婦選」『読売新聞』1931年12月12日.

(34) 市川『自伝』272頁.

(35) 市川「総選挙終る」『婦選』1932年3月，4-5頁.

(36) 市川「齋藤新内閣に望む」『婦選』1932年6月，4-5頁.

(37) 「婦選団体連合委員会成る」『婦選』1932年2月，18頁.

(38) 進藤久美子『市川房枝と「大東亜戦争」』法政大学出版局，2014年，137-144頁.

(39) 「×と□の対話」『婦選』1932年4月，17頁.

(40)　「『女性展望』発刊について」『婦選』1932年3月，17頁.
(41)　進藤『市川房枝と「大東亜戦争」』178-180頁.
(42)　香川敦子『窓の女——竹中繁のこと』新宿書房，1999年，138-141頁.
(43)　市川『自伝』279頁.
(44)　平田のぶ「第3回全日本婦選大会の記」『婦選』1932年6月，18頁，市川「第4回全日本婦選大会と其議題」『婦選』1933年2月，4-5頁.
(45)　大内光枝他「第5回全日本婦選大会の記」『婦選』1934年3月，15頁.
(46)　沼田睦子「第7回全日本婦選大会の記」『女性展望』1937年2月，6頁.
(47)　進藤『市川房枝と「大東亜戦争」』194-202頁.
(48)　「塵芥問題に対する声明書発表」『婦人市政浄化連盟ニュース』1933年5月23日，M2巻.
(49)　市川『自伝』374-375頁.
(50)　同前，340-341頁.
(51)　市川「今次の総選挙と婦人其他」『女性展望』1937年4月，8頁.
(52)　市川「婦選と母性保護法制定運動」『婦選』1934年8月，4頁.
(53)　「第7回全日本婦選大会の記」『女性展望』1937年2月，7頁.
(54)　中島明子（市川の戦時期筆名）「政界の近況を語る」『女性展望』1937年6月，4-5頁.
(55)　市川『自伝』433頁.
(56)　市川「時局に対して」『女性展望』1937年9月，22頁.
(57)　「調査委員氏名」国民精神総動員本部編『国民精神総動員』1938年1月1日，緑蔭書房（復刻版，1994年）.
(58)　「家庭，銃後両委員会実践具体案を決定」『国民精神総動員』1938年2月15日.
(59)　「社会時評座談会」『女性展望』1938年3月，9頁.
(60)　「日本婦人団体連盟の白米食廃止懇談会」『女性展望』1938年2月，13頁.
(61)　「運動の徹底を期し実践網の確立へ」『国民精神総動員』1938年4月1日.
(62)　市川「国民精神総動員実践網と婦人」『女性展望』1938年5月，11頁.
(63)　「資料67　精動委員会関係記録（概要）」吉田裕・吉見義明編集/解説『資料日本現代史 10』大月書店，1984年，302頁.
(64)　市川「物動計画と消費者」『読売新聞』1939年5月30日.
(65)　平田のぶ「天幕託児所（公園子供会）報告」M42巻.
(66)　「買溜防止協議会」『婦人団体連盟ニュース』第2号，1938年8月1日，M7巻.

(67) 「不用品交換即売会経過報告」『婦人団体連盟ニュース』第3号, 1938年12月5日, M7巻.
(68) 「女性の社会時評座談会」『女性展望』1939年5月, 12頁.
(69) 中島明子「時局政治経済問答」『女性展望』1939年7月, 17頁.
(70) 中島明子「時局政治経済問答」『女性展望』1939年8月, 2頁.
(71) 中島明子「時局政治経済問答」『女性展望』1939年9月, 3頁.
(72) 「座談会　大陸進出と婦人」『女性展望』1940年5月, 3頁.
(73) 市川「支那通信第1報」『読売新聞』1940年3月8日.
(74) 市川「支那通信第6報」『読売新聞』1940年4月3日.
(75) 市川『自伝』501頁.
(76) 市川「婦人を忘れた新国民組織」『女性展望』1940年9月, 1頁.
(77) 市川「日独伊同盟と国民の覚悟」『女性展望』1940年10月, 1頁.
(78) 市川「日支条約の締結と婦人」『女性展望』1941年1月, 2頁.
(79) 市川「国際情勢の緊迫」『女性展望』1941年2月, 2頁.
(80) 「翼賛会婦人調査委員に聴く」『朝日グラフ』1941年6月.
(81) 「第二調査委員会総会(第三回)」赤木須留喜・須崎慎一編/解説『大政翼賛運動資料集成』柏書房, 1988年, 154-155頁.
(82) 由比正臣・比河賢三他編集/解説『資料日本現代史 12 大政翼賛会』大月書店, 1984年, 442頁.
(83) 「第三委員会第三小委員会速記録(第一回)」赤木・須崎編/解説『大政翼賛運動資料集成』445頁.
(84) 『婦人時局研究会々報』第2号, 1941年12月.
(85) 「大東亜戦争完遂翼賛選挙婦人大会(4月23日)次第, ちらし, ビラ」M54巻.
(86) 市川『自伝』566頁.
(87) 『婦人問題研究所々報』第4号, 1943年6月.
(88) 市川「身辺雑記」『婦人問題研究所々報』第6号, 1943年10月.
(89) 市川「皇国の家と主婦」大日本言論報国会編『世界観の戦ひ』同盟通信社出版部, 1943年, 164-167頁, 173頁.
(90) 市川『自伝』614-615頁.
(91) 市川房枝研究会「市川ミサオ 聞き取り」2005年7月29日.

第1章　金権選挙と政治に挑む

(1) 市川『新しき政治と婦人の課題』社会教育連合会, 1946年, 20頁.

(2)　市川「婦人参政権について」『むさし野』埼玉女子文化会(豊岡町)機関誌創刊号，1949 年，3 頁.
(3)　市川「政治は生活」『読売新聞』1945 年 9 月 30 日.
(4)　市川「登場する婦人の参政」『月刊さきがけ』創刊号，新日本社，1946 年，2 頁.
(5)　日本婦人有権者同盟『日本婦人有権者同盟年表 参政権と歩んだ 40 年　1945 年〜1985 年』1985 年，12 頁.
(6)　『民の聲』新日本社，1946 年，創刊号，4 頁.
(7)　市川房枝研究会「市川ミサオ 聞き取り」2005 年 11 月 4 日.
(8)　市川「市川女史も記載漏れで投票不能」『新潟日報』1946 年 4 月 11 日.
(9)　市川房枝研究会編『市川房枝の言説と活動――年表で検証する公職追放』市川房枝記念会出版部，2008 年，188 頁.
(10)　市川「婦人の完全解放へ」『読売新聞』1950 年 10 月 17 日.
(11)　市川房枝研究会「紀平悌子 聞き取り」2005 年 5 月 13 日.
(12)　市川「推薦受諾について」市川房枝推薦会残務整理委員会『理想選挙の一例』1954 年，24 頁.
(13)　室伏哲郎『戦後疑獄』潮出版社，1968 年.
(14)　総務省「消費者物価指数(CPI)結果 時系列データ」総務省統計局ホームページ.
(15)　市川「次期選挙はどうあるべきか」坪田継長編集兼発行『母親教室』1952 年 7 月，34 頁.
(16)　『朝日新聞』1952 年 9 月 6 日.
(17)　婦人有権者同盟「総選挙の手引」『婦人有権者』1952 年 8 月.
(18)　市川「義理人情を捨てよ」『朝日新聞』1952 年 9 月 6 日.
(19)　児玉『覚書 戦後の市川房枝』82-83 頁.
(20)　市川「御挨拶」『婦人有権者』1953 年 4 月.
(21)　『理想選挙の一例』4 頁.
(22)　前島ふく「選挙費用」『理想選挙の一例』34-35 頁.
(23)　市川「選挙についての感想と反省」『理想選挙の一例』49 頁.
(24)　「天声人語」『朝日新聞』1953 年 4 月 26 日.
(25)　「編集手帖」『読売新聞』1953 年 4 月 26 日.
(26)　市川「選挙についての感想と反省」50 頁.
(27)　市川「私の国会報告」『理想選挙の一例 付録』52 頁.
(28)　市川「歳費は寄附したい」『読売新聞』1953 年 4 月 25 日.

(29) 市川「附録 私の国会報告」『私の国会報告(復刻)』市川房枝記念会出版部, 1992年, 18頁.
(30) 同前, 178頁.
(31) 労働省労働統計調査部『職種別等賃金実態調査個人別賃金調査結果報告書 昭和29年』第19巻, 労働法令協会, 1955年, 109頁.
(32) 市川「附録 私の国会報告」9頁.
(33) 市川「国会議員歳費等調査会の設置に際して」『婦人有権者』1965年10月.
(34) 市川「歳費等の値上げについての私の立場」『婦人有権者』1963年4月.
(35) 市川「造船汚職及び保全問題等について」『婦人有権者』1954年3月.
(36) 市川「附録 私の国会報告」7頁.
(37) 市川「第十九国会報告」『婦人有権者』1954年8月.
(38) 市川『私の国会報告』12頁.
(39) 市川「鉄道運賃の値上げと恩赦法の改正」『婦人界展望』1957年4月, 14頁.
(40) 市川房枝記念会『市川房枝の国会全発言集——参議院会議録より採録』(以下,『市川全発言』)市川房枝記念会出版部, 1992年, 82頁.
(41) 同前, 92頁.
(42) 「第68回国会参議院法務委員会会議録」第14号, 昭和47年5月12日(第3部), 226頁.
(43) 市川房枝推薦会残務整理委員会『理想選挙 ふたたび勝つ』1959年, 34-35頁.
(44) 『朝日新聞』1959年6月4日.
(45) 市川「選挙を終つての私の感想とその後」『理想選挙 ふたたび勝つ』50頁.
(46) 市川「イギリス総選挙を現地に見る(上・下)」『朝日ジャーナル』1959年10月25日, 11月1日,『朝日新聞』1959年10月11日.
(47) 市川「イギリス総選挙を現地に見る(上)」17頁.
(48) 理想選挙普及会『理想選挙普及会々報』1960年1月25日.
(49) 理想選挙推進市民の会編著『市川房枝たちの理想選挙』市川房枝記念会出版部, 1990年, 50頁.
(50) 『朝日新聞』1959年6月4日.
(51) 『読売新聞』1959年6月5日.
(52) 市川「選挙を終わっての私の感想とその後」51頁.
(53) 『理想選挙普及会々報』1960年1月25日.
(54) 『朝日新聞』1960年11月25日.

(55)　『朝日新聞』1971 年 12 月 23 日.
(56)　児玉『覚書 戦後の市川房枝』173 頁.
(57)　市川「総選挙と金――11 月総選挙に見る金の流れ」『朝日ジャーナル』1961 年 5 月，18 頁.
(58)　同前，19 頁.
(59)　『市川全発言』157-159 頁.
(60)　市川「総選挙と金」12 頁.
(61)　『市川全発言』159-161 頁.
(62)　同前，180 頁.
(63)　同前，159 頁.
(64)　同前，164 頁.
(65)　同前，182 頁.
(66)　市川「選挙法の改正案について」『婦人有権者』1962 年 3 月.
(67)　市川『政治資金規制問題の解説』日本婦人有権者同盟，1967 年 11 月.
(68)　『市川全発言』191-193 頁.
(69)　市川「参議院議員選挙を前にして」『理想選挙普及会々報』1962 年 6 月.
(70)　『市川全発言』119 頁.
(71)　同前，286 頁.
(72)　同前，291 頁.
(73)　市川「政治の腐敗追放と金のかからない選挙」『理想選挙普及会々報』1966 年 11 月.
(74)　市川「起訴された田中彰治事件に関し自民党と選挙区有権者の責任」『婦人有権者』1966 年 9 月.
(75)　市川「議会政治への信頼回復」『朝日新聞』1966 年 10 月 29 日，「素粒子」同前，「社説」同前，1966 年 10 月 30 日.
(76)　『読売新聞』1966 年 12 月 6 日.
(77)　市川「総選挙で黒い霧を追放しよう」『婦人有権者』1967 年 1 月.
(78)　市川「総選挙の反省」『婦人有権者』1967 年 3 月.
(79)　市川「身辺随想」『婦人展望』1967 年 2 月，15 頁.
(80)　市川『私の国会報告』193 頁.
(81)　市川「絶望してはダメ」『朝日新聞』1968 年 2 月 2 日.
(82)　市川「身辺随想」『婦人展望』1967 年 8 月，15 頁.
(83)　『市川全発言』387 頁.
(84)　同前，394-396 頁.

(85) 同前, 412-413頁.
(86) 市川房枝推薦会残務整理委員会『第4回理想選挙の記録』1971年, 4-5頁.
(87) 市川「身辺随想」『婦人展望』1971年7月, 15頁.
(88) 市川「参議院改革の方向」『世界』1971年9月, 245-253頁.
(89) 『朝日新聞』1972年6月21日.
(90) 『第四回理想選挙の記録』41頁.
(91) 『朝日新聞』1971年6月28日.
(92) 市川「敗戦をかえりみて」『第4回理想選挙の記録』2頁.
(93) 『朝日新聞』1971年6月29日.
(94) 市川「理想選挙をしよう」『朝日新聞』1972年11月20日.
(95) 市川「理想選挙普及会創立者の一人として」『理想選挙普及会々報』1972年1月.
(96) 『理想選挙普及会々報』1971年12月.
(97) 市川「定数是正の運動に立ちあがろう」『婦人有権者』1970年1月.
(98) 市川「こんなに違う票の重み」『朝日新聞』1973年1月10日.
(99) 市川「高裁の衆院の定数是正要求棄却について」『理想選挙推進市民の会々報』1974年6月.
(100) 越山康「革命に等しい違憲判決」『理想選挙推進市民の会々報』1976年6月.
(101) 市川「議員定数是正の意味するもの」『理想選挙推進市民の会々報』1973年3月.
(102) 市川「八幡製鉄の政治献金の判決について」『婦人有権者』1966年3月.
(103) 市川「政治献金に定訴を」『朝日新聞』1970年5月17日.
(104) 市川『私の国会報告』23頁.
(105) 『市川全発言』336-337頁.
(106) 市川『広がれ市民の理想選挙』市川房枝推薦会残務整理委員会, 1974年, 13-14頁.
(107) 『朝日新聞』1974年5月30日.
(108) 『朝日新聞』1972年12月2日.
(109) 『朝日新聞』1974年5月30日.
(110) 児玉『覚書 戦後の市川房枝』247頁.
(111) 佐竹寛『広がれ市民の理想選挙』45頁.
(112) 『広がれ市民の理想選挙』50頁.
(113) 市川「金権を排す」『朝日ジャーナル』1974年12月6日, 15-16頁.

(114) 『朝日新聞』1974 年 7 月 21 日.
(115) 市川・青島幸男『広がれ市民の理想選挙』62 頁.
(116) 『朝日新聞』1974 年 8 月 7 日.
(117) 『朝日新聞』1974 年 8 月 14 日.
(118) 児玉『覚書 戦後の市川房枝』250-251 頁.
(119) 市川「私の頁」『婦人展望』1977 年 3 月, 15 頁.
(120) 『朝日新聞』1974 年 8 月 14 日.
(121) 「政党政治は再生できるか・その 1 対談——金権政治からの脱出」『朝日ジャーナル』1974 年 8 月 9 日.
(122) 『理想選挙推進市民の会々報』1975 年 8 月.
(123) 『市川全発言』506-507 頁.
(124) 同前, 524-525 頁.
(125) 市川「二法の成立と今後の課題」『理想選挙推進市民の会々報』1975 年 8 月.
(126) 「座談会 選挙関係二法案の成立をめぐって」同前.
(127) 市川「私の頁」『婦人展望』1976 年 3 月.
(128) 市川「ロッキード事件と米国民」『朝日新聞』1976 年 3 月 25 日.
(129) 市川「私の頁」『婦人展望』1976 年 6 月, 15 頁.
(130) 『市川全発言』545-546 頁.
(131) 同前, 560 頁.
(132) 同前, 556 頁.
(133) 市川「総選挙を前にして」『婦人展望』1976 年 11 月/12 月合併号, 1 頁.
(134) 市川「私の頁」『婦人展望』1976 年 7 月, 15 頁.
(135) 『市川全発言』628-629 頁.
(136) 『朝日新聞』1979 年 3 月 6 日.
(137) 『市川全発言』657-658 頁.
(138) 市川『ストップ・ザ・汚職議員! 市民運動の記録』新宿書房, 1980 年, 17-22 頁.
(139) 『朝日新聞』1979 年 8 月 28 日.
(140) 市川編著『ストップ・ザ・汚職議員!』44 頁, 133 頁.
(141) 児玉『覚書 戦後の市川房枝』280 頁.

第 2 章 保守的女性観に立ち向かう

(1) 内務省警保局長「外国軍駐屯地に於ける慰安施設について 昭和 20 年 8 月

18日」労働省婦人少年局編『売春に関する資料 改訂版』1955年, 12-13頁.
(2) 鏑木清一「進駐軍慰安の大事業担う新日本女性求む」『潮』1972年6月, 163頁.
(3) 警視庁保安部長「公娼制度廃止に関する件 昭和21年1月12日」労働省婦人少年局編『売春に関する資料』13-14頁.
(4) 「私娼の取締並びに発生の防止及び保護対策」昭和21年11月4日, 次官会議決定, 同前, 19-20頁.
(5) 市川「売春等処罰法案の抜け穴」『時事通信』第112号, 1956年, 1頁.
(6) 「婦女売淫処罰の法制化促進会合について」売春1, 市川・未.
(7) 「公娼制度についての質問に対する首相答弁」労働省婦人少年局編『売春に対する資料』44頁.
(8) 労働省婦人少年局「婦人問題会議記録」売春1, 市川・未.
(9) 丸岡秀子・山口美代子編『日本婦人問題資料集成』第10巻, ドメス出版, 1980年, 262頁.
(10) 市川『婦人と政治 1979年8月27日』日本記者クラブ, 12頁.
(11) 市川「売春等処罰法案」『婦人界展望』1955年8月, 2頁.
(12) 市川「鹿児島松元事件の教えるもの」『婦人界展望』1955年6月, 1頁.
(13) 労働省婦人少年局編『売春に関する資料』94頁, 107-116頁.
(14) 「売春禁止法制定期成第1回全国婦人大会記」昭和29年2月8日, 売春8, 市川・未.
(15) 「売春禁止法制定促進関東大会記」昭和30年6月10日, 売春8, 市川・未.
(16) 児玉『覚書 戦後の市川房枝』110-111頁.
(17) 市川「第二十二特別国会について」『婦人有権者』1955年10月.
(18) 『市川全発言』29頁.
(19) 同前, 31-32頁.
(20) 「声明 売春問題対策協議会婦人委員」「声明 売春禁止法制定促進委員会」売春66, 市川・未.
(21) 『市川全発言』39頁.
(22) 市川房枝研究会編著『市川房枝の言説と活動 年表でたどる人権・平和・政治浄化 1951-1981』市川房枝記念会女性と政治センター出版部, 2016年, 75頁, 81-82頁.
(23) 『市川全発言』48-49頁.
(24) 同前, 54頁.

(25) 「座談会 売防法制定当時をかえりみて」『婦人展望』1966年6月，6頁.
(26) 「資料 売春対策審議会答申」『婦人界展望』1956年9月，6頁.
(27) 市川「売春防止法の施行準備を急げ」『時事通信』第360号，1956年10月.
(28) 「婦人界ニュース」『婦人界展望』1956年10月，3頁.
(29) 「時の婦人問題」『婦人界展望』1957年6月，6頁.
(30) 「時の婦人問題」『婦人界展望』1957年7月，5頁.
(31) 「売春問題 各方面のうごき」『婦人界展望』1957年9月，6-11頁.
(32) 「売春防止法完全実施要求全国協議会通知・申合せ・決議」売春31，市川・未.
(33) 「売春問題」『婦人界展望』1957年11月，6-7頁.
(34) 『市川全発言』83頁，90頁.
(35) 市川「私の頁」『婦人界展望』1957年3月，14頁.
(36) 市川『私の国会報告(復刻)』45頁.
(37) 「婦人ニュース」『婦人展望』1966年5月，2頁.
(38) 『市川全発言』376頁.
(39) 「売春防止法制定十周年記念全国集会」『婦人有権者』1966年6月.
(40) 「盛会だった売春防止法制定十周年記念全国集会」『婦人展望』1966年6月，9頁.
(41) 『市川全発言』478-479頁.
(42) 市川「身辺随想」『婦人展望』1970年10月，16頁.
(43) 市川房枝研究会「聞き取り 清水澄子」2013年2月7日.
(44) 日本婦人会議『大地に花を』日本婦人中央本部，1992年，137頁.
(45) 「売春防止法獲得20周年記念大会」『婦人展望』1976年6月，13頁.
(46) 市川「婦人の地位 日本とアメリカ」『朝日新聞』1970年12月7日，12日.
(47) *American Women: Report Of The President's Commission On The Status Of American Women*, 1963.
(48) 市川「リブ運動」『婦人公論』1974年6月，70頁.
(49) 松岡英子「家庭科の男女共学」『信州大学教育学部紀要』68号，1990年，36頁.
(50) 「自由民主党の婦人対策と婦人憲章」『婦人展望』1966年2月，12頁.
(51) 市川「自由民主党の婦人憲章をみて」『婦人有権者』1966年2月.
(52) 家庭科の男女共修をすすめる会編『家庭科，なぜ女だけ！ 男女共修をすすめる会の歩み』ドメス出版，1977年，9-10頁.

(53) 市川「私の頁」『婦人展望』1973年9月，9頁.
(54) 「「家庭科の男女共修をすすめる会」発足」『婦人展望』1974年2月，5頁.
(55) 『市川全発言』520頁.
(56) 「国際婦人年をチャンスに女が行動を起こす準備会(仮称)の話し合い」『婦人展望』1974年9月，12頁.
(57) 行動する会記録集編集委員会編『行動する女たちが拓いた道』未来社，1999年，14頁.
(58) 樋口恵子「国際婦人年と市川房枝さん」『女性展望』2014年1月，5頁.
(59) 進藤久美子『ジェンダーで読む日本政治』有斐閣選書，2004年，224-226頁.
(60) 市川「国際婦人年と婦選獲得三十周年を迎えて」『婦人展望』1975年1月，1頁.
(61) 「国際婦人年にむけて 国際婦人年日本大会準備委員会できる」『婦人展望』1975年1月，5頁.
(62) 市川「国際婦人年日本大会開催にあたって」1975年11月，国際婦人年日本大会実行委員会編『国際婦人年日本大会プログラム・資料』.
(63) 『市川全発言』548-549頁.
(64) 同前，567頁.
(65) 同前，582頁.
(66) 同前，549-550頁.
(67) 「労働基準法の女子保護条項廃止反対についてのアッピール」『婦人展望』1979年4月，6頁.
(68) 『婦人展望』1981年1月，12-13頁.
(69) 市川「国際婦人年の行動計画と家庭」『婦人展望』1980年4月，9頁.
(70) 『市川全発言』628頁.
(71) 『朝日新聞』1980年6月7日.
(72) 「女子差別撤廃条約署名を実現」『女性展望』2000年5月，12-13頁.
(73) 「女子差別撤廃条約の署名を申し入れ」『婦人展望』1980年7月，13頁.
(74) 影山裕子『わが道を行く』学陽書房，2001年，359-363頁.
(75) 『朝日新聞』1980年6月27日.
(76) 『読売新聞』1980年7月1日.

第3章　自主独立の道を模索する

(1) 「歴史評論」編集部編『近代日本女性史への証言』68-69頁.

(2) 市川「新年に際して」『婦人有権者』1951年1月.
(3) 『婦人有権者』1951年9月.
(4) 市川「講和，安保両条約の批准を前にして」『婦人有権者』1951年11月.
(5) 児玉『覚書 戦後の市川房枝』76頁.
(6) 市川「国会の早期解散を望む」『婦人有権者』1952年2月.
(7) 市川「天皇の退位を望む」『婦人有権者』1952年1月.
(8) 市川「独立を迎えるに際して」『婦人有権者』1952年4月.
(9) 市川「再軍備論と婦人の立場」『婦人有権者』1952年3月.
(10) 丸岡・山口『日本婦人問題資料集成』第10巻，36頁.
(11) 市川「破防法成立のあと」『婦人有権者』1952年7月.
(12) 市川「私共の一票は誰れに？」『婦人有権者』1952年10月.
(13) 市川「次期選挙はどうあるべきか」『母親教室』35頁.
(14) 市川「身辺随想」『婦人展望』1967年10月，20頁.
(15) 児玉『覚書 戦後の市川房枝』116頁.
(16) 「自由党の憲法改正案」永井憲一他編『資料日本国憲法2，1950-1959』三省堂，1986年.
(17) ベアテ・シロタ・ゴードン『1945年のクリスマス――日本国憲法に「男女平等」を書いた女性の自伝』柏書房，1995年.
(18) 市川「第二十四国会について」『婦人有権者』1956年7月.
(19) 市川「総選挙を終つて」『婦人界展望』1955年3月，1頁.
(20) 市川「婦人大臣つくる岸氏の公約」『朝日新聞』1957年2月28日.
(21) 市川「私の頁 岸総理と婦人大臣」『婦人界展望』1957年4月，14頁.
(22) 市川「国会の混乱と空白」『婦人有権者』1960年6月.
(23) 「警職法改正に反対する婦人のうごき」『婦人界展望』1958年11月，4頁.
(24) 市川「社会教育法の改悪と婦人団体」『婦人界展望』1958年11月，1頁.
(25) 「社会教育法改正に婦人団体が反対」『婦人界展望』1958年12月，4-5頁.
(26) 市川『私の国会報告』67頁.
(27) 同前，71頁.
(28) 「山口みつこに聞く」『女性展望』2011年6月，18頁.
(29) 市川『私の国会報告』68頁.
(30) 市川「安保条約成立をめぐる最近の政治情勢」『婦人有権者』1960年7月.
(31) 若泉敬『他策ナカリシヲ信ゼムト欲ス』文藝春秋，1994年.
(32) 『読売新聞』2009年12月21日.
(33) 『市川全発言』356-357頁.

(34) 市川「日韓条約の承認問題」『婦人有権者』1965 年 11 月.
(35) 市川「私は日米安保条約の廃棄を願う」『婦人有権者』1969 年 9 月.
(36) 市川「沖縄の即時無条件返還を!!」『婦人有権者』1969 年 11 月.
(37) 市川「国会会期の大幅延長について」『婦人有権者』1969 年 6 月.
(38) ドキュメンタリー・ジャパン「昭和の選択――市川房枝」NHK BS プレミアム,2016 年 12 月.
(39) 『市川全発言』660-676 頁.
(40) 同前,680 頁.
(41) 同前,630-635 頁.
(42) 市川「「国連婦人の 10 年中間年日本大会」基調報告」,国連婦人の 10 年中間年日本大会実行委員会編『国連婦人の 10 年中間年日本大会記録』1981 年 4 月.
(43) 市川「五六年の年頭にあたって」『婦人有権者』1981 年 1 月,市川「一九八一年の新年を迎えて」『婦人展望』1981 年 1 月,1 頁.
(44) 「市川房枝というひと」刊行会編『市川房枝というひと』300 頁.
(45) 「市川房枝氏葬送の記」『婦人展望』1981 年 3 月,4 頁.

終章 市川レガシーを読み解く

(1) 『朝日新聞』(デジタル)2018 年 1 月 22 日.
(2) 細川護煕「「自由社会連合」結党宣言」『文藝春秋』1992 年 6 月,100 頁.
(3) 民主党『政権交代。』マニフェスト,2009 年,民主党アーカイブ.
(4) 『総務省報道資料』平成 27 年 4 月 10 日.
(5) 防衛省・自衛隊ホームページ「在日米軍駐留経費負担の推移(グラフ)」.
(6) 市川「講和,安保両条約の批准を前にして」『婦人有権者』1951 年 11 月.
(7) *Washington Post*, 2009 年 10 月 22 日.『産経新聞』2009 年 10 月 24 日.
(8) 『朝日新聞』2009 年 11 月 27 日.
(9) 『産経新聞』2009 年 11 月 27 日,28 日.
(10) 『毎日新聞』2009 年 9 月 18 日.
(11) NHK 放送文化研究所「政治意識月例調査」2009 年.
(12) 首相官邸ホームページ「第 174 回国会における菅内閣総理大臣所信表明演説」平成 22 年 6 月 11 日.
(13) 民主党『元気な日本を復活させる』マニフェスト 2010,民主党アーカイブ.
(14) 市川「第 3 回ラジオ放送(1953 年 4 月 22 日)」『理想選挙の一例』23 頁.

(15) 市川「総選挙の反省——政治啓発活動の方向」『婦人有権者』1967年3月.
(16) 市川「婦人と政治についてのボーボアール女史の意見」『婦人有権者』1966年10月.
(17) 市川『朝日新聞』1952年9月6日.
(18) 市川「身辺随想」『婦人展望』1967年2月, 15頁.
(19) 市川「昭和43年を迎えて」『婦人有権者』1968年1月.
(20) 市川『私の言いたいこと』ポプラ・ブックス, 1976年, 58頁.
(21) Easton, David, *The Political System: An Inquiry into the State of Political Science*, N. Y., Knop, 1971.
(22) 市川『読売新聞』1955年11月20日, 市川『読売新聞』1970年1月10日.
(23) 市川「身辺随想」『婦人展望』1967年10月, 15頁.